Annette Oschmann

# Mädchen stärken

ANNETTE OSCHMANN

# Mädchen stärken

**Stärken fördern, Selbstwert erhöhen und liebevoll durch Krisen begleiten**

**Wie wir unseren Töchtern alles mitgeben, was sie brauchen**

GOLDEGG

Umschlaggestaltung: Minitta Kandlbauer
Rechte Autorinnenfoto: Sabine Maisenhälder



Der Verlag und seine Autor:innen sind für Reaktionen, Hinweise oder Meinungen dankbar. Bitte wenden Sie sich diesbezüglich an verlag@goldegg-verlag.com.

Der Goldegg Verlag achtet bei seinen Büchern und Magazinen auf nachhaltiges Produzieren. Goldegg-Bücher sind umweltfreundlich produziert und orientieren sich in Materialien, Herstellungsorten, Arbeitsbedingungen und Produktionsformen an den Bedürfnissen von Gesellschaft und Umwelt.

ISBN: 978-3-99060-405-2


Unter den Linden 21 • D-10117 Berlin
Telefon: +49 800 505 43 76-0

Goldegg Verlag GmbH, Österreich
Mommsengasse 4/2 • A-1040 Wien
Telefon: +43 1 505 43 76-0

E-Mail: office@goldegg-verlag.com
www.goldegg-verlag.com

Layout, Satz und Herstellung: Goldegg Verlag GmbH, Wien
Printed in the EU

Für euch:
Mädchen, Teenagerinnen, Frauen.

# INHALTSVERZEICHNIS

# WEITERGEDACHT

*Die »Weitergedachts« ergänzen meine Methodik und holen uns Eltern bei vielen unserer Gedanken und Sorgen ab. Sie sind kleine Aha-Momente, die zum Innehalten und Nachdenken einladen.*

# EIN PAAR PERSÖNLICHE WORTE VORAB

*Man müsste doch viel früher anfangen!*

Ich coache viele Frauen zwischen 25 und 60 Jahren, die rund um eine Trennung zu mir kommen. Diese Frauen sind oft berufstätig, manche haben Kinder und Familie, einige ein Eigenheim aufgebaut. Sie machen schöne Urlaube, stemmen Doppelbelastungen, ohne zu jammern. Einige haben noch ihre Eltern oder Schwiegereltern, um die sie sich zusätzlich liebevoll kümmern. Es sind gestandene Frauen, die vielfältige Aufgaben übernehmen. Und dabei drohen, vor die Hunde zu gehen ...

Die Trennungskrise bringt zum Vorschein, was über viele Jahre vorher entstanden und leider oft so »typisch weiblich« ist: die andauernde Rücksichtnahme auf andere. Den unbändigen Drang, anderen gefallen zu wollen, auch wenn das im Ergebnis Selbstaufgabe bedeutet. Die Sorge um andere, die irgendwann die eigene Intuition überlagert. Ständige Selbstzweifel, die jeden erreichten Erfolg gleich wieder infrage stellen. Vielen Frauen ist so über die Zeit der Zugang zu ihren eigenen Gefühlen und Bedürfnissen verloren gegangen.

Dieser Umgang mit sich selbst ist oft schon früh angelegt, in Kindheit, Jugend und junger Erwachsenenzeit. Viele sind so aufgewachsen und kennen das nicht anders: Erziehung, innere Prägungen, Glaubenssätze, gesellschaftliche Normen, fremde Meinungen, wie Frau »zu sein hat« – all das überlagert unbewusst das eigene Selbst, das eigene weibliche Potenzial. Rund um eine Trennung machen diese erwachsenen Frauen dann erst in meinem Coaching ihre entscheidenden Schritte hin zu mehr innerer Stärke, Erfüllung und Lebensfreude.

*Daraus ist mein Herzensanliegen entstanden: Man müsste doch viel früher anfangen, Mädchen, jugendliche und junge Frauen zu stärken!*

Mädchen frühzeitig darin unterstützen, ein gutes Selbstwertgefühl und Selbstbewusstsein zu entwickeln, das durch die Wege und Umwege des Lebens trägt. Jugendliche Frauen darin zu bestärken, dass reflektierte Selbstsicherheit etwas Positives ist. Junge Frauen von Anfang an zu ermutigen, zu sich selbst zu stehen, den eigenen Weg zu gehen und sich selbst mindestens so ernst zu nehmen wie andere. Mädchen und Frauen frühzeitig zu wohltuender Selbstliebe zu ermuntern, bevor sie in die immergleichen »typisch weiblichen« Muster fallen: Selbstaufgabe, Erschöpfung, sich übermäßige Verantwortung aufladen, den ermüdenden Zwang, für andere die Dinge zu optimieren oder gar ein Leben nach den Vorstellungen anderer zu führen.

Um all das früh anzustoßen und die richtigen Weichen zu stellen, spreche ich mit diesem Buch Sie an: Menschen, die Mädchen familiär oder freundschaftlich verbunden ins Erwachsenwerden begleiten. Mütter, Väter, Großeltern, Verwandte, Freunde, Paten. Ich möchte Ihnen Denkanstöße und verlässliche Methoden an die Hand geben, damit Sie frühzeitig »Ihr« Mädchen stärken können: um stärkende Glaubenssätze, gute innere Prägungen, wohltuende innere Einstellungen und einen sorgsamen Umgang mit sich selbst zu fördern.

Dabei beruht dieses Buch auf drei zuverlässigen Prinzipien für die Begleitung von Kindern: Vertrauen und Kontrolle, das rechte Maß und Vorbild sein. Diese Prinzipien sind zutiefst menschlich und menschenfreundlich, sie haben das Wohlergehen und die innere Stärke des Kindes und Heranwachsenden im Blick. Aus meiner Erfahrung helfen sie aber nicht nur den Kindern, sondern auch den begleitenden Erwachsenen. Sie tragen bei, dass Gelassenheit und Leichtigkeit in Ihr familiäres Miteinander einziehen, was allen zugutekommt.

Dazu kommen meine Erfahrungen mit den »typisch weiblichen« Themen aus Hunderten Coachingsitzungen mit Frauen. Für diese Themen gebe ich Ihnen 11 einfache und wirksame Quellen für innere Stärke an die Hand, die Sie im Leben mit »Ihrem« Mädchen sofort anwenden können mit der Gewissheit, das Richtige zu tun. Sie helfen schnell und wirken lang; sie sind das Herzstück dieses Buches.

Sie können diese Quellen nach und nach sofort stärkend im Leben mit Ihrer Tochter, Enkelin, Nichte[1] umsetzen – zum Beispiel in den nächsten Monaten je Monat eine Quelle anwenden und ausprobieren. Und Sie können dies allein machen. Wenn Sie als Mutter oder Vater dieses Buch lesen und anwenden, ist es nicht notwendig, dass Ihre Partnerin oder Ihr Partner sich genauso verhält. Sie allein können schon viel bewirken.

Bei diesen 11 Quellen geht es um innere Einstellungen, um zarte Hilfestellungen, um einfache Methoden, die sich im familiären Alltag mühelos und ohne zusätzlichen Aufwand umsetzen lassen. Auch wenn Sie neben Ihrer Familie berufstätig sind oder mehrere Kinder haben, können Sie das meiste »nebenbei« einfließen lassen. Denn das ist mir besonders wichtig: Gerade Frauen und Mütter haben mehr als genug Aufgaben, einschließlich des sogenannten Mental Loads, der meist unsichtbaren »Care-Arbeit«, der zahllosen »Kleinigkeiten«, die niemand sieht, die aber dennoch erledigt werden wollen. Das will ich mit diesem Buch nicht mehren, sondern ganz im Gegenteil entschlacken, herunterfahren, erleichtern. So kann ich Ihnen an dieser Stelle versprechen: Gerade wenn Sie Ihre im Buch immer wieder konkret beschriebene Vorbildfunktion ausfüllen, wird sich auch für Sie einiges deutlich leichter anfühlen.

Doch bevor es losgeht, möchte ich kurz erwähnen, dass ich selbst Mutter von drei Söhnen bin. Als ich dieses Buch schrieb, wurde mir oft die Frage gestellt: Warum schreibst du nicht über Jungs? Die Antwort ist recht einfach: gerade deshalb, weil ich jeden Tag beobachte, wie anders Jungs und junge Männer mit den Herausforderungen des Lebens umgehen, indem ich sie mit weiblichem Verhalten abgleiche, das mir im Coaching und natürlich auch bei mir selbst begegnet. Und ganz einfach: weil ich selbst ein Mädchen war und eine Frau bin und mir wünsche, dass unsere Mädchen, Teenagerinnen und jungen Frauen ihren Weg mit immer größerer Selbstverständlichkeit und Gelassenheit gehen können – also: Mädchen stärken!

Ihre

Annette Oschmann

# EINLEITUNG

*Auf dem Empfang und Vortragsabend für Mandanten einer Anwaltskanzlei wurden auch Snacks angeboten. Fragt der männliche Mandant die sehr attraktive, 25-jährige Rechtsreferendarin mit Doktortitel: »Hier soll es irgendwo Häppchen geben. Sind Sie eins davon?«*

Wir befinden uns im Europa des 21. Jahrhunderts, und dennoch erleben wir Situationen, in denen Mädchen und junge Frauen untergebuttert, gedemütigt und als Objekt behandelt werden. Oder es sind weniger offensichtliche Situationen, die Sie als Eltern oder Begleiter von Mädchen und jungen Frauen erkennen, in denen sich Ihre Tochter unbewusst kleiner macht, sich übermäßig zurückhält und so ihr volles Potenzial nicht entfaltet.

Hieraus wird klar, wofür Mädchen gestärkt werden sollten: für Resilienz und Selbstbewusstsein, Selbstakzeptanz und Selbstsicherheit, Selbstliebe und Selbstwertgefühl, Eigenverantwortung, die Fähigkeit, Grenzen zu setzen, Durchsetzungsfähigkeit und Zuversicht. Diese (zu) stärkenden Eigenschaften sind es, die im Coaching erwachsener Frauen eine Hauptrolle spielen, sowohl in Trennungssituationen als auch bei allen anderen Lebensthemen. Sie sind es auch, die Mütter veranlassen, meine Unterstützung bei der Begleitung ihrer Töchter in Anspruch zu nehmen.

## KENNEN SIE DIESE SITUATIONEN ALS ELTERN EINER TOCHTER?

Kinder sind wunderbar und vollständig, wenn sie zur Welt kommen. Alles ist da, alles ist angelegt und wartet nur darauf, entdeckt und entwickelt zu werden. Eltern zu sein ist eine wunderschöne und inspirierende Aufgabe – aber manchmal auch herausfordernd und herzergreifend, insbesondere wenn das Wohlergehen und emotionale Gleichgewicht der eigenen Kinder gefährdet sind. Bei Töchtern kommen zusätzliche, ganz besondere Herausforderungen hinzu. Vielleicht haben auch Sie und Ihre Tochter bereits eine der folgenden Situationen erlebt und möchten nun konkret daran arbeiten, Ihr Kind zu stärken:

Ihre siebenjährige Tochter ordnet sich immer unter. Es gibt unter ihren Freundinnen eine »Bestimmerin«, die alles regelt. Ihre Tochter passt sich immer an und verschweigt ihre eigene Meinung.

Ihre Tochter wird gemobbt. Manchmal beginnt das schon sehr früh, dass Freundinnen ein Kind ausgrenzen: *»Meine achtjährige Tochter wird auf einmal von ihren gleichaltrigen Freundinnen immer wieder gemobbt. Gerade waren sie noch ein Herz und eine Seele, jetzt darf sie nirgendwo mehr mitspielen und wird nicht mehr zu Kindergeburtstagen eingeladen. Nicht nur sie leidet, auch ich. Wann muss ich eingreifen?« (Ursula, 38 Jahre)*

Ihre Tochter ist ein ruhiges, zurückhaltendes Mädchen, das sich nicht traut, vor anderen zu sprechen. Wenn sie es doch tut, spricht sie sehr leise. Andere haben oft nur eine begrenzte Zeit Geduld oder reagieren mit Unverständnis. »Lisa, du musst lauter sprechen! Niemand hört, was du sagst!« Lehrer zur Elfjährigen.

Ihre Tochter bekommt ihr erstes Handy und hängt nur noch an diesem Ding. Es wirkt wie ihr verlängerter Arm. Sie machen sich Sorgen über die Auswirkungen der dauernden Mediennutzung. Außerdem nimmt Ihre Kommunikation miteinander spürbar ab. *»Das macht mich wahnsinnig. Meine 13-jährige Tochter legt ihr Handy gar nicht mehr aus der Hand. Und meistens liegt sie mit dem Ding nur noch auf dem Bett und geht auch nicht mehr raus. Das haben wir doch früher ganz anders gemacht. Ich versuche gerade, das Problem über Geräteeinstellungen zur Bildschirmzeit zu lösen. Außerdem kassiere ich ihr Handy abends um neun Uhr ein. Aber das gibt nur Theater.« (Ana, 46 Jahre)*

Ihre Tochter ist viel auf Instagram und Snapchat unterwegs. Sie weiß zwar, dass dort viel mit Filtern oder Photoshop gearbeitet wird, sodass die Gesichter und Körper nicht der Realität entsprechen. Dennoch befürchten Sie, dass sie sich zu sehr mit dem dortigen unrealistischen Schönheitsideal identifiziert. *»Die sind doch alle viel zu dünn und makellos. Ich habe solche Angst, dass meine Tochter sich hieran orientiert. Wenn ich daran nur denke, dreht sich mir der Magen um. Das bedeutet doch Hungern und Schönheits-OPs. Davor möchte ich sie unbedingt bewahren.« (Theres, 38 Jahre)*

Ihre Tochter will Influencerin oder Youtuberin oder »Millionärin« werden oder einfach »reich heiraten«. Und ja, »Millionärin« ist einer der häufigsten Berufswünsche in aktuellen Abitur-Abschlussbüchern. Sie jedoch erhoffen sich für Ihre Tochter etwas anderes, einen sinnstiftenderen oder konventionelleren Berufswunsch.

Ihre Tochter liebt Model- und Casting-Shows und übt mit ihren Freundinnen das »Laufen« und »Posieren«. Sie schauen auf Ihren eigenen Werdegang, auf Ihre eigenen Werte und erkennen Ihre Tochter hierin nicht (mehr) wieder. *»Ich fasse es nicht. Wofür haben wir denn als emanzipierte Frauen so lange gekämpft? Dass es jetzt nur ums Laufen* *geht und wie man sich hinstellt? Ich wünsche mir so viel mehr für meine Tochter, es ist doch so viel möglich. Wie bringe ich sie nur auf andere Themen?« (Marlies, 48 Jahre)*

Ihre Tochter hat starke Gewichtsschwankungen. Vielleicht isst sie nur einmal am Tag und ernährt sich sonst überwiegend von Light-Getränken oder sie greift unkontrolliert zu süßen oder fettigen Nahrungsmitteln. Sie verzweifeln und wissen nicht, was Sie tun sollen.

Ihre Tochter war gerade noch sportlich und fröhlich, doch auf einmal ändern sich ihre Gefühle und Stimmungen, und Sie wissen nicht warum. Bei Gesprächen darüber macht sie dicht, und Sie kommen nicht mehr an sie heran.

Ihre Tochter erlebt verbale Übergriffe, gegen die sie sich nicht wehren kann. Oder sie wird sogar sexualisiert oder erfährt körperliche Übergriffe. Sie wollen ihr helfen und mit Lehrern oder Eltern sprechen, aber Ihre Tochter will nicht, dass Sie sich einmischen, wie im folgenden Beispiel: Sagt der 15-jährige Schüler zur 15-jährigen Mitschülerin: *»Mach mal Handstand, ich will deine Titten sehen.«* Die 15-Jährige ist beschämt. Dagegen vorgehen will sie nicht, denn sie glaubt, es sei sowieso alles ihre Schuld, dass es zu dieser erniedrigenden Situation gekommen ist.

Die Schule macht Ihnen Sorgen. Ihre Tochter ist nicht gut in der Schule, hat vielleicht Probleme, sich zu konzentrieren. Oder sie war einmal gut und entwickelt nun auf unerklärliche Weise Prüfungsängste oder sogar ausgewachsene Angststörungen. *»Meine Tochter ist 17 und jetzt kurz vor dem Abi. Sie hat jetzt eine Art Angststörung entwickelt und kann nicht mehr zu den Klausuren gehen. Ich verstehe das gar nicht, sie kann eigentlich in der Schule alles, und es lief wie geschmiert. Warum plötzlich diese Probleme?« (Natascha, 52 Jahre)*

Ihre 17-jährige Tochter ist äußerst einfühlsam und sensibel. Sie ist seit über zwei Jahren mit ihrem Freund zusammen und schien immer glücklich. Dann vertraut sie Ihnen an, dass der Schein trügt: »*Mein Freund manipuliert mich total, und wir machen immer nur, was er will. Die Beziehung fühlt sich oft richtig schlimm an. Ich habe schon ein paar Mal versucht, mich zu trennen, aber immer wenn ich gehen will, überredet er mich, bei ihm zu bleiben. Ich weiß nicht mehr, was ich machen soll.« (Lisa, 17 Jahre)*

Sie wollen Ihre Tochter frühzeitig vor übergriffigen Menschen und toxischen Beziehungen, vor Manipulation, Demütigung und Abwertung in einer Partnerschaft schützen.

Oder schließlich – diesen »einfachen« Fall gibt es natürlich auch: Sie und Ihre Tochter haben kein problematisches wichtiges Thema, und Sie wollen Ihre Tochter stärken, damit das auch so bleibt.

Das sind häufige Themen aus Sicht der Eltern, die mir in der Praxis begegnen. Viele dieser Beispiele haben mit weiblichem Selbstwertgefühl und Selbstbewusstsein zu tun, manche sind »nur« übliche Begleiterscheinungen des Erwachsenwerdens. Aber auch Ihre heranwachsende Tochter hat ihre Sicht auf die Dinge und auf Ihr elterliches Verhalten. Ihr sind die folgenden Themen besonders wichtig:

- ◊ Ihr Äußeres ist für heranwachsende Mädchen das Top-Thema Nummer eins. Egal, wie intelligent, wie sportlich, wie kreativ oder wie kommunikativ sie sind, mit dem eigenen Aussehen steht und fällt alles.
- ◊ Eng damit zusammen hängt das große Thema »Essen«. Auch das war und ist für viele Mädchen ein riesiges Thema. Dabei geht es nach wie vor darum, möglichst dünn zu sein, entweder durch maximal kontrolliertes Essen und/oder durch exzessiven Sport. Viele Teenagerinnen haben bereits eine App auf ihrem Smartphone, um ihre Nahrungs- und Kalorienaufnahme täglich nachzuverfolgen.
- ◊ Noten in der Schule und der allgegenwärtige Leistungsdruck sind ein Dauerthema. »*Schon bei einer zwei mi-*

*nus verzieht meine Mutter ihr Gesicht.« (Kira, 13 Jahre)* Gleichzeitig fehlen oft gute weibliche Vorbilder, die den angemessenen Wechsel von sinnvoller Anspannung und entlastender Entspannung vorleben.

- Das eigene (weibliche) Selbstbewusstsein ist nach wie vor für viele Mädchen ein Riesenthema. Das äußert sich vor allem in Hemmungen, (zu) sichtbar zu werden, Initiative zu ergreifen, für sich selbst einzustehen, sich durchzusetzen, und in Ängsten verschiedener Ausprägung, aber auch »allgemein« vor der Zukunft.
- Der berühmt-berüchtigte »Zickenalarm« oder die »Stutenbissigkeit« kann Mädchen schwer zu schaffen machen. *»Kaum gehe ich aus dem Kreis meiner Freundinnen heraus, beginnen sie über mich zu lästern. Mädchen können so bösartig sein. Deshalb versuche ich immer, ganz lange dabei zu bleiben, damit sie nicht über mich reden können.« (Laura, 13 Jahre)*
- Und schließlich spielt die Beziehung zu den Eltern für viele Mädchen eine große Rolle, und zwar deutlich mehr als für Jungs und junge Männer. Besonders die Beziehung zur Mutter ist sehr wichtig. Sie nimmt bewusst oder unbewusst einen großen Raum ein, oft lebenslang. Nähe oder Distanz, Kritik oder Kontrolle, Warmherzigkeit oder emotionale Kälte – kaum etwas hat so großen Einfluss auf ein heranwachsendes Mädchen wie dieses besondere Verhältnis zur eigenen Mutter.

Aus beiden Blickwinkeln – Eltern und Töchter – schauen wir auf die Spitze des Eisberges, was es bedeutet, ein Mädchen oder eine junge Frau zu sein. Wir sehen Situationen, wie sie unterschiedlicher nicht sein können. Deshalb schließt sich direkt die Frage an, wie man diese so unterschiedlichen Situationen für Sie und für Ihre Tochter bewältigen kann: Wo sind die Ansatzpunkte, die ein gezieltes Stärken überhaupt erst ermöglichen? Wofür möchten Sie Ihre Tochter letztendlich stärken?

# WEITERGEDACHT:

## PROBLEMFALL MÄDCHEN?

Angesichts dieser vielfältigen Situationen muss einmal klar gesagt werden: Wir haben keinen »Problemfall Mädchen«. Mädchen sind wunderbar, facettenreich, charmant, inspirierend, sportlich, intelligent, zielstrebig, fleißig, ernsthaft, gewissenhaft, sorgfältig, witzig, vielseitig begabt und noch vieles mehr. Tatsache ist auch, dass Mädchen bessere Schulabschlüsse machen als Jungs, dass sie herausragende kreative, sportliche und kognitive Leistungen erbringen können und dass sie in der Lage sein können, sehr fürsorglich zu sein, sich um andere zu kümmern, zu helfen und zu unterstützen. All das sind fabelhafte menschliche Eigenschaften, die geschätzt werden sollten. Die Probleme beginnen meist erst dann, wenn Mädchen nicht sein dürfen, wie sie sind und wer sie sind. Wir haben also keinen »Problemfall Mädchen«, sondern einen »Problemfall Gesellschaft«. Es ist eine Gesellschaft, die Mädchen immer noch in bestimmte Rollen drängt und sie in enge Ecken zwingt. Mädchen und Frauen lassen das oft zu, gerade *weil* sie so zugänglich und anpassungsfähig sind, gerade weil das »Du« und das »Wir« sowie das Erspüren der Bedürfnisse anderer für viele Mädchen und Frauen einen hohen Stellenwert hat. Es ist eine Gesellschaft, die die Bedürfnisse der Mädchen und Frauen noch immer zu wenig ernst nimmt. Eine Gesellschaft, die fast ausschließlich auf Leistung und Performance ausgerichtet ist. Manchmal entziehen sich gerade leistungsstarke Mädchen und Frauen all dem unbewusst und instinktiv, da es wenig mit einem harmonischen Menschsein zu tun hat. Ich hoffe, dass wir uns in einer Übergangsphase hin zu einer (wieder) humaneren Gesellschaft befinden, in der Menschen einfach nur sie selbst sein dürfen. Bis dahin hilft »Mädchen stärken«.

## Was und wofür stärken?

Die meisten der geschilderten Situationen lassen sich mit Coachingmethoden bewältigen. Sie lernen daher im Folgenden Eigenschaften, innere Einstellungen und Fähigkeiten kennen, die stärken und die dabei helfen, solche kritischen Situationen gut für Ihre Tochter zu lösen oder aber schon im Vorhinein zu vermeiden.

### Resilienz

Da ist einmal die sogenannte Resilienz, die Ich-Stärke eines Menschen. Sie ist der unzerstörbare Kern tief drin in einem Menschen, der innerlich stützt und trägt. Resilienz befähigt, mit dem klarzukommen, was das Leben so mit sich bringt, im Guten wie im Schlechten. Resilienz kann über tiefe Krisen und schwere Schicksalsschläge hinweghelfen. Sie bringt die harten und schlechten Gefühle nicht zum Verschwinden, aber sie verhilft zu der Gewissheit, dass ein Mensch sie durchstehen kann und wird. Resilienz wird genährt durch eine optimistische Lebenseinstellung, durch Zuversicht, durch Selbstbewusstsein und Selbstsicherheit, durch die Akzeptanz seiner selbst und der Umstände rundherum und einer inneren Orientierung auf Lösungen. Jede Übung, jeder Denkanstoß in diesem Buch trägt dazu bei, verschiedene Aspekte der Resilienz bei Ihrer Tochter zu stärken.

### Selbstbewusstsein

Eine weitere stärkende Eigenschaft ist das Selbstbewusstsein. Natürlich geht es darum, das Selbstbewusstsein Ihrer Tochter zu festigen. Was so selbstverständlich klingt, ist es aber leider oft nicht: Sie wären überrascht, wie viele Menschen – Frauen wie Männer – nur ein sehr geringes oder mäßiges Selbstbewusstsein haben. Menschen, die Sie von außen als »toll« oder »unabhängig« wahrnehmen. Im Coaching stellt sich oft heraus, dass vieles hier nur Fassade ist, dass es tief innen drin anders aussieht, viel verletzlicher und zerbrechlicher. Das Fundament des Selbstbewusstseins ist, »sich seiner selbst bewusst zu sein«. Was einerseits bedeutet, dass man sich wirklich spürt und einen guten, auch körperlichen Kontakt zu sich selbst hat. Was aber andererseits auch bedeutet, dass man sich selbst im Innenleben wirklich gut kennt: Stärken, Schwächen, Bedürfnisse, Träume und Wünsche. All das können Sie mit den Anregungen in diesem Buch auch bei Ihrer Tochter fördern.

### Selbstakzeptanz

Selbstakzeptanz ist gerade für Mädchen und Frauen äußerst wichtig. Es bedeutet, sich selbst so zu akzeptieren, wie man ist – wirklich zufrieden zu sein mit dem eigenen Körper, dem eigenen Charakter, den eigenen Fähigkeiten und der eigenen mentalen Verfassung: »Ich darf so sein, wie ich bin. Ich bin genau richtig.« Das sind Sätze, die vielen Mädchen und Frauen schwer über die Lippen kommen. Alle Übungen und Anregungen in diesem Buch zielen nicht nur darauf ab, dass das leichter fällt, sondern dass Ihre Tochter das auch wirklich fühlt. Besonders die Quellen »Selbstbild entwickeln«, »Anspannung lockern«, »Liebesfallen erkennen« und »Persönlichkeit zeigen« tragen dazu bei.

### Selbstsicherheit

Auch die Selbstsicherheit ist eine naheliegende stärkende Eigenschaft. Sie verbindet Selbstbewusstsein mit Selbstakzeptanz: einerseits sich seiner selbst bewusst zu sein und andererseits sich genau so zu akzeptieren. Selbstsicherheit bedeutet, die innere Gewissheit zu haben, mit dem ganz normalen Alltag, aber auch mit neuen Herausforderungen, ungewohnten Situationen und neuen Menschen im Leben klarzukommen. Dazu gehört auch, zu spüren und zu wissen, dass man sich in jeder neuen Situation im Einklang mit sich selbst »richtig« verhält. Selbstsicherheit stärkt und erleichtert den (weiblichen) Weg durchs Leben. In diesem Buch finden Sie Übungen und Tipps, vor allem in den Quellen »Stärken fördern«, »Selbstbild entwickeln«, »Kommunikation üben«, »Medien nutzen«, Mobbing kontern« und »Pläne schmieden«.

Das Gegenteil von Selbstsicherheit sind Selbstzweifel und Grübeln ... leider sehr typische weibliche Hemmnisse. Vielleicht beobachten Sie das verstärkt bei Ihrer Tochter, wenn sie ins Teenager-Alter kommt? Dass sie oft überlegt, ob sie sich »richtig« verhalten oder das »Richtige« gesagt hat? Oder ob sie irgendetwas hätte besser machen können? Gerade in der Pubertät gehören diese Selbstzweifel dazu, aber viele Frauen legen sie auch danach nicht ab. Dabei gilt: Selbstreflexion ist gut und begleitet viele feinfühlige Menschen ihr Leben lang. Wir sollten uns von ihr nur nicht einschnüren lassen und damit den Selbstzweifeln das Feld überlassen.

## Selbstliebe

Selbstliebe ist derzeit in aller Munde, und das zu Recht. Selbstliebe nährt, stärkt und schützt vor Selbstausbeutung – wieder ein typisches weibliches Thema. Selbstliebe bedeutet, sich selbst bedingungslos zu lieben. Frau muss nicht erst dünner geworden sein, ihre Pickel bekämpft oder einen beruflichen Erfolg erreicht haben, um sich selbst zu lieben. Sie muss auch nicht bis an ihre körperlichen oder mentalen Grenzen gegangen sein, muss nicht erschöpft auf dem Sofa liegen, bevor sie sich selbst lieben darf. Selbstliebe kennt keine Bedingungen, sondern startet jetzt, in diesem Moment. Sie ist ein Entschluss, der sofort umgesetzt werden kann. Ihre Zwillingsschwester ist das Selbstmitgefühl: die Fähigkeit, sich selbst mitfühlend zu begegnen, gerade wenn die Dinge nicht so laufen wie gedacht. »Umarme dich selbst« – so, wie man es mit besten Freundinnen wie selbstverständlich macht, wenn sie Trost und ein offenes, liebendes Herz brauchen. Diese stärkende Eigenschaft kann Ihre

Tochter ihr Leben lang wohltuend begleiten, vor allem mithilfe der Quellen »Selbstbild entwickeln«, »Anspannung lockern«, »Persönlichkeit zeigen«, »Perfektionismus managen« und »Liebesfallen erkennen«.

### Selbstwertgefühl

Damit kommen wir zur Königsklasse der stärkenden Selbst-Eigenschaften, dem Selbstwertgefühl. Es bedeutet, sich des eigenen Wertes bewusst zu sein und ihn nicht infrage zu stellen. Das Selbstwertgefühl hängt eng mit dem Selbstbild zusammen. Was Ihre Tochter von sich in diesem Augenblick glaubt und wie sie ihre bereits gelebte Vergangenheit betrachtet, spielt eine wesentliche Rolle für das Selbstwertgefühl. Sie können es stärken durch Lob, Zuspruch und positive Anregungen, jedoch schwächen durch häufige Kritik, Vorwürfe und Tadel. In unserer Gesellschaft neigen wir oft dazu, uns ausschließlich auf die Fehlerperspektive zu konzentrieren. Wir suchen nach dem Fehler, dem Problem, dem Mangel und meinen es oft nur gut, wenn wir die betroffene Person darauf hinweisen. Die übrigen 98 Prozent, die super sind, verlieren wir dabei manchmal aus dem Blick. Im Coaching nehmen wir immer die umgekehrte Perspektive ein. Wir schauen auf das, was da ist, gut ist, und bauen darauf auf. »Stärken stärken« lautet einer der Leitsätze der positiven Psychologie, der automatisch auch zu einem guten Selbstwertgefühl führt. Beim Mädchenstärken geht es darüber hinaus um eine weitere innere Einstellung: die Selbstverständlichkeit, Frau zu sein. Alle 11 Quellen der inneren Stärke werden diese Haltung bei Ihrer Tochter verankern.

### Eigenverantwortung übernehmen

Die Verantwortung für das eigene Handeln, die eigenen Entscheidungen, die eigenen Erfolge und Misserfolge zu tragen, macht innerlich stark. Es ermöglicht, das Leben weitgehend nach den eigenen Vorstellungen zu gestalten und nicht

»Opfer« der Umstände, der Menschen oder äußeren Entwicklungen zu sein. Dabei ist es wichtig zu unterscheiden, dass einiges in der Eigenverantwortung eines Menschen liegt, nämlich das, was ich realistisch selbst durch meine Entscheidungen und mein Handeln beeinflussen kann. Manches hingegen liegt in der Fremdverantwortung anderer Menschen, nämlich wie sie mit sich selbst und mit ihrem Leben umgehen. Meistens tue ich gut daran, diese Dinge auch in der Fremdverantwortung des anderen zu belassen. Und schließlich gibt es äußere Umstände, auf die kein Mensch direkten Einfluss hat, zum Beispiel das Wetter oder eine weltweite Pandemie. Im Rahmen meiner Eigenverantwortung kann ich eine innere Einstellung zu diesen Vorgängen entwickeln und dadurch meine Reaktion bewusst beeinflussen. Das habe ich selbst in der Hand, das stärkt. Um diese innere Haltung geht es in vielen der 11 Quellen der inneren Stärke, besonders aber bei »Feingefühl schützen«, »Anspannung lockern«, »Perfektionismus managen«, »Medien nutzen« und »Pläne schmieden«.

### Fähigkeit, Grenzen zu ziehen

Eigenverantwortung zu übernehmen ist wiederum die wichtigste Voraussetzung, um für sich selbst wohltuende Grenzen zu ziehen. Besonders sehr feinfühlige, sensible und empathische Menschen haben oft Schwierigkeiten damit. Meistens hoffen sie, andere würden irgendwann aufhören, sie zu behelligen, zu beanspruchen oder übergriffig zu sein, sodass sie endlich ungestört ihr eigenes Leben führen können. Leider können sie lange darauf warten; es geschieht so gut wie nie. Grenzen zu setzen, ist ein wichtiger Aspekt der Selbstliebe – mitfühlend mit sich selbst umzugehen, um das eigene Leben nach den eigenen Vorstellungen zu gestalten. Daher ist die Fähigkeit, wohltuende Grenzen ziehen zu können, gerade für empathische Menschen wesentlich für das eigene Lebensglück. Die Quellen »Feingefühl schützen« und auch

»Liebesfallen erkennen« beschäftigen sich eingehend mit gesunder Grenzziehung.

### Durchsetzungsfähigkeit

Ja, auch die Durchsetzungsfähigkeit ist eine stärkende Eigenschaft für Mädchen und Frauen jeden Alters. Oft ist sie sogar der ausschlaggebende Aspekt, wenn Mütter mich in Bezug auf ihre Töchter kontaktieren:

*»Meine Tochter ist so ruhig und lässt sich alles gefallen. Sie wirkt kreuzunglücklich. Ich würde mir wünschen, dass sie sich besser durchsetzen könnte. Wie bekomme ich das hin?« (Edda, 37 Jahre)*

Voraussetzung dafür ist die Stärkung nach innen: Selbstbewusstsein und Selbstakzeptanz, Selbstsicherheit und Selbstliebe, ein gewisses Maß an Resilienz und die Bereitschaft, Eigenverantwortung zu übernehmen. Wenn all das vorhanden und gestärkt ist, wird es sich in der Außenwelt, dort, wo die Durchsetzungsfähigkeit im Leben beginnt, auf natürliche Weise zeigen. Ihre Tochter wird für sich selbst eintreten, wenn sie weiß, wo und wofür sie steht, und es schätzt sowie sich selbst würdigt. Dies wird sie sichtbar machen, ohne dass Sie sie groß dazu ermuntern müssen. Wenn es an der Umsetzung nach außen noch fehlen sollte, können einige einfache Kommunikationsmittel helfen, damit Ihre Tochter sich freundlich, charmant und verbindlich durchsetzt, wenn es darauf ankommt. Die Quellen »Feingefühl schützen«, »Persönlichkeit zeigen«, »Kommunikation üben« und – soweit möglich – »Mobbing kontern« geben Anregungen, wie das konkret umgesetzt werden kann.

### Zuversicht

Zuversicht bei meinem Blick in die Zukunft stärkt mich. Eine zuversichtliche Einstellung zu haben, bedeutet, grundsätzlich davon auszugehen, dass die Dinge sich gut entwickeln werden. Gemeint sind damit nicht Blauäugigkeit und

Naivität, sondern die realistische Einschätzung, dass vieles gut laufen wird. Es geht darum, den Ängsten etwas entgegen zu setzen, bevor sie sich zu stark ausbreiten können. Grundsätzlich ist Angst etwas Gutes, denn sie warnt vor Gefahren für Leib und Leben. Allerdings wird es problematisch, wenn die Angst sich verselbständigt, diffus wird und sich ohne konkrete Anhaltspunkte auf viele Bereiche des Lebens überträgt: Angst, zur Schule zu gehen, die unbegründete Angst, den Job zu verlieren, oder die Angst, »ungestraft« eigene Wege zu gehen. Dagegen kann Zuversicht helfen, da sie eine erlernbare innere Einstellung ist. Die 11 Quellen der inneren Stärke unterstützen dabei, mehr Zuversicht zu entwickeln, insbesondere die Quellen »Selbstbild entwickeln«, »Anspannung lockern«, »Perfektionismus managen«, »Pläne schmieden« und auch »Mobbing kontern«.

All diese Eigenschaften und inneren Haltungen können Sie bei Ihrer Tochter verankern und fördern, um so die eingangs erwähnten Situationen zu lösen oder sogar von vornherein zu verhindern. Die 11 Quellen der inneren Stärke geben konkrete Anregungen, Übungen und Denkanstöße. Vorher möchte ich Ihnen aber noch 3 Prinzipien verantwortungsvoller Begleitung vorstellen, die aus meiner Sicht immer gelten und einen guten familiären Nährboden für innere Stärke schaffen können.

## WEITERGEDACHT:

### COACHINGMETHODEN VS. THERAPEUTISCHE BEGLEITUNG

In diesem Buch schildere ich Ihnen Coachingmethoden, mit denen Sie Ihre Tochter unterstützen können. Diese Methoden sind wenig invasiv und haben immer den Fokus darauf, dass Ihre Tochter die Möglichkeit erhält, sich im Einklang mit sich selbst weiterzuentwickeln. Das Ziel ist innere Freiheit, emotionale Balance und wohltuende Zufriedenheit mit sich selbst. Wenn Ihre Tochter durch diese Methoden zu sich selbst (zurück-)findet, können sie auch dazu beitragen, negative oder (selbst-)zerstörerische Entwicklungen von vornherein zu verhindern. Coachingmethoden haben jedoch ihre Grenze, wenn es sich um manifeste psychische oder physische Störungen handelt. Das gilt in diesem Kontext zum Beispiel für Depressionen, systematisches Mobbing, körperliche oder sexuelle Übergriffe, Magersucht und Angststörungen. Derartige Situationen und Auffälligkeiten gehören ausnahmslos in (psycho-)therapeutische Hände.

# DIE 3 PRINZIPIEN, DIE IMMER GELTEN

Die 3 Prinzipien, die bei der Begleitung »Ihres« Mädchens immer gelten, sind »Vertrauen und Kontrolle«, »das rechte Maß« und »Vorbild sein«. Ob mit oder ohne den anderen Elternteil – Sie werden mit diesen drei Prinzipien schon viel erreichen. Lassen Sie sich darauf ein und lassen Sie sich überraschen! Das bedeutet keine zusätzliche »Arbeit« für Sie. Es geht um Grundeinstellungen, die – einmal verinnerlicht – alles Weitere so viel leichter und unbeschwerter machen, sowohl für Sie selbst als auch für Ihre Tochter.

*»Es ist nicht die Aufgabe der Eltern, ihre Kinder zu formen, sondern ihnen zu erlauben, sich zu offenbaren.«*[2]

Ich kann aus meiner Coachingpraxis nur bestätigen, dass viele heute unglückliche Erwachsene – überproportional mehr Frauen – seinerzeit von den Eltern noch »geformt« wurden und sich erst jetzt, Jahrzehnte später, selbst erlauben können, »sich zu offenbaren«. Einfach sie selbst zu sein und sein zu dürfen. Deshalb: »Man müsste doch viel früher anfangen …« und Mädchen und junge Frauen liebevoll stärken, indem man als Elternteil empathisch begleitet.

»Begleitung« bedeutet für mich, im Bewusstsein und in Kenntnis der eigenen (elterlichen) Werte sich offen und neugierig auf das eigene Kind einzulassen und mit Liebe und Empathie mitzuerleben, was dieser junge Mensch ganz individuell mitbringt. Und genau das nach Möglichkeit zu fördern und zu schützen, wo es nötig ist.

»Begleitung« bedeutet nicht, dass Sie von Anfang an »Kumpel« Ihrer Kinder sind. Das kommt idealerweise viel später und oft wie von selbst, wenn Sie Ihre Aufgaben als Eltern zuvor empathisch und liebevoll wahrgenommen haben. Am Anfang jedoch stehen »Vertrauen und Kontrolle«.

## WEITERGEDACHT:
### DAS EWIGE MÜTTERLICHE SCHLECHTE GEWISSEN, NICHT GENUG ZU TUN

»Liebevoll und empathisch die Aufgaben als Eltern wahrnehmen« – fühlen Sie sich – gerade als Mutter – hiervon angesprochen? Überlegen Sie vielleicht, was Sie alles *tun* können, um diese Begriffe mit Leben zu füllen? Oder wie Sie eine noch bessere Mutter werden könnten?

Kaum eine Frau in meinen (Trennungs-)Coachings ist mit sich als Mutter zufrieden. Fast jede meint, sie müsse oder könne noch mehr tun, damit ihr Kind noch glücklicher ist: Die besondere Torte mit Verzierung zum Geburtstag, regelmäßig Sport, kreative Hobbys und mindestens drei Verabredungen mit Freundinnen pro Woche – ich übertreibe … oder vielleicht nicht?

Vordergründig geht es bei diesen Aktivitäten darum, dass ihr Kind glücklich und zufrieden ist, dass sein Leben erfüllend und vielseitig gestaltet wird. Aber tief darunter liegt bei vielen Müttern noch ein Gefühl: Sie meinen, sie müssten etwas *tun*, um von ihrem Kind geliebt zu werden. Etwas *leisten*, um sich der Liebe ihres Kindes würdig zu erweisen. Wenn Sie, liebe Leserin, jetzt tief und ehrlich in sich hineinhorchen: Geht es Ihnen vielleicht auch so?

Ich möchte Ihnen diese Last sofort von den Schultern nehmen: Sie müssen für die Liebe Ihres Kindes nichts tun. Liebe funktioniert ohne Leistung, und Ihr Kind liebt Sie bedingungslos, so wie Sie sind. Ohne dass Sie hierfür einen Handstand oder Verrenkungen machen oder die fünfte Verabredung in drei Tagen am Rande der eigenen Erschöpfung gestalten müssten.

Etwas anderes ist viel wichtiger: Seien Sie liebevoll und empathisch einfach nur da. Nehmen Sie Ihr Kind ernst, lieben Sie es aus ganzem Herzen, seien Sie mitfühlend und stehen Sie ihm zur Seite, wenn es Sie braucht. Damit »tun« Sie schon viel mehr, als wenn Sie ständig »machen«.

## VERTRAUEN UND KONTROLLE

Bei der Begleitung junger Menschen würde ich am liebsten nur über Vertrauen schreiben. Über das Glück des Loslassens und des Laufenlassens, über die Freude, fünfe gerade sein zu lassen, über die Gewissheit, dass alles im Verlauf der Entwicklung schon seinen richtigen Platz finden wird. Und über die elterliche Gelassenheit, die eine solche Einstellung zur Folge hat.

Je nach Naturell unseres heranwachsenden Kindes und der individuellen Lebensumstände werden wir Eltern jedoch mit Situationen konfrontiert, die nicht allein mit Vertrauen zu bewältigen sind. Kontrolle mit Augenmaß ist hier gefragt.

Lassen Sie uns anschauen, wie diese beiden Komponenten, Vertrauen und Kontrolle, empathisch mit Leben erfüllt werden können.

## VERTRAUEN HABEN

Ihr Vertrauen ist die Basis: Vertrauen in die eigenen elterlichen Fähigkeiten, in das eigene Kind, in seine Persönlichkeit und sein Wachsen und Werden. Und schließlich Vertrauen darauf, dass sich das meiste gut entwickeln wird.

Ihr wesentlicher Beitrag dazu ist die Liebe. Die Liebe zu Ihrem Kind. Tiefes Wohlwollen. Bedingungslose Zuneigung. Respekt und Wertschätzung. Ihr Kind so anzunehmen, wie es ist, mit seinen Stärken, möglichen Schwächen, Charakterzügen, Talenten und Vorlieben. Dazu gehört auch, echte, ungeteilte Aufmerksamkeit zu schenken – aber bitte nicht permanent, sonst fehlt die Luft zum Atmen, sondern immer dann, wenn Sie merken, dass es (wirklich) wichtig ist. Und keine Sorge, den passenden Moment bekommen Sie schon mit, wenn Sie im liebevollen Kontakt verbunden sind. Also voll da sein, falls nötig, aber bloß nicht durchgehend »helikoptern«. Das hat mit Vertrauen nichts zu tun, sondern ist das genaue Gegenteil.

Die weiteren Zutaten des Vertrauens sind: Vermitteln Sie Ihrem Kind Selbstwirksamkeit, schaffen Sie Raum, helfen Sie, Enttäuschung auszuhalten, und bleiben Sie neugierig. Damit schenken Sie Ihrem Kind die Wurzeln für alles, was noch kommen mag.

### Selbstwirksamkeit vermitteln: das A und O

Die Vermittlung von Selbstwirksamkeit ist eine zentrale Aufgabe in der elterlichen Begleitung, aber auch in Kindergärten und Schulen. Es bedeutet, Ihrem Kind zu zeigen: »Du zählst und du kannst Dinge beeinflussen.« Dabei ist Hilfe zur Selbsthilfe immer ein guter Ansatz. Lassen Sie von Anfang an Ihre Tochter so viel wie möglich altersgerecht alleine regeln. Stehen Sie nur dann zur Seite, wenn sie dabei an Grenzen stoßen sollte. Das bedeutet anfangs zum Beispiel, beim Basteln, Kochen und Backen Aufgaben vertrauensvoll und altersgerecht abzugeben, statt alles vorzugeben. Dies setzt sich fort mit der Erledigung von Hausaufgaben, die von Anfang an in die Hände Ihrer Tochter gehören – Sie selbst waren schon in der Schule, Sie haben das schon bewältigt. Geben Sie Ihrer Tochter die Chance, das ebenfalls eigenständig zu gestalten.

Seien Sie zur Stelle, wenn es Schwierigkeiten gibt, wenn es Nachfragen gibt oder echten Förderbedarf. Aber fangen Sie nicht an zu fördern, bevor sich das als notwendig herausgestellt hat, da dies Misstrauen vermitteln kann: »Wahrscheinlich kannst du das nicht, also helfe ich dir direkt mal.« Misstrauen verhindert die Erfahrung von Selbstwirksamkeit. Respektieren Sie, wenn Ihre Tochter ein anderes Tempo an den Tag legt als Sie selbst. *Ihr* Maßstab muss nicht *ihr* Maßstab sein. Diese Haltung kann sehr anspruchsvoll sein für uns Eltern, die gewohnt sind, für sich selbst Dinge zu wuppen, zu organisieren oder einfach zu erledigen. Aber nur so kann Ihre Tochter sich selbst ausprobieren und herausfinden, welcher ihr Weg ist.

Später geht es weiter mit schulischen Referaten und Projekten, der Auswahl von Sportarten, dem Packen von Koffern, dem Einräumen von Spülmaschinen, dem Decken des Tisches, der Reisegestaltung mit Freunden, dem Stechen von Ohrlöchern und dem Gestalten von bunten Fingernägeln. Schauen Sie immer wieder, welche Aufgaben und Entscheidungen Ihre Tochter selbst übernehmen kann, und erlauben Sie ihr, auch die Umsetzung eigenständig zu gestalten. Stehen Sie zur Seite, wenn Ihre Tochter Sie darum bittet, wenn etwas wirklich schiefzugehen droht, oder wenn Sie klar sehen, dass ein Plan zu gefährlich ist oder nicht mehr rückgängig zu machende selbstschädigende Entwicklungen nach sich zieht. Im guten Kontakt mit sich selbst werden Sie hierfür ein gutes Gespür haben – oder entwickeln.

Das klingt jetzt so leicht. Aber dennoch kann dieses Herangehen uns Eltern manchmal innerlich schier unmöglich erscheinen. Wenn wir frühzeitig eingreifen wollen, weil wir bereits eigene Erfahrungen gemacht haben, wenn wir Abkürzungen kennen, die vieles erleichtern oder beschleunigen könnten. Wenn wir meinen, wir wüssten es »besser«. Versuchen Sie, zum Wohle Ihrer Tochter innerlich einen Schritt zurückzutreten. Denn nur wer eigene Entscheidungen treffen und eigene Erfahrungen machen kann, entwickelt das Gefühl der eigenen Selbstwirksamkeit.

### Raum schaffen: Das Glück des Ermöglichens

Und damit beginnen wir bereits, innerlich und äußerlich Raum zu schaffen – ermöglichen statt verhindern. Häufig fordert das den elterlichen Beschützerinstinkt heraus, insbesondere bei Mädchen. Jungs hingegen bekommen oft schon in jungen Jahren unausgesprochen mit auf den Weg, einfach mal zu machen, Dinge auszuprobieren. Manchmal fällt es Müttern schwerer als anderen Bezugspersonen, diesen Raum auch für Mädchen zu schaffen. Kennen Sie das vielleicht? Könnten Sie in Erwägung ziehen, auch Ihren inneren Raum zu erweitern, um Ihrer Tochter das Glück des Ermöglichens und Möglichmachens zu verschaffen?

Es gibt einen saloppen Spruch: »Geht nicht, gibt's nicht.« Je nach den Erfahrungen, die Sie bisher in Ihrem Leben gemacht haben, werden Sie diesem Satz zustimmen oder nicht. Aber was meinen Sie, wie Ihre Tochter durchs Leben gehen wird, wenn dieser Satz sie begleitet? Sie wird immer nach Lösungen und Umsetzungen suchen, sie wird manches Mal erfolgreich sein und einige Male Fehlschläge erleben. Sie wird sich auch in schwierigen Situationen voraussichtlich nicht unterkriegen lassen. Wie finden Sie diese Aussicht für Ihr Kind?

Sie und ich wissen, dass dieser Satz nicht für alle Lebenssituationen geeignet ist. Dass es unabänderliche Einschränkungen, Misserfolge und Rückschläge geben kann, dass das Leben unruhig oder stürmisch werden kann und ein Schiffbruch immer möglich ist. Wir wissen auch, dass eine solche Haltung in Überheblichkeit und Realitätsferne umschlagen kann. Nach meiner Erfahrung leiden jedoch viele Mädchen und junge Frauen nicht an Realitätsferne, sondern manchmal an der Schwere der Realität, besonders wenn sie sensibel sind. So werden Sie als Eltern immer wieder gefordert sein, in der Begleitung Ihrer Tochter eine Richtung einzuschlagen: Bedenken und Vorbehalte äußern, verhindern, einschränken? Oder Chancen und Möglichkeiten sehen, ermöglichen und eröffnen? Nehmen Sie diese Entscheidungsräume bewusst wahr und behalten Sie das Glück des Ermöglichens im Blick. Und zum Gegenpol, der Kontrolle, kommen wir noch.

### Enttäuschung aushalten ... lernen

Zum Glück des Ermöglichens gibt es auch die andere Seite: dass Pläne und Vorhaben scheitern, dass Träume und Wünsche sich nicht erfüllen lassen. Das verursacht Enttäuschung, bei jedem Menschen, unabhängig von seinem Alter.

Ihnen ist dies sicher bewusst, und Sie können höchstwahrscheinlich damit umgehen. Dennoch versuchen viele Eltern, ihre Kinder vor jeder kleinen Enttäuschung zu schützen. Das ist natürlich und entspringt unserem Beschützerinstinkt. Viele Eltern reißen sich dafür ein Bein aus: Sie versuchen die Stöße des Lebens nicht nur zu verhindern oder abzumildern, sondern versuchen auch oft, sie vorherzusehen. Sie versuchen möglicherweise sogar, andere Menschen so zu beeinflussen, dass das eigene Kind durch diese keine Enttäuschung erfährt. All das geschieht meistens in bester Absicht. Diese Bemühungen führen oft zum sogenannten Helikoptern: einem ständigen Umkreisen des eigenen Kindes, um jeden Stolperstein von vornherein aus dem Weg zu räumen.

In bester Absicht. Das Ergebnis ist jedoch häufig permanente Bewachung anstelle von großzügigem Vertrauen.

Aber auch wenn die Sorge um unsere Kinder uns nicht zum »Helikoptern« bringt: Wie realistisch ist es, unsere Kinder vor Enttäuschungen bewahren zu können? Haben wir als Eltern die hierfür erforderlichen »Superkräfte«? Und vor allem: Macht eine solche Haltung unsere Kinder fit fürs Leben?

Enttäuschungen gehören zum Leben dazu, egal wie sehr wir uns als Eltern bemühen, sie zu verhindern. Im Heranwachsen braucht es deshalb immer wieder die Stolpersteine, die uns ab und zu aus dem Gleichgewicht bringen. Dies ermöglicht uns, daraus zu lernen und danach wieder ins Gleichgewicht zurückzukehren. »Frustrationstoleranz« ist hier das Stichwort: die Fähigkeit, Enttäuschungen, Niederlagen und Rückschläge auszuhalten und zu verkraften. Das ist Teil der Resilienz, der inneren persönlichen Stärke, und es ist erlernbar, aber nur, wenn Kinder auch die Möglichkeit dazu erhalten.

Vielleicht kennen Sie das? Die Fünf in Mathe, die beste Freundin, die plötzlich nichts mehr von Ihrer Tochter wissen will, die problematische Lehrerin, die anscheinend mit Ihrer Tochter nichts anfangen kann, das Sportturnier, bei dem Ihre Tochter nicht aufgestellt wird, die Freundesclique, die sich plötzlich ohne Ihre Tochter trifft. All das sind zunächst einmal Stolpersteine, die bei uns Eltern aus Mitgefühl für unser Kind einen Handlungsimpuls auslösen können: »Das gibt's doch nicht! Das kann doch nicht sein! Ich werde etwas tun, um das zu ändern.«

In solchen Momenten ist es hilfreich, tief durchzuatmen und erst einmal zu sehen, wie Ihre Tochter mit der Situation klarkommt. Achten Sie genau darauf: Wie viel Enttäuschung empfindet sie, was fühlt sie und wie äußert sich das, welche Maßnahmen ergreift Ihre Tochter selbst, um damit umzugehen? Je nach ihrem emotionalen Zustand könnten

Sie die Enttäuschung vorsichtig ansprechen, Hilfe und Lösungen anbieten – und dann dieses Thema der Kompetenz Ihrer Tochter überlassen, damit sie lernt, damit umzugehen.

Erst wenn aus diesen Stolpersteinen Haufen oder gar Hügel werden, sind Sie als Eltern gefordert, Ihrer Tochter zur Seite zu stehen und sie tatkräftig zu unterstützen. In diesem Fall ist es wichtig, Ihre Tochter nicht zu überschätzen und zu erkennen, inwieweit sie die Situation selbst regeln kann. Je nach ihrem Alter und der Art der Enttäuschung wird sie Sie mehr oder weniger an Ihrer Seite brauchen. Vertrauen Sie darauf, dass Sie hierfür ein Gespür haben werden. Aber genauso gilt auch: Unterschätzen Sie Ihre Tochter nicht. Vielleicht werden Sie überrascht sein, wie selbstständig und »cool« sie mit den kleineren und größeren Herausforderungen des Lebens umgeht, wenn sie die Chance dazu erhält.

## Neugierig bleiben: Wer ist die Frau, die da heranwächst?

Diese Überraschung über Ihre Tochter, sie ist ein ganz wesentlicher Aspekt des Vertrauens während Ihrer Begleitung: Bleiben Sie neugierig! Neugierig auf das Mädchen, die Jugendliche, die Frau, die da heranwächst.

Ihre Tochter ist einzigartig, wunderbar und vollständig. Begleiten Sie sie mit wohlwollender, empathischer und möglichst bewertungsfreier Neugierde. Lassen Sie sich überraschen, von dem, wer sie ist und was sie von sich zeigt. Seien Sie aufmerksam und präsent, und versuchen Sie, sie so unvoreingenommen wie möglich zu sehen und anzunehmen. Sie werden überrascht sein, wie erleichternd und befreiend sich diese innere Haltung auf Ihre Beziehung auswirken wird.

Das kann viel familiären Stress im Vorfeld verhindern. Bewusst neugierig zu sein, bedeutet auch, dass Ihre Tochter so sein darf, wie sie ist. Sie muss nicht sein wie Sie – darf es aber. Sie muss auch nicht erfüllen, was Ihnen vielleicht verwehrt geblieben ist – darf es aber. Mit dieser Sicht auf die Dinge werden Sie mit zunehmendem Alter Ihrer Tochter immer mehr zu einer liebenden Beobachterin, zu einer wohlwollenden Mentorin.

Neugierig bleiben bedeutet aber auch, flexibel zu bleiben: Elterliche Begleitung ist keine Einbahnstraße. Wenn ich meinen jungen Söhnen praktisches Wissen vermitteln wollte, habe ich es oft bezeichnet mit »Junge Füchse lernen« … ein Spiegelei zu braten, dass Maiglöckchen giftig sind, dass es sich lohnt, nasse Wäsche glatt aufzuhängen, um sich das Bügeln zu ersparen, dass mündliche Mitarbeit im Unterricht die halbe Miete ist, weil die Schulstunden viel schneller vergehen und es das heimische Lernen ungemein verkürzt. Dabei hatte ich innerlich immer das Bild vor Augen, wie Mutter Fuchs auf die Jagd geht und ihre Jungen ihr dabei zuschauen und so ganz nebenbei selbst das Jagen lernen, allein durch das Vormachen und später das eigene Nachmachen. Auch unsere Kinder lernen am meisten durchs Vormachen, hierzu kommen wir später noch beim »Vorbildsein«. Irgendwann kam dann von einem meiner Söhne die Bemerkung: »Alte Füchse lernen aber auch!« Stimmt!

Vielleicht haben Sie es bereits selbst erlebt? In der Begleitung unserer Kinder führt starres Festhalten an Vorstellungen und veralteten Verhaltensweisen zu nichts. Es lohnt sich, im familiären Zusammenleben selbstreflektiert und offen zu bleiben. Haben Sie Ihre Grundsätze, haben Sie Ihre Prinzipien, aber stellen Sie sich darauf ein, dass Sie beim Heranwachsen Ihrer Tochter vieles hiervon zigmal über den Haufen werfen werden. Das ist kein Zeichen von Schwäche, sondern von innerer Stärke. Und es ist für alle Beteiligten viel wohltuender, den Tanz des eigenen Kindes ins Leben mit Offenheit zu begleiten. Innerlich geschmeidig und flexibel zu bleiben. Statt starre Regeln durchzusetzen und diese über Mitgefühl und Menschlichkeit zu stellen. Das macht mindestes zwei Seelen krank, Ihre eigene und die Ihrer Tochter.

Dieses Herangehensweise gelingt am besten, wenn Sie mit sich selbst im Reinen sind. Dann erschüttern Sie Veränderungen oder ungewohnte Herausforderungen nicht so schnell. Lernen Sie sich selbst gut kennen, wissen Sie um Ihre eigenen Stärken und Schwächen, um Ihre eigenen Werte, Wünsche und Träume. Das ist die Basis dafür, Ihrer Tochter in ihrer Individualität mit Gelassenheit zu begegnen.

Erlauben Sie sich ab und zu einen Perspektivwechsel. Statt »Ich habe das so gelernt, mache das schon immer so, bin gut damit durchs Leben gekommen, haben mir schon meine Eltern so beigebracht« versuchen Sie es mal mit »Muss das wirklich so gemacht werden oder geht es auch anders?«. Und statt »Meine Tochter soll so sein, das lernen, sich so verhalten, muss das und das erreichen« versuchen Sie es mal mit »Ah ja. So macht sie das also. Ich schaue mal, wie sich das so entwickeln wird«. Und ja, es kann vorkommen, dass Sie phasenweise bei der Begleitung Ihrer Tochter mindestens dreimal am Tag »Ah ja« murmeln werden. Es gibt einen schönen Spruch aus dem Sport: *»Der Trainer bleibt cool.«* Eltern sollten das möglichst auch versuchen!

Hier kommt wieder das Vertrauen ins Spiel. Ihre Tochter ist Ihre Tochter. Ohne tief in die Vererbungslehre einzusteigen: Sie hat Ihre Anlagen. Es ist bereits alles vorhanden und wird sich entwickeln. Oder wie meine wunderbare Hebamme es einmal formulierte, die mich nach allen drei Geburten begleitet hat: *»Liebe Frau Oschmann, es ist nichts drin, was nicht von Ihnen (und Ihrem Mann) kommt.«*

Das gilt auch dann, wenn Ihre Tochter einmal ein komplett gegensätzliches Verhalten zu Ihnen zeigt. Zum Beispiel: Sie arbeiten viel und haben eine Tendenz, sich selbst auszubeuten, während Ihre Tochter eher gemütlich ist und gerne »chillt«? Sie sind antriebslos und kommen nicht recht in die Gänge, während Ihre Tochter Pläne schmiedet und diszipliniert umsetzt? Sie machen jeden Tag Sport, während Ihre Tochter auf dem Bett liegt und Serien schaut? Wenn Sie solch ein gegensätzliches Verhalten bei Ihrer Tochter wahrnehmen, kann das ein Anzeichen dafür sein, dass Sie selbst möglicherweise etwas zu intensiv oder gar verbissen betreiben. Dann gehen Gelassenheit und Leichtigkeit schnell verloren. Elterliche Begleitung ist keine Einbahnstraße. Nutzen Sie das gegensätzliche Verhalten Ihrer Tochter als Hinweis, um zu überprüfen, ob Ihr eigenes Leben noch Ihren Bedürfnissen entspricht.

An dieser Stelle ist es mir besonders wichtig, darauf hinzuweisen, dass auch Sie einzigartig sind, mit Ihren eigenen Werten und Ihrer individuellen (Lebens-)Erfahrung. Das alles ist da, darf sein, und auch das gilt es zu schützen. Und wenn es nur als Beispiel dient, an dem sich Ihre Tochter in der Pubertät für ihre Weiterentwicklung abarbeiten kann. Ihre Persönlichkeit bleibt, auch wenn Sie sich Selbstreflexion und Perspektivwechsel erlauben. Meine Anregungen in diesem Abschnitt sollen nur einem weitverbreiteten Formalismus bei der Begleitung von Kindern vorbeugen, den ich in meinen Coachings immer wieder sehe. Dieser Formalismus kann das familiäre Miteinander über die Maßen belasten und so allen Beteiligten die Luft zum Atmen nehmen. Eine innere Haltung mit Neugierde und Flexibilität hingegen wird die Beziehung zu Ihrer Tochter von vornherein entstressen und Ihnen gleichzeitig erlauben, ein eigenes Leben zu führen, das mit Ihren Werten in Einklang steht.

Klingt das jetzt alles ein bisschen zu rosarot? Ja, klar. Wird es Probleme, größere Herausforderungen und Ausreißer geben? Bestimmt. Dann müssen Sie eingreifen, insbesondere wenn Ihre Tochter in eine schädliche oder selbstschädigende Richtung abzudriften droht. Aber nur dann. Das ist die Schnittstelle zur Kontrolle.

## Vertrauen haben – was nehmen Sie mit?

Vertrauen zu haben, ist die Basis für die Begleitung junger Menschen. Es ist eine innere Haltung, die sich aus den folgenden Aspekten zusammensetzt:

- Ihrer Tochter Selbstwirksamkeit zu vermitteln, ist das A und O. Versuchen Sie, Ihre Tochter alters- und reifegerecht eigenständige Entscheidungen treffen zu lassen und in eigenes Handeln umzusetzen.
- Es ist ein Meilenstein in der Begleitung, inneren und äußeren Raum zu schaffen und zu ermöglichen, statt zu verhindern. Immer wieder die Perspektive zu wechseln von »Das geht nicht« hin zu »Was ist möglich?«.
- Auch das Erlernen, Enttäuschung auszuhalten, ist für jedes Kind wichtig, es erhöht die Frustrationstoleranz und damit die Resilienz. Enttäuschungen gehören zum Leben dazu. Je eher wir lernen, damit umzugehen, desto schneller können wir in unser inneres Gleichgewicht zurückkommen. Dies sollten Sie abwägen, bevor Sie eingreifen.
- Bleiben Sie neugierig auf die junge Frau, die heranwächst. Eine wohlwollende, empathische, unvoreingenommene Neugierde ist der Persönlichkeitsbooster für Ihre Tochter.

### Kontrolle wahrnehmen

Sie werden als Eltern einer Tochter Kontrolle ausüben. Dabei wird es – das ist die erste Fallgruppe – Situationen geben, in denen Sie das objektiv müssen. Das umfasst offensichtliche Situationen wie körperliche, sexualisierte oder emotionale

Gewalt gegen Ihre Tochter. Aber auch im ganz »normalen« Alltag gibt es Situationen, in denen Ihre Tochter abends zu lange aufbleibt und ihre Schultage nicht bewältigen kann, wenn sie mit Geräten hantiert, denen sie altersmäßig noch nicht gewachsen ist, wenn sie zu viel Zeit vor dem Fernseher oder am Tablet verbringt und sich nicht mehr konzentrieren kann, wenn sie gemobbt wird und nicht selbst reagieren kann, wenn sie beginnt, Alkohol, Zigaretten und Drogen auszuprobieren, und daran hängen bleibt, wenn sie abends länger als vereinbart wegbleibt und unklar ist, wie sie nach Hause kommt, wenn sie zu viel oder zu wenig isst und beides körperliche Konsequenzen hat, wenn sie im Internet in eine Abofalle gerät und nicht weiß, wie das zu lösen ist. In dieser Fallgruppe geht es darum, Schäden an Körper und Psyche zu verhindern und Selbstschädigung vorzubeugen. Hier müssen Sie einschreiten.

Die zweite Fallgruppe umfasst Situationen, in denen Sie zumindest das Gefühl haben, Sie müssten Kontrolle ausüben: wenn Ihre Tochter bei den Hausaufgaben trödelt und den ganzen Nachmittag dafür benötigt, wenn sie Süßigkeiten im Übermaß liebt, wenn sie schlechte Noten in der Schule schreibt und keinen Elan fürs Lernen aufbringen will, wenn sie die »falschen Freunde« hat, wenn das Handy wie eine verlängerte Hand Ihrer Tochter wirkt, wenn sie Dinge anfängt und dann liegen lässt, wenn ihre Kleidung überall im Zimmer verstreut ist, nur nicht im Schrank, wenn Geschirr mit Essensresten sich im Zimmer stapelt und Sie die Ameisenstraße schon vor Ihrem geistigen Auge sehen, wenn sie als Berufswunsch Influencerin, Youtuberin oder Millionärin angibt. Das sind Begebenheiten, in denen Ihre eigenen Überzeugungen, Wertvorstellungen oder Erfahrungen, mit denen Sie selbst Ihr Leben gut gemeistert haben, infrage gestellt werden. In dieser zweiten Fallgruppe können Sie flexibler vorgehen. Im folgenden Kapitel gebe ich Ihnen dazu einige Anregungen.

### In jungen Jahren: Stabilität schaffen

Bis zum Ende der Grundschulzeit geht es vor allem darum, die Basis zu legen für ein liebevolles fürsorgendes Miteinander. Ein wesentlicher Beitrag besteht darin, Stabilität zu schaffen – sowohl für Ihre Tochter als auch für Sie selbst.

Hierzu gehören Rituale und Struktur. Beides sind genau genommen kontrollierende Maßnahmen, die jedoch Eltern und Kindern die Orientierung im Alltag erleichtern. Das gilt insbesondere für neue Situationen wie den Einstieg in den Kindergarten oder den Eintritt in die Grundschule. Wahrscheinlich setzen Sie bereits viele dieser Rituale um: Baderituale und Fingerspiele im Babyalter, ausgiebige Kuschelzeiten, Zu-Bett-Geh-Rituale mit Büchern und Liedern, Feste zu den Jahreszeiten wie Laternenumzüge, Ostern oder Weihnachten mit seinem ganz eigenen familientypischen Ablauf, die Pfannkuchen, die nur bei Oma so lecker schmecken, Vorlesen bei gedimmtem Licht, gemeinsames Filmeschauen und vieles mehr. Ich weiß nicht, wie viele Kinderbücher und Kinderfilme ich im Laufe der Zeit auswendig kannte, von »Mullewapp« bis »Hände weg von Mississippi«. Und ich werde nie vergessen, wie meine Kinder gebannt zuhörten, wenn ich vorlas – sei es von Lasse und Bosse und Ole in Bullerbü, die ihre Abenteuer bestanden, oder später von Harry Potter, der letztlich Lord Voldemort besiegte. Gönnen Sie sich diese Rituale, auch wenn Sie wenig Zeit haben oder müde sind. Irgendetwas geht immer, und es bleibt so unglaublich viel hängen bei Ihnen und Ihrer Tochter.

Gerade bei jüngeren Töchtern im Alter zwischen etwa drei und sieben Jahren möchte ich Ihnen noch einen wertvollen Tipp ans Herz legen: das »Päuschen« oder auch »Siesta«. Das ist eine Zeit, die nach dem Mittagessen, dem Kindergarten, einem langen Schultag oder der Nachmittagsbetreuung in der Schule allein für Ihre Tochter reserviert ist. Statt direkt nach diesen Aktivitäten weitere Unternehmungen anzuschließen, hat es sich bewährt, eine ruhige Zwischenphase einzuführen, variabel von einer halben Stunde bis anderthalb Stunden. Das ist die Zeit, die Ihre Tochter allein in ihrem Zimmer mit »nichts«, mit ruhigen Tätigkeiten oder auch Hörspielen oder CDs weitgehend »sinnfrei« und absichtslos verbringt. Entspannung pur. Sie können diese »Siesta« schrittweise einführen, indem Sie anfangs kleine Zeitabschnitte von zehn bis fünfzehn Minuten wählen, insbesondere wenn Ihre Tochter keinen Mittagsschlaf mehr hält, und das langsam zeitlich steigern. Es erfordert vielleicht etwas liebevolle Geduld und Gewöhnung, um diese Gewohnheiten zu etablieren, aber es wird sich für alle auszahlen. Erfahrungsgemäß kommt aus dieser »Siesta« ein komplett verändertes, entspanntes Kind, das ausgeruht ist für den weiteren Tag. Aber auch Sie können in dieser Zeit Luft schnappen und viel befreiter den Rest des Tages gestalten. Probieren Sie es aus und lassen Sie sich überraschen, wie diese kleine Pause zu tiefer Entspannung und erstaunlicher neuer Kreativität aller Beteiligten führt.

Ihre Tochter wird sehr wahrscheinlich zwischendurch das eine oder andere als ziemlich »doof« oder überflüssig empfinden. Daher werden Sie vermutlich Ihre familientypischen Rituale über die Zeit und an das Alter Ihrer heranwachsenden Tochter anpassen. Erfahrungsgemäß wird Ihre Tochter irgendwann gerne an viele Rituale zurückdenken und manches beibehalten wollen. Rituale und Struktur machen Sie als Eltern – zusätzlich zu Ihrer bedingungslosen Liebe – für Ihre Tochter verlässlich und in einem gewissen Umfang auch vorhersehbar. Sie schenken Sicherheit und innere Ruhe.

### Im Übergang: (klare) Ansagen machen

Dann kommt die Zeit des Übergangs vom Kindsein in die Pubertät. Mit Ihren Ritualen und Strukturen, aber auch mit Ihren Plänen für Urlaube und Wochenendgestaltung werden Sie jetzt ab und zu auf Widerstand stoßen. Sie als Eltern kommen langsam auf den Prüfstand und dürfen beginnen, sich für sich selbst und Ihr Verhalten zu rechtfertigen. Gleichzeitig ist Ihre Tochter noch zu jung, um völlig eigenständig und unabhängig zu sein. In diese Phase fällt oft auch die Umschulung auf die weiterführende Schule, die neue soziale und schulische Anforderungen mit sich bringt.

In dieser Zeit des Übergangs hat sich bewährt, möglichst ruhig, gelassen und bei sich zu bleiben. Empathisch, liebevoll und immer zur Stelle, wenn Sie gebraucht werden, aber auch nur dann. Meistens ist es nicht mehr willkommen, wenn Sie helfen und unterstützen wollen, bevor Ihre Tochter es einfordert. Sie wird langsam unabhängig – und das ist gut so. Das ist der Weg, der mit dem Durchtrennen der Nabelschnur beginnt und unaufhaltsam ist. Versuchen Sie, die Tatsache zu genießen, dass Ihre Tochter sich verstärkt auf ihren eigenen Weg macht.

In dieser Phase sollten Sie versuchen, »klare« Ansagen zu machen. Was bedeutet das? Zum einen, dass Sie wissen, wo Sie stehen und was Sie wollen, und dass Sie dies freundlich kommunizieren können, nicht um Ihrer Tochter etwas aufzuzwingen, sondern um klarzumachen, dass Sie auch noch da sind. Zum anderen bedeutet es, dass Sie sich nicht in endlose Diskussionen verwickeln lassen müssen. Ihre heranwachsende Tochter beginnt (spätestens) jetzt, Sie und alles andere zu hinterfragen und zu testen. Im Coaching höre ich immer wieder: »Aber das muss ich meinem Kind doch erklären«, oder: »Jede Frage muss beantwortet werden.« Andererseits höre ich aber auch häufig: »Ich weiß nicht mehr, wo mir der Kopf steht, ich habe Dauerdiskussionen mit meiner Tochter.« Gerade feinfühlige Mütter machen es sich oft zur Aufgabe, alles beantworten zu wollen, und wissen am Ende des Tages nicht mehr, wo oben und unten ist. Wer sich bei all den Anforderungen unseres modernen Lebens auch noch in Dauerkommunikation verstrickt, wird irgendwann überfordert und reagiert gereizt anstelle von entspannt und gelassen, wie es wünschenswert wäre. Vielleicht kennen Sie dieses Phänomen?

An dieser Stelle empfehle ich Ihnen, ruhige und klare Ansagen zu treffen, bevor Ihre Nerven blank liegen. Kurze Sätze, klare Aussagen. Freundlich und liebevoll, aber abschließend. Das ist eine sanfte Form der Grenzziehung gegenüber Ihrer heranwachsenden Tochter, die Sie davor schützt, sich selbst zu verlieren. Wenn Sie vorher ein liebevolles Familienleben etabliert haben, ist das völlig in Ordnung. Vertrauen Sie auf die Verbundenheit, die Sie in den zurückliegenden Jahren geschaffen haben.

## Später: Pubertät aushalten

Der gemeinsame Weg mit Ihrer heranwachsenden Tochter geht weiter, mit voller Kraft voraus in die Hochphase der Pubertät und ins junge Erwachsenensein. Wir Eltern wissen alle, dass diese Phase unweigerlich kommt – kommen muss –, und doch sind viele zunächst einmal verunsichert, wenn sich die ersten Facetten dieser Zeit tatsächlich beim eigenen Kind zeigen.

Die Pubertät Ihrer Tochter kann völlig unauffällig verlaufen. Gerade noch Mädchen, fast über Nacht junge Frau, und das war's. Diese Phase kann aber auch über viele Monate oder Jahre eine echte Herausforderung sein. Dazu gehört, dass Sie und alles andere Hergebrachte täglich aktiv und dauerhaft infrage gestellt werden. Die Erscheinungsformen einer intensiv durchlebten Abnabelung sind vielfältig: dichtes Schweigen oder wortkarge Äußerungen der Jugendlichen, der übermächtige Drang zu den Freunden und »Peers« und bloß nicht Familie, Chaos im eigenen Zimmer mit weitflächig bedecktem Fußboden, verschimmelnden Essensresten und verklebten Kaffeetassen, unwilliges »Murren« bei der kleinsten Bitte zu helfen, die erste, vielleicht unglückliche Liebe, die die gesamte Aufmerksamkeit beansprucht, sinkende Schulleistungen, null Bock auf gar nichts, stundenlanges Auf-dem-Bett-Herumliegen statt des gerade noch geliebten Sports, exzessive Computerspiele statt des gerade noch geliebten Lesens, konsequentes Nichteinhalten von Vereinbarungen mit den Eltern, vor allem für die Zeit der nächtlichen Heimkehr, und zusätzlich nicht enden wollende Diskussionen über all diese Themen. Dazu können häufig wechselnde sexuelle Kontakte, Rauchen, Trinken, Kiffen oder Klauen kommen. Das alles ist ein permanentes Austesten von Grenzen, ein dauerndes Ausloten, wo der eigene Platz in der Welt ist.

Machen Sie sich gerne als Erstes klar: Die Pubertät ist nicht nur für Sie eine Herausforderung, sondern vor allem für Ihre Tochter. Alles ist in Aufruhr, körperlich, geistig und mental. Zahllose Rollenerwartungen werden erstmals bewusst wahrgenommen und müssen sortiert werden. Hormone wirbeln, der eigene Körper entwickelt sich erkennbar, das muss Mädchen und Frau erst einmal verarbeiten. Nicht zuletzt verändern sich tatsächlich Synapsen und Verknüpfungen im Gehirn grundlegend. Manchmal könnte es Ihnen so vorkommen, als sei Ihre pubertierende Tochter in einem geistigen Dauernebel, der ihr nur noch selektive Wahrnehmung ermöglicht.

Viele Eltern versuchen anfangs, dieser besonderen Zeit mit stärkerer Kontrolle zu begegnen, oft beginnend mit den erziehungstypischen »Wenn … dann …«-Formulierungen: Wenn du dein Zimmer nicht aufräumst, fahre ich dich nicht zum Konzert. Wenn die nächste Klassenarbeit nicht mindestens eine Drei ist, dann darfst du nicht zur Party am Samstag. Wenn du nicht mit dem Rauchen aufhörst, kannst du den Urlaub im Sommercamp vergessen.

Meistens bringt das wenig, weil es bei der Jugendlichen zum einen Ohr rein- und zum anderen Ohr rausgeht. Wo soll es auch hängen bleiben, wenn da oben alles im Umbruch ist? Spätestens dann weicht der elterliche Versuch zu kontrollieren dem Schimpfen, der Gereiztheit oder sogar dem

»Außer-sich-Sein«, begleitet von härteren Sanktionen wie einer Taschengeldkürzung oder klaren Verboten, ohne die Chance eines »Wenn … dann …«: »Die Party ist gestrichen!«

Der Wunsch, dieser natürlichen Entwicklung und Abnabelung mit Kontrolle zu begegnen, ist allzu verständlich. Auch für Eltern ist das alles ungewohnt, zumindest beim ersten Kind. Viele haben den Eindruck, jetzt geht alles schief, die Jahre zuvor waren für die Katz. Wenn Sie sich jedoch an allen diesen pubertären Verhaltensweisen tagtäglich abarbeiten und versuchen, diese Abnabelung durch Kontrolle in den Griff zu bekommen oder gar aufzuhalten, haben Sie viel zu tun.

Was also kann Ihnen und Ihrer Tochter in dieser turbulenten Zeit besser helfen als verstärktes Kontrollieren? Einmal mehr ist es wertvoll, wenn Sie sich selbst gut kennen und wissen, wofür Sie stehen. Bleiben Sie konsequent bei sich selbst und Ihren eigenen Werten und Auffassungen. Gerade das braucht Ihre Tochter, um diese bewusst und unbewusst zu hinterfragen und in Gemeinsamkeiten oder Unterschieden ihre eigenen zu finden. Sehr wichtig ist außerdem die Erkenntnis: Das alles wird vorübergehen. Haben Sie in dieser Zeit das Vertrauen, dass sich alles einrenken wird. Bleiben Sie neugierig darauf zu sehen, *was* und vor allem *wer* sich am Ende dieses natürlichen Abnabelungsprozesses zeigen wird.

Und hier ist noch ein letzter, persönlicher Rat an Sie: Stellen Sie sich vor, in dieser Zeit sind Sie vor allem wie eine Leitplanke für Ihre Tochter. Eine Leitplanke, die, ähnlich wie auf der Autobahn, rechts und links mit etwas Abstand zur Fahrbahn steht und die Fahrt auf freier Strecke nicht behelligt, jedoch gleichzeitig schützt und Schlimmeres verhindert, wenn ein Auto ins Schleudern gerät. Die Entwicklung Ihrer Tochter schreitet voran, und erst wenn sie an den Rand gerät und abzudriften droht oder einen Unfall zu bauen, sind Sie da als verlässliche Leitplanke, die sie vor dem schlimmsten Schaden schützt. Diese innere Einstellung wird manches in dieser Zeit wohltuend entkrampfen.

Wenn in der Pubertät schädliches, selbstschädigendes oder gar kriminelles Verhalten auftritt, sind Sie als Erziehungsberechtigte natürlich gefragt, sofort entschlossen und konsequent einzugreifen, wenn sich etwas in diese Richtung entwickelt.

### Immer: Bleiben Sie (auch) nett zu sich selbst!

Trotz aller Kontrolle, die Sie ausüben oder meinen ausüben zu müssen, gilt eine Aufforderung ganz besonders: Bitte bleiben Sie nett zu sich selbst! Sie sind nicht die Polizei oder der Bundesnachrichtendienst, sondern Mutter und Vater Ihrer Tochter. Liebend, empathisch und authentisch – da ist mehr zwischen Ihnen als Regeln und Sanktionen. Machen Sie sich das immer wieder klar, denn es wird sich auch für Sie besser anfühlen, wenn Druck und Zwang in den Hintergrund treten.

Denken Sie auch daran, wenn Sie mögliche Strafen oder Verbote in Erwägung ziehen, um zu erreichen, was Sie sich vorstellen. Versuchen Sie, so oft wie möglich darauf zu verzichten. Dies führt selten und meist nicht nachhaltig zu dem gewünschten Verhalten, häufig jedoch zu inneren Verletzungen und Enttäuschungen bei allen Betroffenen. Wenn Sie hingegen weitgehend ohne diese Erziehungsmethoden auskommen, wird das nicht nur Ihrem Kind, sondern auch Ihnen guttun. So sind Sie doch eigentlich gar nicht, oder?

Familiäres Miteinander ist mehr als Kontrolle. Die Begleitung junger Menschen ins Leben hinein ist mehr als die Idee, dass diese sich nach den eigenen Vorstellungen richten müssten. Hierfür gibt es einen geflügelten Spruch, den ich sehr mag, weil er vor allem uns Frauen erden kann: *»Sieh alles, übersieh vieles, korrigier wenig.«* Natürlich müssen wir nicht »alles« sehen. Aber aus meiner eigenen Erfahrung und meinen Erfahrungen im Coaching sehen Frauen, besonders Mütter, oft sehr viel. Vor allem vieles, das »verbesserungswürdig« erscheint. Wir wissen oft, wie es besser, schneller, fokussierter geht. Der erste Impuls ist dann, korrigierend einzugreifen. Das kann sehr schnell sehr anstrengend werden. Und außerdem stellt es die Kompetenz des jeweils anderen infrage, sein Leben Stück für Stück nach den eigenen Vorstellungen zu gestalten. Je nach Lebensalter Ihrer Tochter kann es sogar übergriffig werden. Deshalb ist es oft für alle sehr wohltuend, wenn Sie solche verbesserungswürdigen Dinge, Umstände oder Verhalten ein ums andere Mal absichtlich übersehen und entgegen dem ersten Impuls gerade nicht korrigierend eingreifen. Das entlastet ungemein, sowohl Sie als auch Ihre Tochter. Dinge laufen zu lassen und fünfe gerade sein zu lassen, sind der Nährboden für Gelassenheit und Entspannung. Tun Sie sich selbst diesen Gefallen und probieren Sie es immer wieder aus.

Im Coaching verwende ich gerne das Bild des »Boomerangs«: Sie werfen einen Boomerang in die Luft, Sie lassen ihn bewusst los, und wenn Sie es richtig gemacht haben, kommt er verlässlich zu Ihnen zurück. Aber nur dann. So ist es auch mit unseren Kindern: Nur wenn wir sie vertrauensvoll loslassen, werden Sie verlässlich zu uns zurückkommen. Und das ist es doch, was wir uns im tiefsten Inneren wünschen, besonders wenn unsere Kinder irgendwann einmal erwachsen sind, oder? Schauen wir nun, welche Rolle das rechte Maß dabei spielen kann.

## KONTROLLE WAHRNEHMEN – WAS NEHMEN SIE MIT?

Kontrolle wahrzunehmen ist der notwendige Gegenpol dazu, Vertrauen zu haben.

- In den jüngeren Jahren ist es wichtig, Kindern Stabilität zu bieten, was Rituale und Struktur im Familientag und -alltag beinhaltet. Ein Gamechanger kann die mittägliche Pause für alle sein.
- Im Übergang vom Kindsein in die Pubertät helfen klare Ansagen. Bleiben Sie dabei empathisch, liebevoll und immer zur Stelle, wenn Sie gebraucht werden.
- Wenn es in die (Hoch-)Phase der Pubertät geht, denken Sie an das Bild der Leitplanke: Lassen Sie die freie Fahrt geschehen und halten Sie schützend Stand, wenn Ihre Tochter abzudriften droht.
- Bleiben Sie nett zu sich selbst: Familiäres Miteinander ist mehr als Kontrolle. Bleiben Sie liebevoll und authentisch und lassen Sie laufen, was geht.

## DAS RECHTE MASS

Das rechte Maß, die goldene Mitte, der »sweet spot«[3] – es gibt so viele Begriffe für ein und dasselbe Konzept. Schon Aristoteles schrieb im vierten Jahrhundert vor Christus über das »rechte Maß«[4] als Leitfaden für ein glückliches Leben. Dieses Maß sollte im Mittelweg zwischen Mangel und Übermaß liegen. Im Mittelalter haben Gelehrte sich weiter mit dieser Idee des »rechten Maßes« und der »Mäßigung« beschäftigt, wie zum Beispiel Hildegard von Bingen[5] und Thomas von Aquin[6]. Aber nicht nur in der christlichen Literatur spielt das »rechte Maß« eine Rolle, sondern auch im Koran[7].

In Philosophie und Theologie stand und steht das »rechte Maß« in erster Linie für »Tugendhaftigkeit«. In jüngerer Zeit wurde dieser Leitgedanke des rechten Maßes pragmatisch in den Alltag integriert. Im Schwedischen gibt es den Begriff »Lagom«, der eine ideale Balance beschreibt: weder zu viel noch zu wenig.

»Nicht zu viel und nicht zu wenig.« Genau das ist auch ein guter Leitgedanke bei der Begleitung von Kindern und Jugendlichen. Es ist an uns Eltern, hierfür ein feines Gespür zu entwickeln, indem wir auf einer zutiefst humanistischen, menschenfreundlichen Grundlage immer wieder neu justieren: Was ist jetzt angebracht für uns, für meine Tochter, für mich? Wovon brauche ich in dieser Phase mehr, wovon brauche ich in jener Situation weniger? Was ist zu viel des Guten, was zu wenig? Dies erfordert innere Geschmeidigkeit und Flexibilität. Um dieses Ausbalancieren leichter nachvollziehbar zu machen, möchte ich es durch zwei weitere Aspekte veranschaulichen.

## Wurzeln und Flügel

*»Zwei Dinge sollen Kinder von ihren Eltern bekommen: Wurzeln und Flügel.«*[8] Dieser Sinnspruch wird oft dahin interpretiert, dass kleinere Kinder vor allem Wurzeln und größere Kinder eher Flügel brauchen.

*Wurzeln* sorgen für Erdung und Bodenhaftung. Sie geben einem Kind das gute Gefühl zu wissen, wo es steht und dass es dort stabil steht. Mit der Stabilität allein ist es aber nicht getan, denn nur Wurzeln zu haben, würde Stillstand bedeuten. Daher sind auch *Flügel* erforderlich, damit Ihre Tochter, Enkelin oder Nichte ihr ganzes Potenzial verwirklichen kann: Träumen, Wünschen und sich neue Möglichkeiten eröffnen.

Sie können zur Entwicklung von Wurzeln beitragen, indem Sie selbst ein gutes Gefühl dafür entwickeln, wo Sie im Leben stehen. Ihre Selbstgewissheit strahlt Gelassenheit aus und vermittelt Ihrem Kind allein dadurch Stabilität. Aber auch die bereits erwähnten Rituale oder das Gefühl Ihres Kindes, Selbstwirksamkeit zu haben, stabilisieren. Die Flügel schenken Sie, indem Sie loslassen, Raum geben, Möglichkeiten schaffen. Anstatt zu sagen: »Nein, das geht nicht, weil …«, können Sie positive Bestärkung bieten, wie »Ja, mach doch!«. Neugierde und Offenheit sind die Basis für Flügel.

### Unterstützung suchen

Ich möchte Ihnen an dieser Stelle eine Last von den Schultern nehmen: Sie müssen das nicht alles allein machen! Ein afrikanisches Sprichwort lautet: *»Es braucht ein Dorf, um ein Kind zu erziehen.«* Und genauso ist es: Ihr Kind braucht den Fremdkontakt, um innerlich und äußerlich zu wachsen. Es braucht die anderen Einflüsse, die außerhalb des eigenen »Nestes« existieren, um sich selbst zu finden. Es braucht »das Andere«, um »das Eine« überhaupt als solches erkennen zu können.

Kindergarten und Schule leisten hier oft Großartiges durch Erzieherinnen und Erzieher und die Lehrerschaft. Aber Sie dürfen auch auf Großeltern vertrauen, die sich oft mit besonderer Liebe um ihre Enkel kümmern. Und nein, es ist nicht schlimm, dass Ihre Tochter bei Oma alles darf. Ganz im Gegenteil, es ist gut so! Das Miteinander zwischen Großeltern und Enkelkindern ist in der Regel eine klassische »Win-win-Situation«: Oma und Opa leben im Kontakt mit der Jugend auf und Ihre Tochter profitiert von der Ruhe, der Gelassenheit und der liebevollen Großzügigkeit vieler Großeltern. Gönnen Sie das allen Beteiligten. Die Liebe Ihrer Tochter zu Ihnen ändert sich dadurch nicht, und sie vergisst auch nicht Ihre häuslichen Regeln, selbst wenn es nach intensiver Großelternzeit so scheinen mag.

Ähnlich positiv dürfen Sie auch Fremdbetreuung und Babysitter sehen. Vielleicht tun Sie das bereits? Vielleicht, weil Sie wegen Ihrer Berufstätigkeit Ihre Tochter betreuen lassen? Nach meiner Erfahrung aus über zwanzigjähriger Berufstätigkeit mit Kindern wissen Kinder genau, wo sie hingehören und was sie an ihrem »Nest« schätzen, auch wenn sie zeitweise durch andere Menschen betreut werden. Seien Sie sorgfältig bei der Auswahl der Fremdbetreuung, aber stellen Sie sich mit dieser Auswahl nicht selbst ein Bein, indem sie die Messlatte wiederum zu hoch legen und niemanden finden, der Ihren Ansprüchen genügt. Was Sie in der Fremdbetreuung brauchen, ist in erster Linie ein Mensch, der empathisch und liebevoll auf Ihre Tochter zugeht. Gewissenhaftigkeit, Erfahrung und eine ähnliche Wellenlänge sind sicherlich Pluspunkte.

Ich weiß, dass es höchst kontrovers diskutiert wird, ab welchem Alter Kinder fremdbetreut werden können, sollen oder dürfen. Fremdbetreuung und Babysitter kosten Geld, was ein zusätzliches Problem darstellen kann. Schauen Sie dann, ob Sie sich mit Freundinnen oder anderen Eltern bei der Betreuung abwechseln können. Für etwas ältere Kinder können Sie nach kommunalen oder kirchlichen Angeboten zur Kinderbetreuung suchen, wie Sommerferienbetreuung oder Wochenend-Workshops. Hier gibt es erfahrungsgemäß viele Aktivitäten gegen eine kleine Gebühr, die Ihrer Tochter Freude und Ihnen gleichzeitig Entlastung verschaffen können.

Das richtige Maß in Bezug auf die Fremdbetreuung Ihrer Tochter zu finden, weder zu viel noch zu wenig – das ist auch hier wieder ein guter Weg. Es gibt jedoch eine Sache, die ganz bei Ihnen liegt, und die kann ich Ihnen leider nicht abnehmen: Sie sind Vorbild, immer. Lassen Sie uns schauen, wie Sie auch diese Aufgabe mit Leichtigkeit bewältigen können.

## WEITERGEDACHT:

### AUSGELAUGTE MÜTTER ... UND VÄTER!

Ausgelaugte Mütter und Väter erlebe ich im Coaching fortlaufend. Eltern, die kurz vor einem Burn-out stehen. Aus meiner Erfahrung gibt es hier vor allem zwei Fallgruppen:

Zum einen erlebe ich viele Eltern, die ein erstes Kind haben und noch im ersten Lebensjahr beschließen, kein weiteres Kind zu wollen. Weil es anstrengend ist, weil sie schlecht schlafen, weil sie ihr gewohntes Leben nicht mehr fortführen können. Sie haben das Gefühl, plötzlich alles auf ihr Kind ausrichten zu müssen und dabei selbst als Individuen auf der Strecke zu bleiben. Zum anderen treffe ich auf Mütter und Väter, die mindestens zwei Kinder haben und auf allen Ebenen stark eingebunden sind: die eigene Berufstätigkeit in Vollzeit oder Teilzeit, das ausgewogene Essen für die ganze Familie, die Freizeitaktivitäten und Hobbys der Kinder. Häufig hat jedes Kind zwei oder drei zeitintensive Hobbys, Sport, Musik und andere Aktivitäten. So haben auch die Eltern – meistens die Mütter, aber immer häufiger auch die (jungen) Väter – mindestens zwei Abholfahrten pro Nachmittag, fünf Tage die Woche. Ausnahmslos alle dieser Eltern machen das gerne, sie geraten nur über die Jahre an den Rand ihrer Kräfte. Wenn dann irgendein Rädchen ausfällt und gleichzeitig der ganze Betrieb aufrechterhalten werden soll, sind Belastung und Erschöpfung übergroß.

Im Coaching stellt sich oft heraus, dass diese beiden Fallgruppen »ausgelaugter Eltern« häufig mit überhöhten eigenen Ansprüchen an ihre Elternschaft zu kämpfen haben. Dies geht einher mit der Vorstellung, dass Eltern permanent etwas Besonderes »leisten« müssen, damit es ihren Kindern gut geht. Damit diese ihren – den »richtigen« – Platz im Leben finden und – meistens ganz tief im Unterbewussten verborgen – damit sie ihre Eltern überhaupt lieben. Häufig beruht das auf einem Mix an unerkannten inneren Prägungen und vermeintlichen gesellschaftlichen Erwartungen.

Eltern zu sein, ist eine besondere Aufgabe, die besondere Verantwortung mit sich bringt, vor allem auch nie gekannte Emotionen, Wünsche und Hoffnungen für das eigene Kind. Aber sie muss bei Weitem nicht so anstrengend sein, wie sie derzeit oft gelebt wird. Denn das Wichtigste für Kinder ist nicht, dass sie das x-te Hobby erlernen oder als Baby täglich Mozart hören. Das Wichtigste ist, dass sie als Menschen in ihrer Identität und ihren Bedürfnissen wahrgenommen und angenommen werden. Dies kann auch im gemütlichen Miteinander auf dem Sofa erreicht werden. Anders ausgedrückt: Den ganz normalen Alltag in liebevollem Zusammenleben zu gestalten, ist ebenso zufriedenstellend für unsere Kinder.

Das richtige Maß kann in beiden genannten Fallgruppen auf die vier Anregungen reduziert werden:

1. Nicht alles machen, was möglich ist.
2. Nicht glauben, alles selbst machen zu müssen.
3. Die Ansprüche an sich selbst auf ein menschliches Maß herunterdrosseln.
4. Sich selbst nicht aus den Augen verlieren.

Hier ein besonderes Wort an die Mütter: Wir gehören zu der Generation von Frauen, die oft beides haben kann – Kinder und Beruf. Oft tragen wir den Anspruch, in allen Teilbereichen perfekt sein zu müssen. Der Grat zur ungesunden Selbstausbeutung ist schmal. Nicht wenige Mütter sagen mir im Coaching, dass sie abends um sieben platt auf dem Sofa liegen und regelmäßig einschlafen. Viele von uns haben immer wieder anspruchsvolle und vollgepackte Zeiten in ihrem Leben ohne einen Moment der Ruhe. Überlegen Sie mal, was das für ein Vorbild für unsere Töchter ist? Mutti arbeitet und hat Kinder und backt für die Schule und zaubert für ihre acht Freundinnen den Brunch zuhause – und ist regelmäßig völlig am Ende. Würden Sie als Tochter dann sagen: »Ja, so ein Leben will ich auch mal führen«, oder eher: »Nein, danke. Bevor ich mich so fühle, fange ich gar nicht erst damit an.«?

Liebe Mütter, die Entscheidung, welches Vorbild Sie sein möchten, liegt bei Ihnen.

## DAS RECHTE MAß – WAS NEHMEN SIE MIT?

Das »richtige Maß« in der Begleitung von Mädchen und Teenagerinnen umfasst:

- Die Balance zwischen zu viel und zu wenig finden und dabei Ihre Leichtigkeit bewahren. Sehen Sie es als kontinuierliches Geben und Nehmen, als Tanz im Leben mit Ihrem Kind.
- Wurzeln und Flügel sind gute Bilder für das, was Sie Ihrem Kind mitgeben wollen. Mit Wurzeln schenken Sie Bodenhaftung und Gelassenheit. Mit Flügeln Raum und Möglichkeiten.
- Lassen Sie sich unterstützen. Ihre Tochter bekommt so neue, anregende Einflüsse und Sie ab und zu die nötige Auszeit, nach der Sie erfrischt weiter begleiten können.

## VORBILD SEIN

Jede Bezugsperson ist immer auch Vorbild. Als Mutter sind Sie Vorbild dafür, was es heißt, Frau zu sein. Aber auch als Vater, Oma, Opa, Tante oder Pate sind Sie Vorbild in Ihrer Rolle und in Ihrem Verhalten.

Das hat eine besondere Bedeutung, denn Begleitung und »Erziehung« finden nur zu einem Bruchteil verbal statt. Gerade in den ersten drei Lebensjahren lernen Kinder nonverbal durch ihre Bezugspersonen am meisten. Auch danach kopieren sie Verhalten und Haltung. Erst in der Pubertät erfolgt die aktive Auseinandersetzung mit den übernommenen Mustern, soweit sie im Bewusstsein identifizierbar sind. Man könnte sogar so weit gehen und sagen, dass das, was wir als »Erziehung« bezeichnen, schon sehr früh abgeschlossen ist.

Vielleicht kennen Sie aus eigener Erfahrung, wie Ihr Kind Sie kopiert? Haben Sie die Angewohnheit, einem anderen Menschen zum Trost die Hand auf den Arm oder die Schulter zu legen, und bemerken Sie auf einmal dasselbe Verhalten bei Ihrer Tochter? Oder laden Sie gerne Gäste ein, haben eine verbindliche Art, sich um sie zu kümmern, und erkennen ähnliches Verhalten bei Ihrer Tochter? Wenn Sie genau hinsehen, werden Sie selbst viele Beispiele für das unbewusste Übernehmen von Verhalten, Körperhaltung oder Bewegungsmustern finden.

Manchmal nehmen Kinder aber auch – bewusst oder wieder unbewusst – die entgegengesetzte Position zu Ihrem Vorbild ein. In der Pubertät ist das offensichtlich, aber völlig gegensätzliches Verhalten kann auch schon in früheren Lebensjahren auftreten. Vielleicht haben Sie bereits Beispiele bemerkt? Sie selbst sind leistungsbewusst und fleißig und staunen manchmal über Ihr scheinbar faules Kind? Sie selbst sind höflich und umgänglich und wundern sich über Ihre wortkarge Tochter? Sie sind begeisterte Schwimmerin und können nur schwer akzeptieren, dass Ihre Tochter keine Wasserratte ist? Das alles sind zwei Seiten derselben Medaille. Sie sind immer ein Vorbild.

Wenn Sie mehrere Kinder haben, könnte es auch sein, dass Sie bei einem Kind ein Verhalten feststellen, das Ihrem sehr ähnlich ist. Ein anderes Kind wiederum verhält sich komplett gegensätzlich. Und ein drittes findet wieder einen anderen Weg, seine Individualität auszudrücken. Das hat etwas mit familiären und Geschwisterdynamiken zu tun. Unbewusst sucht sich jedes Kind in einer Familie »seinen« individuellen Platz. Diese Dynamik orientiert sich oft an den Eltern, die die ersten Vorbilder sind.

Es geht sogar noch weiter: Sie sind Vorbild im »Guten« wie im »Schlechten«. Mit Worten gegen etwas anzureden, woran Sie sich selbst nicht halten, funktioniert meistens nicht. Kinder sind instinktiv schlauer und nehmen grundsätzlich Ihr Verhalten stärker wahr als Ihre Worte. Sie haben ein feines Gespür für Authentizität.

Wie fühlen Sie sich mit dieser Vorbildfunktion? Genießen Sie sie und fühlen sich wohl damit, oder empfinden Sie sie als übergroße Verantwortung? Dann möchte ich Sie sofort entlasten: Bleiben Sie locker! Entspannen Sie sich! Vorbild zu sein, heißt nämlich keineswegs, perfekt zu sein. Genau das wäre der falsche Ansatz. Dann würden Sie beginnen, Ihrer Tochter etwas Unmögliches vorzugaukeln. Perfektionismus ist nicht realistisch. Sie und ich, wir werden in diesem Leben nicht perfekt werden. Nicht als Menschen und auch nicht als Eltern. Diese Erkenntnis kann eine großartige Erleichterung sein.

Stattdessen gibt es zwei Aspekte, die Ihre Vorbildfunktion erfüllen und für Sie sehr angenehm sein können:

### Versuchen Sie, authentisch zu sein

Überprüfen Sie, ob Ihre innere Haltung und Ihr Verhalten übereinstimmen. Ob es »perfekt« oder nicht perfekt ist, spielt keine Rolle. Viel wichtiger ist es, dass Sie sich im Zusammensein mit Ihrem Kind nicht ständig verbiegen. Ihre Tochter hat je nach Alter verschiedene existenzielle Bedürfnisse, die Sie selbstverständlich erfüllen. Wie Sie aber darüber hinaus Ihre Beziehung gestalten, hängt auch von Ihrer individuellen Persönlichkeit ab.

Viele Eltern lassen sich dabei oft von normativen und dogmatischen Überlegungen leiten: »Eine Mutter muss sich so und so verhalten.« oder: »Wenn das und das nicht so und so ist, wird mein Kind enttäuscht sein, scheitern, seinen Platz im Leben nicht finden.« Diese vermeintlich allgemeingültigen Erfahrungssätze beruhen auf externen Normen, ungeschriebenen Regeln des jeweiligen Zeitgeistes. Diese können Sie unter einen massiven Druck setzen. Dadurch entsteht schnell ein Zwang zur Kontrolle, der der individuellen Authentizität widerspricht.

Machen Sie sich möglichst frei von solchen äußeren Vorstellungen, wenn Sie sie bei sich entdecken. Das können auch unbewusste innere Prägungen sein. Es gibt keine Norm wie »Das muss sein« oder Kausalitäten wie »Wenn ... dann ...«, die eine empathisch-intuitive Begleitung junger Menschen ersetzen könnten. Ihr Ausgangspunkt und Ihr Maßstab sind vielmehr Sie selbst. Idealerweise kennen Sie sich selbst sehr gut. Sie wissen um Ihre Vorlieben und Ihre Stärken, Ihre eigenen Glücklichmacher und Ihre soziale Kompetenz und Empathie. Dann lassen Sie sich intuitiv-authentisch hiervon leiten und verwirklichen Ihre Vorstellung von einer zugeneigten und beiderseits erfüllenden Beziehung zu Ihrer Tochter.

Hier sind ein paar konkrete Beispiele: Wenn Sie lieber vorlesen, anstatt Brettspiele zu spielen, dann sagen Sie das offen, aber mit Empathie. Ein Weg kann auch sein, solche Beschäftigungen abzugeben an jemanden, der es lieber macht: Ihren Partner, eine Großmutter oder eine Freundin. Oder Sie sind müde von Haushalt oder Job und meinen dennoch, sich Ihrer Tochter zuliebe zu etwas zwingen zu müssen. Viel heilsamer für Sie beide ist es, wenn Sie altersgerecht kommunizieren, dass Sie eine Pause brauchen und danach wieder für Ihre Tochter da sind. So sind Sie auch Vorbild für nährende Selbstfürsorge. Oder Sie kränkeln, haben Fieber und trotzdem das Gefühl, Sie müssten Ihre Tochter zur Reitstunde fahren. Authentisch und wohltuend ist es in solchen Momenten zu signalisieren, dass Ihre Auszeit Vorrang hat. Und gleichzeitig zeigen Sie Ihrem Kind, wie wichtig es ist, auf den eigenen Körper zu hören.

Wenn ich diese Beispiele aufzähle, bin ich mir bewusst, dass einige Leserinnen und Leser zustimmend nicken, andere jedoch abwehrend reagieren werden: »Das kann ich doch nicht machen.« Tun Sie sich selbst den Gefallen, lassen Sie sich darauf ein und versuchen Sie es. Vielleicht wird es trotzdem noch Situationen geben, in denen Sie über Ihren eigenen Schatten springen werden. Dann tun Sie das für Ihr Kind: liebend, empathisch – und daher auch authentisch.

### Was würden Sie Ihrem Kind raten?

Manchmal hilft es, die Perspektive zu wechseln. Stellen Sie sich in familiären Situationen, die Sie (noch) nicht intuitiv entscheiden können, einmal folgende Frage:

*»Was würde ich meiner Tochter raten, wenn sie in ein paar Jahren in meiner Situation als Mutter wäre? Welches Verhalten würde ich mir dann für sie wünschen?«*

Oft liegt die Entscheidung bei dieser Frage sehr nahe, erscheint geradezu offensichtlich. Wenn es um ihre Kinder geht, wissen viele Eltern instinktiv, was sie ihnen raten würden. Damit offenbaren sie aber gleichzeitig, welche Entscheidung sie »eigentlich« intuitiv für die beste halten, auch in der aktuellen familiären Situation.

## VORBILD SEIN – WAS NEHMEN SIE MIT?

Sie sind ein Vorbild, immer. Lassen Sie sich davon nicht abschrecken, sondern leben Sie es aktiv aus:

- Versuchen Sie, authentisch zu sein. Das ist der Fall, wenn Ihre innere Haltung mit Ihrem äußeren Verhalten übereinstimmt. Zeigen Sie auch im Miteinander mit Ihrer Tochter Ihre individuelle Persönlichkeit.
- Wenn Sie in familiären Situationen (noch) nicht sicher intuitiv handeln, dann wechseln Sie die Perspektive und fragen Sie sich: »Was würde ich meiner Tochter raten, wenn Sie in ein paar Jahren in meiner jetzigen Situation wäre?« So finden Sie die Antwort, nach der Sie heute »eigentlich« suchen.

# DIE 11 QUELLEN DER INNEREN STÄRKE FÜR MÄDCHEN

Die 11 Quellen der inneren Stärke für Mädchen beruhen auf meinen Erfahrungen im Coaching. Jede für sich und alle zusammen werden »Ihr« Mädchen stärken. Ihre Tochter wird sich gesehen, angenommen, respektiert und gestützt fühlen, weil *Sie* liebevoll an ihrer Seite stehen. Pures Wohlgefühl! Und wenn Sie diese Quellen beachten, wäre es natürlich schön, wenn Ihre Partnerin oder Ihr Partner das ebenfalls tut. Nötig ist das jedoch nicht. Sie allein können schon viel bewirken.

Die 11 Quellen stärken die in der Einleitung genannten Eigenschaften: Resilienz, Selbstbewusstsein, Selbstakzeptanz, Selbstsicherheit, Selbstliebe, Selbstwertgefühl, Eigenverantwortung übernehmen, Fähigkeit, Grenzen zu ziehen, Durchsetzungsfähigkeit und Zuversicht. Die eine Quelle mehr, die andere Quelle weniger. Manche fördern gleich mehrere dieser Eigenschaften, andere nur eine einzige, dafür besonders wichtige. Ich stelle für Sie jeweils den Bezug zu diesen Eigenschaften her.

Alle 11 Quellen haben denselben Aufbau und bestehen aus jeweils vier Abschnitten:

### Aus der Praxis: das weibliche Thema

In diesem Abschnitt stelle ich Ihnen vor, welche schwächenden weiblichen Verhaltensweisen mir im Coaching bei Frauen jeden Alters häufig begegnen. Verhaltensweisen, mit denen Frauen sich selbst ein Bein stellen oder die sie »nur« klein machen – und halten.

### Was Sie tun können

In diesem Abschnitt gebe ich Ihnen jeweils Anregungen, was Sie frühzeitig tun können, um diesen Verhaltensweisen zu begegnen. Teilweise sind das Tipps und Ratschläge, teilweise Übungen, die Sie für sich und/oder mit Ihrer Tochter machen können. Manchmal geht es »nur« darum, eine innere Haltung bei Ihnen zu wecken, die es Ihnen und Ihrer Tochter leichter macht, den Schritt in eine bessere Richtung zu gehen.

### Was Sie vorleben können

Sie sind Vorbild, immer. Das schlägt sich auch in den Anregungen und Übungen nieder. Nicht nur, was Sie sagen, sondern viel mehr noch, was Sie vorleben, hat direkte Auswirkungen auf Wahrnehmung und Verhalten Ihrer Tochter. Das Schöne dabei ist: Alle Tipps in diesem Abschnitt haben Sie selbst in der Hand.

### Was nehmen Sie mit?

Am Ende jedes Abschnitts fasse ich die wichtigsten Punkte für Sie zusammen.

Dabei ist mir besonders wichtig: Dieses Buch und die 11 Quellen der inneren Stärke sind kein gesonderter Lebens-Leistungskurs für Mädchen. Es gibt keinen Leistungsdruck, es ist kein Diplom zu erwerben. Wir wollen nicht optimieren und nicht perfektionieren, an Mädchen herumziehen und herumzerren – das machen viele andere schon im Übermaß. Stattdessen möchte ich Ihnen in den 11 Quellen »minimal invasive« Methoden an die Hand geben, mit denen Sie den Rahmen schaffen können, Ihre Tochter in ihrer einmaligen Individualität zu unterstützen und so zu stärken.

Gleichzeitig versuche ich, zusätzliche zeitaufwendige Arbeit für Sie zu vermeiden. Denn auch das ist mir wichtig: Neben all den Alltagsaufgaben, die Mütter bewältigen müssen, und neben all dem »Mental Load« keine weiteren Pflichten oder »To-dos« auf Ihre endlosen Listen zu setzen. Im Gegenteil, Ihre Tochter zu stärken, beruht auf inneren Haltungen, auf Einstellungen, manchmal nur auf feinen Justierungen, die entschlacken, entschleunigen und Ihr Alltagsleben erleichtern werden.

Das bedeutet auch, dass Sie nicht alles auf einmal umsetzen sollten oder gar müssten. Sie können wählen, was gerade am besten passt. Sie können auch die Quellen über die nächsten Monate »spielerisch« ausprobieren und schauen, was sich wie verändert. Manches wird sich schneller zeigen, anderes langsamer. Zu manchen Quellen kommen Sie vielleicht über die Phasen des Heranwachsens Ihrer Tochter mehrmals zurück. Ein bekanntes afrikanisches Sprichwort lautet: *»Das Gras wächst nicht schneller, wenn man daran zieht.«* Individuelle Entwicklung braucht individuelle Zeit, also gönnen Sie sich und Ihrer Tochter genau diese Zeit. »Ziehen« Sie nicht, sondern schaffen Sie Raum und Zeit zum Wachsen.

## DIE BASIS: DAMIT KÖNNEN SIE FRÜH ANFANGEN

Vier Quellen können Sie bereits früh umsetzen: »Stärken fördern«, »Selbstbild entwickeln«, »Feingefühl schützen« und

»Anspannung lockern«. Altersgerecht angepasst können Sie sie bereits ab der Kindergartenzeit beherzigen, spätestens jedoch ab der Schulzeit.

## 1. STÄRKEN FÖRDERN

»Stärken fördern« – das wollen wir Eltern bei unseren Kindern doch alle! Individuelle Stärken machen das Leben bunt und lebendig. Sie sind das Werkzeug, das eigene Leben nach den eigenen Vorstellungen zu gestalten. Sie sind Ressourcen, von denen wir zehren können, vor allem in schlechteren Tagen.

Manchmal kommt uns jedoch im trubeligen Alltag der Blick für die Stärken unserer Kinder abhanden. Oder wir hängen zu sehr im »Mängelblick« fest, auch wenn wir es damit meistens gut meinen. Dann sehen wir nur noch, was fehlt oder besser gemacht werden könnte, aber nicht mehr das Positive und Begeisternde, das bei unseren Kindern schon da ist. Leider sind wir Frauen oft Meisterinnen im Finden von Fehlern und geben schnell Tipps, wie etwas optimiert werden kann. Kommt Ihnen das bekannt vor? Gerade sensiblen Mädchen vermitteln wir so ein Gefühl der Fehlerhaftigkeit, des »Nicht-genug-Seins«. Auf der anderen Seite gibt es auch das elterliche Extrem des übermäßigen Lobens, bis Kinder nicht mehr wissen, was wirklich gut war und was nicht. Beide Extreme verhindern, dass Mädchen ihre individuellen Stärken gut einschätzen können.

### Aus der Praxis: das weibliche Thema

Das mangelnde Gefühl für die eigenen Stärken zieht sich ausnahmslos durch alle meine Coachings mit Frauen. Dabei spielt es keine Rolle, wie gut ausgebildet oder gebildet meine Klientin ist, ob sie einen Beruf ausübt oder ehrenamtlich tätig ist oder ob sie gewohnt ist, viel Verantwortung zu tragen. Wir reden hier ausnahmslos von tollen Frauen – von außen. Innerlich hingegen haben diese Frauen häufig kein Gespür für ihre Stärken.

Wenn ich meinen Klientinnen ehrlich gemeinte Komplimente zu ihren Fähigkeiten mache, reagieren sie häufig mit Scheu und Unglauben. Sie äußern Sätze wie »Finden Sie?« oder »So habe ich mich noch nie gesehen« oder »Das finde ich nicht, ich muss doch erst noch …«. Danach folgen lange Listen von Dingen, die sie ihrer Meinung nach noch besser machen müssten.

Oft spielen bei diesen Frauen innere Prägungen eine Rolle, die sich unbewusst in der Kindheit festgesetzt haben, wie zum Beispiel:

- Ich bin nicht (gut) genug.
- Ich kann nicht viel … Ich kann das nicht … Ich darf das erst, wenn …
- Ich habe Defizite, ich bin nicht vollwertig.
- Ich traue mir das nicht zu.
- Ich muss leise sprechen, damit niemand merkt, wie wenig ich weiß.
- Ich melde mich nicht, wenn der Lehrer die Klasse etwas fragt, die anderen wissen ohnehin mehr, lachen über mich, finden mich doof.
- Ich muss meine Mängel erst ausgleichen, bevor andere mich lieben können.
- Ich muss meine Mängel erst ausgleichen, bevor ich mich selbst lieben kann.

Diese Prägungen ziehen sich durch alle Lebensbereiche, den Beruf, die Partnerschaft, Freundschaften, das Mitwirken in Vereinen. Sie beeinflussen die eigene Persönlichkeitsentwicklung und die Fähigkeit, die eigenen Stärken voll zu entfalten, und tragen dazu bei, dass Frauen sich »klein« und unsichtbar fühlen. Negativer »Self-Talk« ist weiblich! Vielleicht kennen Sie solche inneren Hemmschuhe auch von sich selbst? Bei der Begleitung Ihres Mädchens können Sie dem früh entgegenwirken.

### Was Sie tun können

Als wirksamste Maßnahme möchte ich Sie zu einem Perspektivwechsel einladen. Starten Sie sofort damit, den Fokus auf die Stärken Ihres Mädchens zu richten. Gehen Sie dabei von zwei Grundvoraussetzungen aus: Alles ist schon da, und Ihre Tochter ist in ihrer Individualität genau richtig, so wie sie ist. Das bedeutet: Alles, was Ihre Tochter ausmacht, ist bereits angelegt. Manches vielleicht nur im Keim, aber entwicklungsfähig. Mit allem, was sie mitbringt, ist sie einzigartig. Wie jeder andere Mensch auch. Das zu schätzen und wertzuschätzen, ist der erste Schritt. Wenn Sie jetzt vielleicht spontan einwenden wollen: »Ja, aber das und das kann sie einfach nicht und in der Schule ist es soundso ...«, keine Sorge. Am Ende dieses Abschnitts kommen wir noch zum Umgang mit vermeintlichen »Schwächen«. Zunächst möchte ich Ihnen jedoch vier Anregungen geben, wie Sie den Fokus auf die Stärken Ihres Kindes intensivieren können.

## IHRE WAHRNEHMUNG ERWEITERN

Gönnen Sie sich die Zeit und versuchen Sie, Ihre Tochter einmal ganz neu wahrzunehmen, wertungsfrei mit all ihren Eigenschaften, indem Sie genau hinsehen und genau zuhören.

### Genau hinsehen

Versuchen Sie, mit einem unbeschriebenen Anfängergeist Ihre Tochter völlig unvoreingenommen zu sehen. Bremsen Sie sich innerlich, wenn Sie beginnen zu werten oder zu vergleichen. Falls sich der Fehlersuchblick einschleicht, versuchen Sie das zu bemerken und sofort umzuschalten. Bleiben Sie neutral und dennoch freundlich-wohlwollend. Stellen Sie sich vor, dass Ihre Tochter Ihre Patentochter oder die Tochter Ihrer besten Freundin wäre. Was würden Sie dann an ihr wahrnehmen?

Ich weiß, dass es für Eltern sehr schwierig sein kann, diese unvoreingenommene Position einzunehmen – erst einmal nur zu beobachten, ohne zu bewerten. Treten Sie innerlich einen Schritt zurück. Stellen Sie sich vor, Sie seien die Coachin oder Mentorin Ihrer Tochter. Seien Sie aufmerksam, wenn in Ihrem Kopf eine Geschichte auftaucht, wie Ihre Tochter sein sollte, was sie können und tun sollte. Das ist dann Ihre subjektive Vorstellung, schon eine Bewertung, die die neutrale Wahrnehmung bewölkt. Löschen Sie das bewusst und starten Sie neu: Wie ist sie wirklich? Was sehe ich?

Vielleicht wenden Sie jetzt ein: Das ist doch mein Kind! Das kenne ich doch! Machen Sie es dennoch. Im Alltag sieht man manchmal den Wald vor lauter Bäumen nicht. Bleiben Sie neugierig und offen. Ich bin überzeugt, dass Sie viel Bekanntes und manches Neue entdecken werden an Ihrer Tochter. Ich empfehle das allen meinen Klientinnen und Klienten und mache das selbst auch immer wieder bei meinen Kindern: innerlich einen Schritt zurücktreten und schauen, was gerade wirklich da ist, was sich zeigt und was sich wie entwickelt. Das befreit ungemein, Sie selbst und Ihr Kind. Und es wirkt sich unbewusst sofort positiv auf die Qualität der Beziehung zu Ihrem Kind aus. Manches, was Sie entdecken, wird Ihnen gefallen, manches nicht. Wie gesagt: Halten Sie sich mit dieser subjektiven Wertung zurück. Sagen Sie sich stattdessen: »Oh, das ist interessant. Das werde ich beobachten.«

Und noch etwas: Wir sind alle auf das Denken fixiert. Daher werden Sie viele »Fakten« über Ihre Tochter zusammentragen. Aber schalten Sie auch Ihr Fühlen ein: *»Man sieht nur mit dem Herzen gut. Das Wesentliche ist für die Augen unsichtbar.«* Dieses bekannte Zitat von Antoine de Saint-Exupéry aus »Der kleine Prinz« gilt hier ganz besonders: Schalten Sie Ihr Mitfühlen ein, Ihre Empathie, wenn Sie Ihre Tochter »neu«, aber immer mit dem Herzen betrachten.

### Genau zuhören

Im Familienalltag passiert vieles »nebenbei« oder »zwischendurch«. Manchmal führt man Gespräche zwischen Tür und Angel, vor allem, wenn es »nur« etwas zu organisieren gibt. Das alles hat seine Berechtigung. Schön ist es, wenn daneben immer wieder Raum ist für das ruhige Gespräch, die Zeit zum Reden, die Ruhe zum Zuhören. »Aktives Zuhören« ist der Schlüssel. Das ist empathisches, zugeneigtes Zuhören, bei dem der Gesprächspartner wirklich gesehen und gehört wird. Beim Zuhörenden sind eine entspannte innere Haltung, echtes Wohlwollen und regelmäßiger Augenkontakt wichtig. Und dann gilt es, empathisch aufzunehmen. Ausreden zu lassen, wachsam zu bleiben, Tonlagen zu spüren, Zwischentöne zu hören. Sich ab und zu rückzuversichern, um wirklich zu verstehen: »Habe ich dich da richtig verstanden? Meinst du das so und so?«

Wenn Sie so mit Ihrer Tochter sprechen, machen Sie daraus keinen »besonderen Moment«, dann fühlt sie sich wie auf dem Präsentierteller und könnte schnell dichtmachen. Besser ist es, wenn Sie im passenden Moment innerlich bewusst auf aktives Zuhören umschalten und es dann möglichst unangestrengt und mühelos umsetzen. Vielleicht praktizieren Sie aktives Zuhören bereits. Wenn nicht, probieren Sie es aus. Sie werden erleben, wie Ihre Tochter sich entspannt, in solch einem Gespräch aufblüht und neue Facetten zeigen wird. Es gibt kaum etwas Einfacheres und Besseres für Ihr liebevolles Verhältnis zueinander.

### Neu wahrnehmen

Durch genaues Hinsehen und empathisches Zuhören können Sie Ihre Tochter vielleicht ganz neu wahrnehmen. Anhaltspunkte hierfür könnten sein: ihr äußeres Erscheinungsbild, ihre intellektuellen Fähigkeiten, ihre Sensibilität, Empathie, Willensstärke, Disziplin, Fleiß, Kommunikationsfähigkeiten, Umgang mit Freunden und Fremden, soziale Kompetenz, Hilfsbereitschaft, Zuhörfähigkeit, sportliche Aktivitäten, Großzügigkeit, Entspanntheit, Ehrgeiz und ihre emotionalen Eigenschaften wie Freude, Begeisterung, Schüchternheit, Konzentration, Nachdenklichkeit, Selbstkritik, Gelassenheit, Offenheit, Neugier, Lernbereitschaft und Durchsetzungsvermögen. Was fällt Ihnen noch auf?

Bei dieser Anregung, Ihre Wahrnehmung zu erweitern, habe ich abschließend zwei herzliche Bitten an Sie: Erstens, machen Sie es bitte unauffällig, wirklich unauffällig. Unangestrengt. Das ist kein Besuch im Zoo, Sie untersuchen keine neue Spezies im Labor. Sie können sich zum Beispiel die ein oder andere Situation mit Ihrer Tochter auch nur in Erinnerung rufen, um Ihre Wahrnehmung neu zu justieren. Zweitens, machen Sie sich keine Notizen. Irgendwann werden diese auftauchen und zu vielen Fragen führen. Notizen brauchen Sie erfahrungsgemäß auch gar nicht. Sobald Sie einmal beobachtet und darüber nachgedacht haben, ist das bei den meisten Eltern sowieso präsent. Schließlich steht Ihnen kaum jemand näher als Ihr eigenes Kind.

Indem Sie Ihre Wahrnehmung erweitern, haben Sie bei sich selbst den inneren Raum geschaffen, um für die Stärken Ihrer Tochter offen zu sein. Im nächsten Schritt geht es darum, Ihrer Tochter ein gutes Gefühl für sich selbst zu vermitteln, indem wir herausfinden, was sie wirklich glücklich macht. Das ist eine der wichtigsten Kraft-Ressourcen, die wir besitzen.

# WEITERGEDACHT:
## QUALITY TIME – QUANTITY OF TIME

Genaues Hinsehen und aktives Zuhören kann jeder umsetzen. Die einzigen Zutaten, die Sie brauchen, sind Empathie und Zeit. Im familiären Zusammenhang fällt immer wieder der Begriff der »Quality Time«. Das meint Zeit, die knapp ist, aber inhaltsreich mit Kindern verbracht wird. Sie hat ihre Berechtigung, steht für Intensität und Tiefgang, artet jedoch schnell in Anstrengung und Aktionismus aus, wenn in wenig Zeit möglichst viel »Sinnvolles« stattfinden soll.

Aus meiner Erfahrung ist nicht nur die »Quality Time« entscheidend für ein gutes Miteinander, sondern vielmehr die »Quantity of Time«, also die Menge an Zeit, die miteinander verbracht wird, ohne dass Inhaltsreiches oder Sinnvolles geplant werden muss. Sie ermöglicht es, die richtigen Momente für aufmerksames Hinsehen und empathisches Zuhören zu finden. Kinder und Jugendliche haben nicht immer Lust, auf Knopfdruck etwas »Bedeutsames« oder »Tiefgehendes« mit ihren Eltern zu machen oder zu besprechen. Sie kennen das bestimmt: Ihre Tochter kommt mittags nach Hause und erzählt nicht viel. Erst später, am Abend, kommt heraus, was morgens in der Schule los war. Oder Sie verbringen ein längeres gemeinsames Essen miteinander, bei dem über Belangloses gesprochen wird. Und dann auf einmal, wenn Sie gerade die letzten Bissen nehmen, geht es bei Ihrer Tochter plötzlich los und sie spricht aus heiterem Himmel einen Umstand oder eine Begebenheit an, die sie bewegt hat.

Dafür (Zeit-)Räume zu schaffen, erleichtert das Familienleben sehr: Die absichtslose und sinnfreie »Quantity of Time« ist entscheidend. Mit einem entspannenden Nebeneffekt: Gerade weil diese Zeit nicht mit Inhalt bespielt werden muss, ist sie auch für Sie viel müheloser und unangestrengter, geradezu erholsam.

## Was mich glücklich macht

Um herauszufinden, was Ihre Tochter wirklich glücklich macht, gebe ich Ihnen zwei Gesprächsleitfäden an die Hand. Der eine ist sehr allgemein gehalten und eignet sich eher für Gespräche mit jüngeren Mädchen. Der andere ist umfangreicher und richtet sich an Teenagerinnen oder junge Erwachsene, die ihn wahrscheinlich lieber selbst ausfüllen möchten. Die entsprechenden PDFs finden Sie im *Downloadbereich meiner Webseite*[9] zum Herunterladen oder Ausdrucken.

Führen Sie solche Gespräche so entspannt wie möglich. Glücklichsein ist etwas Schönes, keine Prüfung. Sie können die Fragen in ein lockeres, jedoch aufmerksames Gespräch einstreuen, vielleicht punktuell auch nur zu einer Frage auf den Bögen. Das kann zum Beispiel bei einem Spaziergang, beim Abendessen oder bei der Fahrt zum Reiten geschehen. Seien Sie wirklich interessiert und nehmen Sie ernst, was im Gespräch aufkommt! Urteilen Sie nicht, werten Sie nicht, vergleichen Sie nicht! Seien Sie völlig aufmerksam, wenn Ihre Tochter mit Ihnen über Ihre Glücksmomente sprechen will! Wenn sich so etwas zeigt, ist das einer der ganz besonderen Momente in der Begleitung Ihres Kindes. Respektieren Sie die Intimität dieser Situation und die Verletzlichkeit Ihrer Tochter. Gleichzeitig bedeutet das auch: Stoppen Sie Ihren Gesprächsversuch, wenn Ihre Tochter dichtmacht und nicht darüber reden will. Das ist ihr gutes Recht. Schauen Sie, ob sich irgendwann ein besserer Zeitpunkt ergeben könnte.

Wenn Sie einen Bogen ausdrucken und Ihrer Tochter geben, dann weisen Sie auf das Positive hin: Die Kenntnis der eigenen Glücklichmacher ist ein Ressourcen-Korb, aus dem sie nach Lust und Laune schöpfen kann. Dieses Wissen erfüllt, macht innerlich satt und schafft ein einzigartig gutes Gefühl für sich selbst.

## Gesprächsleitfaden jüngeres Mädchen: Was mich glücklich macht

**Menschen**:
*Welche Menschen mag ich besonders gern? Bei wem fühle ich mich wohl? Wer versteht mich?*
**Aktivitäten und Hobbys:**
*Was mache ich besonders gern? Basteln, malen, Leichtathletik, Fahrrad fahren oder etwas anderes? Was gefällt mir daran?*
**Orte:**
*Gibt es Orte, an denen ich mich besonders wohlfühle? Die ich richtig gern mag? Welcher Raum in meinem Zuhause gehört dazu? Gibt es Orte, in denen ich schon im Urlaub war und die ich besonders gern mag?*
**Dinge, die mir gehören:**
*Gibt es Dinge oder Gegenstände, die mir gehören und die ich besonders gern mag? Vielleicht eine Puppe, ein Kissen oder ein Schmuckstück? Was gefällt mir daran besonders?*

## Gesprächsleitfaden oder Übungsbogen Teenagerin, junge Frau: Was mich glücklich macht

*Hast du dir schon einmal Gedanken gemacht, was dich wirklich glücklich macht? Wenn du das weißt, ist das eine unerschöpfliche Kraftquelle für dich: DU weißt selbst genau, was DIR guttut. Das wird dich durch viele Situationen tragen. Anhaltspunkt für das Glücklichsein ist der »Flow«: ein Zustand, in dem du Zeit und Raum vergisst und völlig in dem aufgehst, was ist. In dem du einfach nur zufrieden bist. Begib dich auf die Suche nach deinen ganz persönlichen Glücklichmachern. Lass dich dabei von folgenden Überlegungen leiten:*
*Welche Aktivitäten versetzen dich in einen Flow? Hat das was mit Sport zu tun, dich zu spüren im Wind oder Wasser? Oder bastelst oder malst du lieber und vergisst dabei die Zeit? Wie ist es mit tanzen, lesen, musizieren? Oder Treffen mit Freunden, quatschen*

*mit der besten Freundin? Oder Serien schauen? Was fällt dir hierzu ein?*

**Deine Glücks-Aktivitäten:** ______________________________

*Weiter geht es mit Events oder Ereignissen, die dich faszinieren. Sind das Konzerte, Kabarettabende, große oder kleine Partys, Clubs und Discos? Oder ein Lagerfeuer am Strand? Das Yoga-Großereignis unter freiem Himmel oder das Cross-Training-Turnier? Was ist es für dich ganz persönlich?*

**Deine Glücks-Events:** ______________________________

*Wie sieht es aus mit deinen Lieblings-Urlaubsorten? Hast du schon welche? Kannst du sagen, was du lieber magst, Berge, Seen oder das Meer? Hostel oder Hotel? Ferienhaus oder Airbnb? Machst du gerne Urlaub in Deutschland, Nordeuropa, Südeuropa oder in der Ferne? Fühl dich rein und schau, was sich für dich ergibt.*

**Dein Glücks-Urlaubsort:** ______________________________

*Weiter geht's an deine Lieblingsorte im Alltag: Wo bist du unter der Woche am liebsten neben Schule, Ausbildung oder Studium? Gibt es in deiner Stadt einen Lieblingsort, Treppenstufen an einem Fluss, ein kleiner Platz mit Bänken, ein Park oder dein eigenes Zimmer oder deine Wohnung? Wo fühlst du dich glücklich und kannst dich fallen lassen?*

**Deine Glücks-Orte:** ______________________________

*Und weiter geht es mit deinen Hobbys. Sind das eher sportliche Hobbys, Joggen, Yoga, Ein-Rad-Fahren, Schwimmen? Oder bist du eher bei den musischen Hobbys, spielst ein Instrument, malst oder schreibst Songtexte? Was gibt es da bei dir?*

**Deine Glücks-Hobbys:** ______________________________

*Gibt es Gegenstände, die dich happy machen? Ist es ein Buch, eine Playlist oder ein Glätteisen? Deine Violine, dein Rennrad oder deine Yogamatte? Sind das bestimmte Schuhe oder ein Schmuckstück? Auch das gibt es: Gegenstände, die dich glücklich machen. Weil du sie mit Liebe und Sorgfalt ausgesucht hast, weil du das Gefühl hast, dass gerade dieser Gegenstand besonders gut zu dir passt, oder weil du ihn dir von deinem ersten selbst verdienten Geld gekauft hast.*

**Deine Glücks-Gegenstände:** ______________________________

*Und schließlich die Menschen in deinem Leben. Wer macht dich besonders glücklich? Mit wem verbringst du gerne deine Zeit? Bei wem hast du hundertprozentig das Gefühl, dass du dich fallen lassen kannst? Wer nimmt dich mit offenem Herzen an, genauso wie du bist?*

**Deine Glücks-Menschen:** ______________________________

## STÄRKEN IDENTIFIZIEREN

Nun geht es darum, die konkreten Stärken Ihrer Tochter zu entdecken. Das können Sie in Eigenregie machen, wenn Ihre Tochter noch jünger ist, später mit Ihrer (älteren) Tochter auch zusammen. Im Rahmen der Positiven Psychologie hat Martin E. P. Seligman 24 solcher Stärken definiert.[10] Dazu gehören unter anderem Neugier und Interesse für die Welt, Lerneifer, Urteilskraft, praktische Intelligenz, soziale Intelligenz, emotionale Intelligenz, Tapferkeit, Gewissenhaftigkeit, Menschenfreundlichkeit, Integrität, Fairness, Selbstkontrolle, Klugheit, Dankbarkeit, Humor und Elan. Innerhalb der »Acceptance und Commitment Therapy (ACT)«, einer anderen psychologischen Strömung, findet sich der Bezug zu den individuellen »Werten« eines Menschen. Hierbei handelt es sich um die tiefsten Herzenswünsche und Leitlinien eines Menschen, die im Leben führen und motivieren können.[11] Zu diesen definierten Werten gehören etwa Abenteuerlust, Achtsamkeit, Freundlichkeit, Kreativität, Sinnlichkeit, Durchsetzungsvermögen, Fitness, Authentizität, Dankbarkeit, Ehrlichkeit, Fairness und Gerechtigkeit, Ermutigung, Liebe, Mitgefühl, Ordnung, Sicherheit oder Respekt. Dabei gilt: In Verbundenheit mit den eigenen Werten zu leben, macht glücklich.

Beide psychologischen Ansätze können Ihnen jetzt eine Hilfe sein, um die Stärken Ihrer Tochter zu identifizieren. Ein guter erster Ausgangspunkt ist die Orientierung an dem, was sie glücklich macht. Zum Beispiel: Haben die Stärken Ihrer Tochter vielleicht mit Sprache zu tun, ist sie belesen und hat einen großen Wortschatz? Hat sie große Empathie, versteht sie ihre Mitmenschen besonders gut, ohne dass sie es aussprechen müssen? Ist sie eine Bewegungsenthusiastin, im Sport zu Hause, gibt es mit ihr keinen Stillstand? Mag sie den Wettkampf und den Vergleich mit anderen? Oder ist es ihre Spiritualität, die sie auszeichnet, hat sie ein Gespür für das, was es neben dem Sichtbaren noch gibt? Kann sie vielleicht gut kochen oder backen und liebt es, Freunde damit zu erfreuen?

Ist sie fingerfertig, kann alles gut, was manuell zu bewältigen ist? Stricken, malen, Origami falten? Ist Kreativität ihre Stärke? Hat sie eine große Fantasie? Kann sie gut Menschen miteinander verbinden? Ist sie vielfältig interessiert, eine neugierige Allrounderin und vertieft sich immer wieder in neue Themen? Ist sie wissbegierig und ehrgeizig oder gelassen und entspannt?

Sie können sich über die Stärken Ihrer Tochter Gedanken machen. Je nach Alter Ihrer Tochter treten Sie in den Dialog und erforschen mit ihr gemeinsam, welche Stärken sie hat. Meistens gibt es vier bis fünf Stärken, die wirklich prägend sind.

Schauen Sie allein oder gemeinsam, was Sie finden. Im nächsten Schritt geht es darum, diese Stärken auch zu leben und in das Leben ihrer Tochter zu integrieren, so wie das altersgerecht (schon) möglich ist. Kaum etwas anderes macht zufriedener und innerlich stärker als das Wissen um die eigenen Stärken und das gute Gefühl, sie im Alltag regelmäßig leben zu können.

## STÄRKEN LEBEN

Haben Sie so die Stärken Ihrer Tochter identifiziert, geht es nun darum, sie in ihr Leben zu integrieren. Überlegen Sie zunächst, wie diese Stärken altersgerecht, im Rahmen Ihres Budgets und gegebenenfalls mit Ihrem eigenen Beruf vereinbar gelebt werden könnten. Bei jüngeren Mädchen könnten das Kurse sein, die den Stärken entsprechen, oder – meist kostengünstiger – kommunale oder kirchliche Angebote. Vieles wird auch in Schulen im Rahmen des regulären Unterrichts oder als Arbeitsgemeinschaft angeboten. Sie könnten sich auch mit anderen Eltern zusammenschließen und ab und zu gemeinsam etwas organisieren, was die Stärken Ihrer Mädchen mit Leben erfüllt. Sie wissen es selbst, die Palette an Möglichkeiten ist groß: malen, basteln, nähen, reiten, Hockey, Turnen, Leichtathletik, Sprachen, jonglieren, Theater spielen, Workshops oder reisen mit entsprechenden Schwerpunkten, singen, Instrumente erlernen und vieles mehr.

Aber Achtung, es geht nicht um Aktionismus oder darum, jeden Nachmittag für Sie und Ihre Tochter mit Aktivitäten anzufüllen, im Gegenteil. Wenn Sie Möglichkeiten des »Stärken Lebens« herausgefunden haben, kommt es in mehrfacher Hinsicht auf Ihr besonderes Fingerspitzengefühl an:

- Bieten Sie an, regen Sie an, lassen Sie ausprobieren. Aber drängen Sie nichts auf und zwingen Sie Ihre Tochter zu nichts. Lassen Sie Ihre Tochter entscheiden, ob und wie lange sie den eingeschlagenen Weg (schon) verfolgen will. Wenn Sie gar nicht will oder sogar einen Widerwillen aufbaut gegen das Angebot, ist das ein sicheres Zeichen, dass es sich nicht um eine ihrer Stärken handelt. Dann gilt es noch einmal, die eigene Wahrnehmung zu erweitern: Vielleicht war doch Wunschdenken im Spiel?
- Sind Stärken bei Ihrer Tochter noch nicht klar identifizierbar? Dann ist es an Ihnen, Raum zu schaffen und zu er-

möglichen: Bieten Sie gerade in solch einer Situation Verschiedenes an und bleiben Sie flexibel, wenn Ihre Tochter nicht will oder sich weigert. Erfahrungsgemäß entwickeln sich manche individuellen Vorlieben und Interessen mit der Zeit, die sich dann als Stärken herausstellen können.

- Auch wenn Sie mehrere Stärken herausgefunden haben, beginnen Sie zunächst mit einer und schauen, wie Sie sie integrieren können. Geben Sie jeder Stärke ausreichend Zeit, das können Monate oder Jahre sein.
- Denken Sie groß, und bieten Sie an, Stärken auszubauen und neue zu entdecken. Aber seien Sie aufmerksam und lassen Sie die Entwicklung in ihrem eigenen Tempo stattfinden. Wie das Sprichwort sagt: »Das Gras wächst nicht schneller, wenn man daran zieht.«

Zum Abschluss dieses Kapitels »Stärken fördern« geht es um den Umgang mit den »Schwächen« Ihres Kindes.

## UMGANG MIT »SCHWÄCHEN«

Kein Mensch ist perfekt. Perfekt zu sein, ist nicht menschenmöglich, es ist im menschlichen »Bauplan« nicht vorgesehen. Auch ich bin nicht perfekt, weder als Mensch noch als Mutter. Sie sind es leider auch nicht und ebenso Ihre Tochter. Daher hat jeder Mensch auch seine »Schwächen«.

Schauen Sie auf das Verhalten oder die Eigenschaft, die Sie bei Ihrer Tochter feststellen und als »Schwäche« bezeichnen. Ist es etwas, das sie objektiv in ihrer Entwicklung beeinträchtigt, zum Beispiel eine Lese- und Rechtschreibschwäche? Sie wissen selbst: Liegen solche Schwächen vor, die die körperliche, mentale oder geistige Entwicklung hindern könnten, werden Sie tätig und holen sich Rat von Experten.

Daneben gibt es vermeintliche »Schwächen«. Ihre Tochter entspricht in irgendeiner Art nicht der »Norm« oder dem

Zeitgeist. So wird oft schon negativ gewertet, wenn jemand introvertiert, still, unsportlich oder schüchtern ist. Das ist genau der Punkt, an dem das »Herumzuppeln« an Mädchen beginnt. Deshalb möchte ich zu einem sehr vorsichtigen Vorgehen ermuntern: Überlegen Sie bei solchen vermeintlichen »Schwächen« im ersten Schritt, ob es wirklich ein Defizit ist. Oder können Sie die Perspektive wechseln und dieser »Schwäche« etwas Positives abgewinnen? Nehmen wir als Beispiel Schüchternheit. Ist das eine »Schwäche«? Im sozialen Kontakt oder schulischen Kontext wahrscheinlich. Hat es auch eine andere Seite? Könnte es zum Beispiel sein, dass Ihre »schüchterne Tochter« oft gründlich nachdenkt, und wenn sie etwas sagt, ist es wirklich fundiert? Oder stellen Sie sich eine fröhliche Tischrunde vor: Manche reden, manche nicht. Was wäre, wenn alle immer reden würden? Wenn niemand mehr da wäre, der zuhört? Dann wäre kein Gespräch mehr möglich. So können Sie vielleicht die eine oder andere vermeintliche Schwäche umdefinieren: Ihre Tochter ist schüchtern, kann aber fantastisch zuhören. Der erste Schritt, mit einer »Schwäche« umzugehen, ist also, sie freundlich und mit Wohlwollen zu betrachten. Und wenn möglich, als individuelle Eigenschaft zu akzeptieren.

Ist die Schwäche nicht positiv umzudeuten, kann der zweite Schritt Veränderung und Entwicklung sein. Das gilt vor allem, wenn die vermeintliche Schwäche auch Ihre Tochter stört. Versuchen Sie, diese Schwäche aktiv anzugehen und Veränderung anzubieten. Das kann bedeuten, dass Ihre Tochter etwas dazulernt, ihre Fertigkeiten und Kompetenzen erweitert oder Gewohnheiten ändert. Nehmen wir wieder das Beispiel »schüchtern sein«. Ein erster Ansatz wäre, dass Ihre Tochter sich vorab in Ruhe ein paar Sätze aufschreibt, die in einer Situation passen könnten, in der sie sonst immer Schwierigkeiten hat, sich zu äußern. Sie kann sich also vorbereiten oder dazulernen. Sie könnte sich mit Small Talk oder Rhetorik befassen, mit freier Rede oder Kommunikationsmethoden. Ziemlich sicher wird sie so ihre selbst als unangenehm empfundene »Schwäche« bewältigen. Fast alle der 11 Quellen der inneren Stärke unterstützen dabei, auch vermeintliche »Schwächen« in Stärke umzuwandeln oder individuell zum eigenen Wohl einzusetzen.

Kommen wir nun zum *Sonderthema Schule*. Das ist ein weites Feld für »Schwächen«. Viele Eltern schauen mit intensiver Aufmerksamkeit auf die schulischen Leistungen ihrer Kinder, auch wenn diese einen lebhaften Freundeskreis haben, jeden Tag gerne in die Schule gehen, Vieren und Fünfen die Ausnahme sind – also »eigentlich« alles in Ordnung ist. Vor allem aber, wenn Schulnoten dauerhaft »schlecht« sind, schlägt diese Aufmerksamkeit in Sorge oder Alarmstimmung um. Aus meinen eigenen Erfahrungen als Mutter und als Coachin möchte ich Ihnen hierzu folgende Anregungen geben, mit schulischen Leistungen Ihrer Tochter für alle Beteiligten – Sie eingeschlossen! – gut umzugehen:

- Bewahren Sie Ruhe! Vieles wächst sich aus: Die Grundschulzeit kann anspruchsvoll sein, weil sie etwas völlig Neues ist für Ihre Tochter. Der Übergang in eine weiterführende Schule ist besonders in den Klassen fünf und sechs eine soziale Herausforderung für viele Kinder, weil sie aus verschiedenen Grundschulen zusammenkommen. In der Pubertät geht es sowieso rund. Erfahrungsgemäß sind die Schulklassen acht bis zehn besonders anspruchsvoll, viele Kinder sacken in ihren schulischen Leistungen ab. Richtig nett – für Schüler, Eltern und Lehrer – wird es meistens erst in der Oberstufe. Also haben Sie Geduld.
- Kümmern Sie sich! Wenn Sie merken, dass Abwarten wahrscheinlich das Problem nicht löst, sondern verschlimmert, sorgen Sie dafür, dass Ihre Tochter fachliche Unterstützung erhält. Meine dringende Empfehlung: Machen Sie das nicht selbst, sondern delegieren Sie das. Sie selbst waren schließlich schon in der Schule. Mit Ihren Aufgaben im Alltag – mit oder ohne Berufstätigkeit – haben Sie

wahrscheinlich schon genug zu tun. Gerade Mütter reiben sich in der Hausaufgabenbetreuung ihrer Kinder oft auf. In bester Absicht, aber oft mündet das in Streitereien oder Diskussionen mit dem eigenen Kind. Falls Sie es sich finanziell leisten können, greifen Sie auf fremde Unterstützung wie Hausaufgabenbetreuung in der Schule oder Nachhilfe durch Dritte zurück. Falls das finanziell nicht möglich ist, schauen Sie in Ihrem Freundes- und Bekanntenkreis nach den Mathe- oder Fremdsprachenexperten, die Ihnen unentgeltlich zur Seite stehen könnten. Informieren Sie sich bei kommunalen Einrichtungen oder gemeinnützigen Institutionen, die Hausaufgabenbetreuung und Lernen kostengünstig oder kostenlos anbieten. Erwägen Sie einen Schulwechsel, wenn Ihre Tochter auch mit dieser Unterstützung überfordert ist.

- Bessere schulische Leistungen lassen sich allenfalls vorübergehend mit Zwang und Sanktionen erzielen. Verzichten Sie darauf, Dauerdruck zu machen. Diese Mittel schaden allen, Ihrem Kind und Ihnen. Hierdurch erzielte Erfolge sind außerdem selten nachhaltig: Das gilt für jedes Lernen, das überwiegend auf extrinsischen Motivationsfaktoren beruht, wie dem Bemühen, elterliche Sanktionen zu vermeiden, oder der Sehnsucht nach Anerkennung und Lob von außen. Echte, tragende Motivation zu lernen und in der Schule aktiv mitzumachen, kann nur intrinsisch sein. Nur wenn Ihre Tochter innerlich selbst will, wird sich das in guten Schulleistungen zeigen. Intrinsische Motivation kann von Anfang an da sein, dann haben Sie keine Probleme. Sie kann sich aber auch über die Zeit erst entwickeln, dann hilft es wieder, Geduld zu haben. Oder Sie können sie fördern, zum Beispiel durch die Wahl einer entsprechend ausgerichteten Schule, die individuelle Angebote macht, oder durch ein Zuhause, in dem es offen, neugierig und liebevoll zugeht, jedoch kein Zwang ausgeübt wird. Lassen Sie Ihre

Tochter sich mit genau den Dingen beschäftigen, die ihr Freude machen. Der Rest kommt dann oft von allein.

### Was Sie vorleben können

Beim »Stärken Fördern« können Sie wie geschildert viel *tun*. Aber Sie können auch das ein oder andere vorleben. Es hilft, wenn Sie mit sich selbst im Reinen sind und idealerweise Ihre eigenen »Glücklichmacher« und Stärken kennen. Wenn das noch nicht der Fall ist, ist meine Anregung, sich damit zu beschäftigen. Alle Anregungen für Ihre Tochter können Sie daher auch selbst ausprobieren.

Vielleicht wollen Sie damit starten, Ihre Wahrnehmung über sich selbst zu erweitern? Wer sind Sie, wie sind Sie, was zeichnet Sie aus? Das alles können Sie für sich selbst notieren. Die Verschriftlichung hilft hier, die eigenen Gedanken zu sortieren und zu reflektieren. Entdecken Sie danach Ihre eigenen Glücklichmacher neu: Schauen Sie, was früher da war und Ihnen Freude gemacht hat. Überprüfen Sie, ob Sie das immer noch pflegen oder ob es in der Alltagsroutine abhandengekommen ist. Welche Glücklichmacher können Sie neu beleben? Wenden Sie sich dann Ihren Stärken zu und identifizieren Sie diese.

Wenn Sie Ihre Stärken bereits kennen, ist es an Ihnen, sie in Ihr Leben zu integrieren – auch mit Kindern und auch mit Haushalt und Beruf. Nehmen Sie sich die Zeit dafür, das zu machen, was Sie wirklich von innen stärkt – ein besseres Vorbild können Sie gar nicht abgeben. Auch wenn dafür wahrscheinlich irgendeine andere Pflicht liegen bleibt oder warten muss. Sie tun das in diesem Moment für sich selbst, aber auch als Vorbild für Ihre Tochter: »Me Time – also for you.«

Ebenso hat Ihr Umgang mit tatsächlichen oder vermeintlichen Schwächen Vorbildfunktion für Ihre Tochter. Je selbstverständlicher und selbstbewusster Sie selbst mit Ihren »Schwächen« umgehen, desto besser für Sie – und Ihre Tochter.

## Stärken fördern – Was nehmen Sie mit?

Der Blick auf Defizite und Mängel bei Menschen und deren Verhalten ist heute weit verbreitet. Dieses Kapitel lädt ein zu einem Perspektivwechsel: Blicken Sie konsequent auf die Stärken Ihrer Tochter. Helfen Sie, diese zu integrieren und zu pflegen.

- Versuchen Sie, Ihre Wahrnehmung Ihrer Tochter neu einzustellen. So haben Sie die Chance, Ihre Tochter möglichst wertungsfrei und unvoreingenommen mit all ihren Eigenschaften zu sehen.
- Die persönlichen Glücklichmacher sind Kraft-Ressourcen von unschätzbarem Wert. Mit Gesprächsleitfäden kommen Sie den Glücklichmachern Ihrer Tochter auf die Spur.
- Aus dem Füllhorn der Stärken und Werte benennen Sie diejenigen, die auf Ihre Tochter zutreffen. Meist gibt es vier bis fünf Kern-Stärken.
- Integrieren Sie mit Augenmaß und Fingerspitzengefühl die Stärken Ihrer Tochter in ihr und Ihr Leben. Lassen Sie sich Zeit.
- Was objektiv die Entwicklung Ihrer Tochter beeinträchtigt (zum Beispiel eine Lese-Rechtschreib-Schwäche), adressieren Sie aktiv mithilfe von Experten. Das gilt auch bei schlechten schulischen Leistungen, aber erst, wenn es darauf ankommt, nämlich: je mehr Kernfach, je fortgeschrittener die Schullaufbahn, je näher an (Zwischen-)Abschlüssen, desto mehr Hilfe. Dass Ihre Tochter in ihrem Wesen vielleicht »anders« ist als die Erwartungen ihrer Umgebung, ist keine »Schwäche«. Hier hilft es eher, ein stimmiges und solides »Selbstbild« zu entwickeln.

# WEITERGEDACHT:
## WEIBLICHER STOLPERSTEIN »HOCHSTAPLERSYNDROM«

Es gibt einen »typisch weiblichen« Stolperstein auf dem Weg zu mehr innerer Stärke: das sogenannte Hochstaplersyndrom oder auf Englisch »Imposter Syndrome«, das viele, vor allem leistungsstarke Frauen trifft, ohne dass sie es wissen. Ich möchte Sie und Ihre Tochter hierfür sensibilisieren:

Egal wie schlau, erfolgreich und kompetent sie sind, glauben diese Frauen, dass sie alles bisher Erreichte nicht ihrer Leistung, sondern glücklichen Fügungen zu verdanken hätten. Sie haben innerlich Sorge, dass das irgendwann herauskommt, dass andere sehen, wie wenig sie »eigentlich« können und wie viel dem Zufall geschuldet ist. Sie treibt die Befürchtung um, dass sie »auffliegen« könnten wegen ihres vermeintlichen Nichtwissens. »Hochstaplerinnen«, die mehr vorgeben, als sie sind, die mehr versprechen, als sie halten können, die ihr Umfeld täuschen und dauernd mit dem Risiko leben, dass andere das entdecken.

Diese innere Furcht und Angespanntheit schlägt sich oft in der äußeren Haltung nieder. Frauen mit diesem Syndrom senken den Blick, sprechen leise, lassen die Schultern hängen. Statt ihre Arbeitsergebnisse selbstbewusst, kompetent und leistungsstark zu vermitteln, tun sie alles, um diese und sich selbst zu verstecken. Ihr Gegenüber nimmt diese äußere Haltung wahr: Diese Frau ist ängstlich, vertraut sich selbst nicht, hat etwas zu verbergen.

Kennen Sie das vielleicht von sich oder Ihrer Tochter? Die konkrete Benennung dieses Phänomens ist schon der erste Schritt zur Veränderung. Um diese innere Haltung ab sofort abzulegen, helfen folgende Maßnahmen:

- Schauen Sie sich gemeinsam mit Ihrer Tochter die erarbeiteten Stärken an: Das alles ist sie, das alles macht sie aus!

- Denken Sie über ihren schulischen, beruflichen oder universitären Werdegang nach: Was hat sie alles schon erreicht? Wie viel Fleiß und Disziplin hat sie aufgebracht, wieviel gelernt, wieviel umgesetzt?
- Benennen Sie klar den Anteil, den Ihre Tochter an all dem hat: Sie darf das fühlen, sie darf sich mit ihrer Leistung wohlfühlen und vor allem mit sich selbst.

Ein Quäntchen Glück mag irgendwo im Leben(-slauf) mal dabei gewesen sein. Das kommt bei jedem vor. Aber das ist nicht die alleinige Grundlage ihres Erfolgs, sondern das ist die individuell erbrachte Leistung, die eigene Kompetenz. Um das zu akzeptieren, helfen alle Maßnahmen im Kapitel »Stärken fördern«. Es hilft auch, frühzeitig ein gutes Selbstbild zu entwickeln.

## 2. Selbstbild entwickeln

Das Selbstbild ist die Wahrnehmung, die ein Mensch von sich selbst hat und umfasst alle Aspekte einer Person. Es erfasst sowohl die innere Welt als auch ihren äußeren Ausdruck – körperlich, mental und intellektuell. Wenn alle diese Bereiche möglichst klar im Einklang mit der eigenen Individualität erkannt, erfahren und akzeptiert werden, sind wir »bei uns«, wohltuend und entspannt in Balance. Das hilft, den weitverbreiteten »inneren Kritiker« in Schach zu halten, und ist ein wirksamer Schutzschild gegen Verunsicherungen oder gar Anfeindungen von außen. Es ermöglicht, sich weitgehend unabhängig von gängigen Klischees zu entwickeln und ein Leben im Einklang mit sich selbst nach den eigenen Vorstellungen zu führen.

### Aus der Praxis: das weibliche Thema

Leider ist ein schwach ausgeprägtes Selbstbild ein weiteres weibliches Dauerthema. Zu Beginn meiner Coachings sind folgende Äußerungen von Frauen an der Tagesordnung:

*Irgendwie bin ich ja zufrieden mit mir, aber um wirklich glücklich zu sein, muss ich erst noch …*

- abnehmen, eine Bikinifigur bekommen, formende Unterwäsche tragen,
- meine Haare färben, meine Sommersprossen wegmachen lassen, zur Maniküre gehen,
- mehr Sport machen, Sport für meine Problemzonen machen, meine Oberarme trainieren,
- meine Brüste vergrößern, meine Nase begradigen und meinen Po aufpolstern lassen,
- schlauer werden, Small Talk beherrschen, frei reden können,
- einfühlsamer werden, mehr Verständnis haben, mich besser kümmern,
- den Anforderungen meines Freundes gerecht werden, der sich eine Freundin mit einem pralleren Hintern wünscht,
- auf den Hinweis meines Mannes hören, der meint, ich sei auf Partys zu still, zu unauffällig, zu ungeschickt,
- die Kritik von XY ernst nehmen, die/der es bestimmt besser weiß,
- mich um unsere Kindern kümmern, Teilzeitarbeit machen, die Care-Arbeit übernehmen, denn das alles ist Frauensache,
- anderen Menschen mehr gefallen,
- bloß nicht anders als andere sein.

Das schwache Selbstbild, das in diesen Äußerungen sichtbar wird, sorgt dafür, dass Frau sich in einem dauerhaften Veränderungsmodus befindet. »Erst wenn das und das erfüllt ist, werde ich glücklich sein.« Das ist auf Dauer anstrengend und führt zu einem Leben in Warteschleife. Diese Äußerungen zeigen aber auch, wie ein schwach ausgeprägtes Selbstbild es anderen ermöglicht, das Ruder zu übernehmen: Mit ihren Vorstellungen, Erwartungen, Bewertungen, Urteilen oder gar Abwertungen Frau zu beeinflussen, wie sie zu sein, zu reden oder auszusehen hat. Das Problematische ist, dass solche Erwartungen anderer Menschen sich oft unbewusst als »innerer Kritiker« bei einem selbst verfestigen. Die kleine Stimme im Kopf vieler Frauen, die ihnen versucht einzuflüstern, wie sie sein und handeln sollen. Leider gehören zu den Einflüsterern oft auch die Eltern mit ihren ausgesprochenen oder unausgesprochenen Erwartungen an ihre Tochter. Die gute Nachricht ist, dass Sie gerade hierauf frühzeitig einen positiven Einfluss nehmen können.

## WEITERGEDACHT:

### WIE UMGEHEN MIT BARBIE & CO.?

In Bezug auf das Selbstbild, insbesondere das Bild vom eigenen Körper, stellt sich bei der Begleitung von Mädchen immer wieder die Frage: Wie sollten wir mit Barbie & Co. umgehen? Wie sollten wir mit Spielsachen umgehen, die möglicherweise unbewusst ein bestimmtes Körper- oder Rollenbild beeinflussen? Den meisten Müttern ist Barbie ein Dorn im Auge, weil sie unrealistische Körpermaße vermittelt und ein sexistisches Frauenbild fördert.

Als Mutter von Jungs musste auch ich irgendwann Stellung beziehen, als es um Spielzeugpistolen und Laserschwerter ging. Meine Erfahrung ist, dass all die Spielsachen, die uns Eltern nicht gefallen, meistens genauso schnell kommen, wie sie wieder verschwinden. Sie sind eine Phase, ploppen auf und werden urplötzlich abgelegt wie ein Mantel, der zu klein geworden ist. Erst wenn Gegenstände (oder auch bestimmte Lebensmittel) mit Verboten belegt werden, werden sie (wieder) interessant. Und sei es nur, um je nach Kindesalter die eigenen Eltern zu testen oder zu provozieren.

Natürlich können wir Eltern unsere Meinung zu Gegenständen äußern, die wir nicht gut finden. Es ist wichtig, dass unsere Kinder wissen, was wir davon halten – übrigens erkennen sie dies oft intuitiv, ohne dass wir das groß erläutern müssten. Niemand kennt uns besser als unsere Kinder. Daher empfehle ich, diesen Erscheinungen mit größtmöglicher Gelassenheit zu begegnen und vieles einfach laufen zu lassen, solange es nachweislich keine schädlichen Auswirkungen für die körperliche, mentale oder geistige Entwicklung hat.

### Was Sie tun können

Es gibt einiges, was Sie tun können. Allerdings gibt es noch mehr, was Sie nicht tun sollten, um dem Selbstbild Ihrer Tochter die Chance zu geben, sich stabil und stärkend zu entfalten.

## GENIEßEN SIE, SCHAUEN SIE ZU UND HALTEN SIE SICH RAUS!

Vieles von dem, was das Selbstbild Ihrer Tochter in körperlicher, mentaler oder intellektueller Hinsicht fördert, ist bereits fester Bestandteil des Alltags unserer Kinder. Also entspannen Sie sich, genießen Sie und schauen Sie zu. In jungen Jahren steht das Spielen an erster Stelle, egal welcher Art. Bei sehr kleinen Kindern kann und wird das zunächst spielen mit Ihnen sein, aber auch Oma, Opa oder Tante sind großartige Spielpartner. Am besten ist es, wenn Ihre Tochter früh mit anderen Kindern spielt. Ob Verstecken oder Fangen, Karten- oder Brettspiele, Spiele zu zweit oder Spiele mit mehreren, gemeinsam einen Zoo oder Hindernisse für Plastikpferdchen bauen – all das fordert und fördert das Selbstbild Ihrer Tochter, und das Beste daran: Es geschieht spielerisch.

Später in Kindergarten und in der Schule eröffnen sich weitere Übungsfelder für die Entwicklung des Selbstbildes. Zu dem klassischen Schulzweck »Lernen, um einen Abschluss zu machen« gibt es auch Gelegenheiten, verschiedene Fähigkeiten und Fertigkeiten auszuprobieren: das Erkunden verschiedener Sportarten, das musikalische und künstlerische Experimentieren, das Verkleiden und Theaterspielen, das Erlernen der eigenen und fremder Sprachen, das Erfassen von Ideen und das Formulieren eigener Gedanken, das Finden einer Position allein und in der Gemeinschaft.

In der Pubertät, wenn die »Peers«, also gleichaltrige Jugendliche, so viel wichtiger werden als die eigene Familie, geschieht eine weitere entscheidende Entwicklung des Selbstbildes: Wo stehe ich, wo will ich stehen, wie will ich sein? Wie bin ich als Individuum, wie in Gemeinschaft, wie als Partnerin oder Freundin? Ihre Tochter »hängt« nämlich nicht nur rum und »chillt« sinnfrei durch den Tag, sondern entwickelt sich gerade dann am meisten im Kreise ihrer Peers. Auch hier gilt der geflügelte Satz: *»Wenn alles still wird, geschieht am meisten.«*[12] Dieser hoffnungsvolle Satz kann Ihnen übrigens während der anfänglich oft ungewohnten und langen Schweigephasen pubertierender Jugendlicher bei familiären Aktivitäten helfen, gelassen zu bleiben.

Ihre Hauptaufgabe bei der Entwicklung eines guten Selbstbildes Ihrer Tochter lautet also überspitzt: Halten Sie sich raus! Damit tun Sie ihr den größten Gefallen. Halten Sie sich raus, wenn Ihre Tochter sich im Sandkasten um Förmchen streitet, wenn die beste Freundin plötzlich doof ist, wenn sie sich mit Kindern verabreden will, die Ihnen nicht gefallen, wenn sie einen anderen Sport ausüben will, als Sie sich vorstellen, wenn sie Farben liebt, die Sie nicht mögen. Halten Sie sich raus bei den Farben ihrer Kleidung, ihrer Haare und Fingernägel, bei ihrem Schmuck, ihren Taschen und Gürteln – all das sind oft kurzzeitige Gefährten auf dem Weg zu einem stabilen Selbstbild.

Halten Sie sich raus, wenn Ihre Tochter Konflikte mit anderen Kindern oder Jugendlichen hat, die sie altersgerecht wahrscheinlich selbst lösen kann. Ich erinnere mich an die ein oder andere Situation mit meinen Kindern, in denen ich mitfühlend spontan Hilfe oder Einschreiten angeboten habe und stets ein »Bloß nicht, Mama. Das mache ich selbst« zurückbekam. Vertrauen Sie Ihrer Tochter, vieles wird sie selbst lösen und gerade daran wachsen. Selbstwirksamkeit auch in Konfliktsituationen zu erleben, ist ein großes Geschenk und enormer Booster für das Selbstbild.

Wahren Sie bei allem das rechte Maß: Es gibt eine Grenze, bei der Sie einschreiten müssen. Das ist der Fall, wenn Sie merken, dass Ihre Tochter eine Situation nicht selbst bewältigen kann, wenn sie leidet und physischer oder psychischer Schaden drohen. Sie sollten auch dann tätig werden, wenn Sie merken, dass die Entwicklung eines stabilen Selbstbildes bei Ihrer Tochter stockt oder eine Richtung nimmt, die ihr nicht guttut. Je nach Kindesalter kann sich das alles äußern mit diffusen Bauch- und Kopfschmerzen, dem Unwillen, zur Schule zu gehen, der Unlust, bestimmte Freunde zu treffen, vielen Selbstzweifeln, großer Schweigsamkeit oder emotionalem längerem Rückzug. Derartige Auffälligkeiten sollten Sie sofort mit allen Beteiligten abklären und sich weitergehende Hilfe holen.

# WEITERGEDACHT:
## PIERCINGS, TATTOOS, SCHÖNHEITS-OPS & CO.

Das eigene Selbstbild zu entwickeln, ist ein wichtiger Teil des Heranwachsens, und Schmuck kann eine Möglichkeit für Mädchen und Teenagerinnen sein, sich selbst auszuprobieren. Für Ohrschmuck kann das Stechen von Löchern in die Ohrläppchen erforderlich sein. Als »Mädchenmutter« haben Sie hierzu sicherlich Ihre Meinung, pro oder kontra, die Sie mit Ihrer Tochter bereits erörtert haben.

Aber wie sieht es mit Eingriffen aus, die das eigene Selbstbild ausdrücken sollen und die nicht reversibel sind? Dazu gehören Piercings und Tattoos, aber auch Schönheitsoperationen, die immer öfter auch jüngere oder noch minderjährige Frauen vornehmen lassen wollen.

Dieses Thema hat eine rechtliche Seite, ab wann welche Art körperlicher Eingriffe mit welcher Einwilligung vorgenommen werden darf. Zudem ist jeder körperliche Eingriff eine Belastung und bedarf meistens konsequenter Nachsorge, damit der Körper an den entsprechenden Stellen heilen kann. Auch sollten etliche Schönheitsoperationen in bestimmten Altern noch nicht vorgenommen werden, weil körperliche Wachstums- und Entwicklungsprozesse noch nicht abgeschlossen sind.

Abgesehen von den rechtlichen und medizinischen Aspekten hat dieses Themenfeld auch eine wichtige psychologische Seite, auf die es hier hauptsächlich ankommt. Hinter jedem Wunsch, den eigenen Körper zu verändern, steht ein psychologischer Auslöser. Wenn also Ihre minderjährige Tochter mit dem Wunsch nach Tattoo, Piercing oder Schönheitsoperation an Sie herantritt, schließt sich eine Reihe von Fragen an, die Sie zunächst allein, dann im Dialog mit Ihrer Tochter klären sollten:

Wie alt ist Ihre Tochter und welchen Reifegrad hat sie?

Wie schwerwiegend ist der gewünschte Eingriff?

Kann sie derartige, allenfalls teilweise umkehrbare Eingriffe abschätzen?

Was bewegt sie dazu, ein Piercing, ein Tattoo oder gar eine Schönheits-OP in Erwägung zu ziehen?

Lässt sich ihre Motivation auch durch »mildere Mittel« als einen körperlichen Eingriff erfüllen?

Hat es etwas mit Zugehörigkeit zu einer Gruppe zu tun?

Ist es ihr eigener Wunsch oder möchte eine andere Person, dass Ihre Tochter einen solchen Eingriff vornehmen lässt?

Lässt sich das Ganze noch etwas aufschieben?

Wenn hinter dem Wunsch ein mangelndes Selbstwertgefühl steckt, kann psychologische Unterstützung (besser) helfen?

## ACHTEN SIE DARAUF, WAS UND WIE SIE ETWAS SAGEN!

Für jedes Kind spielt das, was die Eltern zu ihm und über es sagen, eine ausschlaggebende Rolle für sein Selbstbild. Alle Äußerungen, Meinungen, Vorstellungen, Erwartungen, Bewertungen, Statements und Vorschläge der Eltern gehören dazu, vor allem bei jüngeren Kindern. Egal, ob tatsächlich ausgesprochen oder durch Mimik und Gestik vermittelt und sowohl hinsichtlich des kindlichen Verhaltens als auch des Äußeren wie Kleidung oder Figur.

Es ist daher von Anfang an wichtig, darauf zu achten, was und wie Sie es sagen. Dieser Rat hat noch einen tieferen Grund, und hier kommen wir zu einem sehr wichtigen Thema: Meinungen, Erwartungen und Vorstellungen insbesondere der Eltern werden schnell zu inneren Prägungen –

zu Sätzen, die Ihre Tochter unbewusst übernimmt und die ihr weiteres Verhalten lebenslang prägen können, zum Beispiel in Form des »inneren Kritikers«. Im Coaching ist das das größte Thema überhaupt: Schädliche innere Prägungen zu erkennen, mit denen meine Klientinnen sich unbewusst selbst ein Bein stellen, die ihnen im Privatleben, Partnerschaft und Job zu schaffen machen, ohne dass sie diese erkennen können. Solche negativen inneren Prägungen vieler Frauen sind zum Beispiel:

- Ich bin nicht wertvoll. (Aber wenn ich mich besonders anstrenge, bekomme ich Anerkennung von anderen.)
- Ich werde nicht geliebt. (Aber wenn ich besonders freundlich bin, werde ich Liebe erfahren.)
- Ich bin eine Belastung. (Also muss ich alles allein schultern, damit ich niemandem zur Last falle.)
- Ich bin fehlerhaft. (Aber wenn ich viel tue, kann ich das verschleiern oder vermindern.)
- Ich schaffe das nicht, weil ich die Fähigkeiten nicht habe.
- Ich muss immer fröhlich sein und darf keine schlechten Gefühle haben oder zeigen.
- Ich muss gehorchen; ich darf nicht anecken.
- Ich darf nicht auffallen.
- Ich muss perfekt sein; ich muss mich immer richtig verhalten.
- Ich darf nicht egoistisch sein.

Der Ursprung der meisten dieser Prägungen liegt darin, dass Frau das Gefühl hat, sie werde nicht geliebt, gehöre nicht dazu oder werde abgelehnt, wenn sie sich nicht in einer bestimmten Weise verhält. Eltern ist häufig nicht bewusst, dass sie derartige Prägungen »einpflanzen«; meistens handeln sie in bester Absicht für ihr Kind. Eine einzelne negative Äußerung mag keine verheerenden Auswirkungen haben, entscheidend ist das Dauerklima Ihrer familiären Kommunikation.

Ich möchte dies am konkreten Beispiel von »Schulnoten« verdeutlichen. Wenn ein Kind eine schlechtere als von den Eltern erwartete oder gewünschte Schulnote hat, kommen oft spontane Anmerkungen wie: »Oh, nur? Wie kommt das?« oder »Was haben denn die anderen Kinder in deiner Klasse? oder »Was hat denn Lisa, deine beste Freundin?« oder »Hast du nicht genug gelernt?« oder »Ohje, wie soll das nur was werden«. Dies geht oft einher mit entsprechender Mimik, wie einem missbilligend verzogenen Mund oder einem unbewussten Augenrollen. Diese Haltung kann sich dann fortsetzen, wenn Eltern etwa vor den Freundinnen der Tochter oder Miteltern das Thema ansprechen: »Mara hat ja wieder so schlecht abgeschnitten; wie ist das denn bei euch?« oder »Bei Mara hat es noch nicht gezündet, hoffentlich kommt das noch« oder »Ihr müsst euch ja keine schulischen Sorgen machen, aber ich weiß gar nicht, was ich mit Mara noch machen soll«. Das alles sind hochgradig einschüchternde Signale an das eigene Kind. Die transportierte Nachricht ist klar: »Du reichst nicht.« Und auch: »Ich glaube nicht an dich.« Dies stellt ein echtes Misstrauensvotum dar!

Ein anderes Beispiel sind die Vorstellungen und Erwartungen, die viele Menschen speziell an Mädchen haben und die in der Kommunikation unbewusst zutage treten, zum Beispiel: Mädchen müssen brav sein. Mädchen müssen gehorchen. Mädchen sind fleißig und ordentlich. Mädchen kümmern sich um die Belange anderer (und sei es nur als »Puppenmutter«). Mädchen sind freundlich und fröhlich. Das sind letztlich Rollenklischees, die es auch als (meistens unausgesprochene) Verbote gibt, wie zum Beispiel »Mädchen klettern nicht auf Bäume, Mädchen spielen nicht mit Autos, Mädchen verkleiden sich im Fasching nicht als Cowboy«.

Mir fällt zu diesem Thema immer die Anekdote einer Klientin ein, die Jahrzehnte zurückliegt: Als sie vier oder fünf Jahre alt war, reichte sie einem (männlichen) Verwandten die linke Hand zur Begrüßung. Er weigerte sich, diese

Hand zu schütteln, mit den Worten: »Stefanie, gib das schöne Händchen!« Antiquiert? Ja! Heute so nicht mehr denkbar? Wahrscheinlich auch überwiegend ja. Aber das bedeutet noch lange nicht, dass die dahinterstehende Vorstellung über den vermeintlich einfachen Umgang mit »braven« Mädchen bereits überwunden ist.

Wenn Sie sich bei solchen Vorstellungen und Erwartungen ertappen, hinterfragen Sie das sofort und entrümpeln Sie mit der folgenden Überlegung: Möchte ich, dass meine Tochter diese Vorstellung unbewusst übernimmt? Was muss ich tun, damit das nicht passiert, oder besser: Was muss ich lassen, damit das nicht eintritt? Wie sollte ich kommunizieren, damit ich dieses Rollenbild nicht transportiere?

Positive und möglichst wertungsfreie Kommunikation ist hier hilfreich für die Entwicklung eines stabilen weiblichen Selbstbildes. In einem Klima der grundsätzlichen Wertschätzung lebt und wächst es sich besser. Dadurch haben Sie die Chance, bei Ihrer Tochter gute Sätze einzupflanzen wie: Ich schaffe das, was ich mir vornehme. Ich fühle mich wertvoll und weiß, dass ich Gutes verdient habe. Ich bin genau richtig so, wie ich bin. Ich vertraue mir und glaube, dass sich alles richtig fügen wird. Ich reiche. Ich werde geliebt, auch wenn ich mal Fehler mache. Ich habe die Freiheit, mich so zu entwickeln, wie es meiner Individualität entspricht.

Um diese Ziele zu erreichen, können Sie sich an den *3 Prinzipien, die immer gelten,* orientieren. Außerdem können Sie ein gutes und wertschätzendes familiäres Kwlima schaffen, indem Sie eine innere Einstellung voller Vertrauen und Gelassenheit kultivieren und folgende Anregungen beherzigen:

- Bleiben Sie neugierig und offen gegenüber dem Mädchen, der Frau, die da heranwächst.
- Lieben Sie Ihre Tochter bedingungslos, gerade wenn Sie beginnt, ein eigenes Selbstbild zu entwickeln.

- Halten Sie auch die schlechten Gefühle Ihrer Tochter aus. Sie gehören zum Leben dazu.
- Reden Sie wertschätzend mit Ihrer Tochter und vor allem nicht über sie vor anderen Kindern.
- Schaffen Sie in Ihrer Familie Raum, das Glück des Ermöglichens, sodass alle Familienmitglieder atmen können.
- Gehen Sie davon aus, dass vieles nur eine vorübergehende Erscheinung ist und die Dinge sich grundsätzlich zurechtruckeln werden.
- Schreiten Sie ein, wenn Entwicklungen eine schädliche Richtung nehmen sollten. Bieten Sie Hilfe an, wenn Ihre Tochter längerfristig nicht zurechtkommt.

Das bedeutet nicht, dass Sie ab heute Ihre Tochter nur noch »dauerloben« sollten – im Gegenteil. Eine realistische, jedoch wertschätzende Rückmeldung ist für Ihre Tochter viel hilfreicher als unbegründetes Lob. Und natürlich können Sie kritisieren, wenn es Anlass gibt und Korrekturen erforderlich sind. Das kann zum Beispiel so erfolgen:

*»Ich finde gut, was du da gemacht hast. Besonders gut gefällt mir (…) Ich finde, das und das könnte man noch anders machen, verbessern. Hast du vielleicht selbst eine Idee, wie das geht? Darf ich dir einige Anregungen geben? Du könntest zum Beispiel …«*

Der Ton macht die Musik. Überlegen Sie daher auch, ab und zu eine spontane positive Rückmeldung zu geben, Ihre Tochter wirklich anzuschauen und zu sagen:

- Mensch, das hast du gut gemacht.
- Ich finde toll, wie selbstständig du die Dinge regelst.
- Klasse!
- Das Kissen, das du als letztes genäht hast, gefällt mir richtig gut.
- Dein Aufsatz gefällt mir richtig gut.

Wir Eltern sind Menschen und nicht perfekt. Auch wenn wir uns vornehmen, so zu handeln und zu sprechen, wird es nicht immer gelingen. Sie müssen auch nicht ab jetzt jeden Satz auf die Goldwaage legen. Es hilft bereits, wenn Sie grundsätzlich freundlich und wertschätzend gegenüber Ihrer Tochter sind, aber auch gegenüber sich selbst.

## WEITERGEDACHT:

### MINI-ME VS. MINI-SHE

In Frauen-Zeitschriften und bei Modefirmen gibt es ab und zu die Tendenz, das »Mini-Me« in den Fokus zu rücken. Das betrifft Mädchen im Kleinkind- oder Kindergartenalter, die ähnlich wie ihre Mutter angezogen werden, also »Mini-Me's« der Mutter darstellen. Mütter sind Vorbild für weibliches Rollenverhalten. Kinder in einem bestimmten Alter machen Erwachsene gerne nach oder bedienen sich ohnehin im Kleiderschrank der Mutter, um sich zu verkleiden. So kann ein augenzwinkerndes »Mini-Me« eine Zeit lang ein nettes Experiment sein.

Wichtig ist das Bewusstsein, dass Ihr »Mini-Me« mit Sicherheit vieles von Ihnen (und dem anderen Elternteil) hat: Aussehen, Verhaltensweisen, Persönlichkeitszüge, Charaktereigenschaften. Gleichzeitig ist Ihre Tochter ein eigenständiger Mensch. Sie wird all das von Ihnen Übernommene irgendwann auf ihre Weise leben und zu ihrer Individualität machen. Einige Dinge werden Ihrer Persönlichkeit ähneln, andere nicht.

Bleiben Sie gelassen und überlegen Sie: Ihr Leben wird schon gelebt – von Ihnen. Geben Sie Ihrem Kind die Chance, sein eigenes Leben zu führen. Ihre Tochter ist auf Dauer kein »Mini-Me«, sondern vielmehr eine »Mini-She«. Dazu gehört, ein eigenes Selbstbild zu entwickeln, das sich mit Ihrem Selbstbild decken kann – aber nicht zwingend muss.

### Was Sie vorleben können

Sie sind als Mutter das erste Rollenvorbild für Ihre Tochter. Nutzen Sie das! Ein stabiles weibliches Selbstbild zu haben, wird Ihnen beiden weiterhelfen. Wenn Sie sich damit einmal intensiver beschäftigen wollen, möchte ich Ihnen ein paar Eckpunkte an die Hand geben.

Starten Sie da, wo Sie sind, und denken Sie über Ihr eigenes weibliches Selbstbild nach:

Wie sieht das aus? Was gehört dazu, was nicht? Wie definieren Sie Frausein? Welche Ihrer Eigenschaften würden Sie als weiblich definieren? Welche weiteren Eigenschaften haben Sie? Wie drücken Sie Ihre Weiblichkeit aus? Wie sehen Sie Ihre eigene Selbstwirksamkeit, Dinge anzupacken und zu verändern? Wie steht es um Ihre Gelassenheit? Lassen Sie Ihre Gedanken schweifen. Vielleicht wollen Sie Ihre Erkenntnisse und Entdeckungen über sich selbst notieren.

Hinterfragen Sie außerdem, ob sich hierbei unbewusst Urteile und Vorurteile einschleichen, wie »Frau zu sein hat«. Finden Sie hierfür Anhaltspunkte? Haben Sie unbewusst Rollenbilder im Kopf, zum Beispiel der sich kümmernden Frau oder des Mädchens, das sich stets selbst zurücknimmt? Wie sehen Sie das, wenn Sie jetzt noch einmal darüber nachdenken? Wünschen Sie sich das für Ihre Tochter? Gleichen Sie noch einmal mit Ihrem eigenen weiblichen Selbstbild ab.

Sobald Sie herausgefunden haben, was Ihr individuelles weibliches Selbstbild ist, versuchen Sie, danach zu leben. Was gehört dazu? Was wollen Sie dafür intensivieren? Was wollen Sie in Ihrem Leben zurückfahren? Wovon wollen Sie mehr in Ihrem Leben, wovon weniger? Was macht Sie als Frau glücklich? Wie sehen Sie Familie und Partnerschaft? Wie Familie und Beruf? Was bedeutet Frausein in Ihrem Freundeskreis?

Es wäre schön, wenn Sie – mit oder ohne diese Bestandsaufnahme – mit sich selbst im Reinen wären – als Mensch, Frau und Mutter. Dass Sie ein weibliches Selbstbild haben, das Sie nährt und stützt. Dass Sie grundsätzlich zufrieden sind mit sich als Frau. Dass Sie freundlich sind zu sich selbst. Der Leitspruch »Umarme dich selbst« gilt nicht nur für jüngere Frauen! Geben Sie sich ab und zu die tatsächliche oder gedankliche Selbstumarmung: So wie Sie sind, sind Sie genau richtig. Drücken Sie Ihre Tochter gleich mit, zumindest solange ihr das noch nicht peinlich ist: Auch sie ist genau richtig, so wie sie ist.

## WEITERGEDACHT:

### KÖRPERBILD

Das eigene Aussehen und insbesondere das eigene Körpergewicht haben eine übermäßig hohe Bedeutung für das körperliche Selbstbild vieler Frauen. Das beginnt bereits in der Kindheit, wenn man sich schon im engsten Umfeld mit Freundinnen und Mitschülerinnen vergleicht. Später in der Teenagerinnenzeit sind es vor allem Schauspielerinnen und Influencerinnen mit ihren Social-Media-Auftritten, die einen prägenden Einfluss auf das weibliche Körper-Ideal haben.

Obwohl viele wissen, dass Fotos in den sozialen Netzwerken oft bearbeitet sind, dass Filter existieren, die jeder benutzen kann und die Körper schlanker oder Sanduhr-förmiger, Lippen dicker und Wangenknochen definierter aussehen lassen, als sie wirklich sind, werden diese manipulierten Bilder zum unrealistischen Vorbild für viele Mädchen und Jugendliche. Zahlreiche Teenagerinnen haben mittlerweile eine App auf ihrem Smartphone, um Kalorien zu zählen, und kontrollieren ihr Essen zwanghaft. Andererseits gibt es auch das andere Extrem: Jugendliche mit starkem Übergewicht, die daran leiden, aber allein nicht wissen, wie sie das Thema angehen sollen.

Magersucht, Bulimie und Adipositas erfordern die Expertise von (Kinder-) Ärztinnen und Ärzten, Psychologinnen und Psychologen, Ernährungs- und Diätexpertinnen und -experten. Hier möchte ich nur ein paar Denkanstöße geben, was Sie selbst früh in der Hand haben: Seien Sie Frau genug, ein ausgewogenes Körperbild zu vermitteln und dem Strom der Fotos selbstbewusst etwas entgegenzusetzen durch das, was Sie vorleben.

Das Ess- und Bewegungsverhalten beginnt in der Familie. Eltern sind das erste Vorbild für ihre Kinder. Im Coaching beobachte ich, dass viele – gerade schlanke, normal- oder gar untergewichtige – Frauen Dauerdiät halten oder exzessiven Sport treiben, sofern er mit der eigenen Berufstätigkeit vereinbar ist. In manchen Haushalten sind Marmeladen, Süßigkeiten und Tiefkühlpizzen strikt verboten. Auf der anderen Seite gibt es Mütter, die selbst stark übergewichtig sind und von sich sagen, dass sie sich nach einem langen Tag voller Aufgaben abends nicht mehr zum Sport aufraffen können und – oft vor lauter Erschöpfung – zu Fertiggerichten und -produkten mit hohem Fett- und Zuckergehalt greifen.

Am wichtigsten ist die oft unbewusste Signalwirkung für unsere Kinder. Eine Klientin mit einer sechsjährigen Tochter hatte sich irgendwann zum Intervallfasten entschlossen und aß abends nichts mehr. Ihrer Tochter tischte sie um 18.00 Uhr ihr Abendessen auf und setzte sich dazu, ohne selbst etwas zu essen. Nach ein paar Abenden aß auch ihre Tochter nicht mehr, sondern schob ihr Essen auf dem Teller herum. Warum sollte sie essen, wenn ihre Mutter es auch nicht tat?

Wissenschaftliche Erkenntnisse und Empfehlungen zu Ernährung und Sport wechseln wie die Gezeiten. Mal ist das richtig, mal jenes. Als innere Richtschnur kann dienen, dass sowohl Essen als auch Bewegung sinnliche Erfahrungen sind, die wir im »rechten Maß« genießen dürfen.

## SELBSTBILD ENTWICKELN – WAS NEHMEN SIE MIT?

Äußere und innere Kritiker scharen sich um viele Frauen, die es ihnen mit einem schwachen Selbstbild zu leicht machen. Damit Ihre Tochter frühzeitig ein schützendes Selbstbild entwickelt, können Sie viel tun, aber noch mehr »nicht tun«. Zusammengefasst bedeutet das:

- Genießen Sie, schauen Sie zu und halten Sie sich raus: Vieles, was für die Entwicklung eines stabilen Selbstbildes hilfreich ist, ist im Alltag Ihrer Tochter bereits angelegt. Geben Sie ihr Raum, sich auszuprobieren mit Freunden, in Kindergarten und Schule. Halten Sie sich dabei weitgehend raus, lassen Sie Ihre Tochter sich selbst erleben und ausprobieren. Schreiten Sie erst ein, wenn Ihre Tochter damit überfordert sein sollte.
- Beachten Sie, was und wie Sie es sagen: Kaum etwas ist so prägend, wie das, was Eltern zu ihren und über ihre Kinder sagen. Achten Sie darauf, ein freundliches und wertschätzendes Zuhause zu gestalten, in dem sich alle wohlfühlen und sein dürfen, wie sie sind. Achten Sie auf Ihre Kommunikation, um hiermit die Grundlage für ein stabiles Selbstbild Ihrer Tochter zu schaffen. Versuchen Sie auch, notwendige Kritik wertschätzend zu äußern.
- Seien Sie selbst Vorbild für ein stimmiges weibliches Selbstbild. Nehmen Sie sich hierfür immer wieder Zeit.

## 3. FEINGEFÜHL SCHÜTZEN

Feingefühl zu haben, zeichnet viele Menschen aus. Mädchen und junge Frauen sind häufig sensibel, besitzen viel Empathie und Mitgefühl für andere. Das sind wunderbare menschliche Eigenschaften, die Freundschaft und Gemeinschaft lebenswert machen. Wenn wir alle sie hätten und sie zugewandt leben würden, wäre unsere Welt bestimmt ein Stück besser. Leider ist das nicht so. Andere Parameter bestimmen unser gesellschaftliches Leben, wie Wettbewerb, Leistung und das Sich-Behaupten. Daneben gibt es in jedem Umfeld Menschen, die wenig Feingefühl haben, vielleicht sogar übergriffig oder gar toxisch sind.

Es ist eine besondere Herausforderung, das eigene Feingefühl unter solchen Rahmenbedingungen sorgsam zu schützen. Klare Grenzen zu ziehen, ist der Schlüssel – um einerseits wohltuend bei sich zu bleiben und andererseits auch für andere da zu sein. Die Fähigkeit, angemessene Grenzen zu ziehen, ist zudem der beste Schutz vor übergriffigen Menschen und toxischen Beziehungen.

### Aus der Praxis: das weibliche Thema

Es sind klassische weibliche Themen, kein gutes Gespür für die eigenen Grenzen zu haben und daher keine angemessenen Grenzen gegenüber anderen setzen zu können. Fast alle meiner Klientinnen sind »grenzenlos«, vor allem die empathischen, vielleicht sogar hochsensiblen Frauen. In ausnahmslos jedem Coaching arbeiten wir an diesem Thema. Ich höre innere Sätze wie:

- Es fällt mir schwer, Nein zu sagen, wenn ich gefragt werde.
- Ich habe ein schlechtes Gespür für meine eigenen Bedürfnisse.
- Die Bedürfnisse der anderen sind wichtiger als meine eigenen.
- Ich muss Verständnis dafür haben, wie er ist.
- Ich muss es anderen recht machen.
- Ich darf andere nicht enttäuschen.
- Ich muss mich um andere kümmern, egal, was bei mir gerade los ist.

- Meinem Partner geht es schlecht, und ich habe das Bedürfnis, ihn zu retten, selbst wenn er mich schlecht behandelt.
- Wenn ich anderen helfe, gehe ich häufig über meine eigenen Grenzen. Das tut mir nicht gut, aber ich kann nicht anders.

Alle diese Sätze erschweren es, das eigene Leben nach den eigenen Vorstellungen zu führen, den eigenen Lebenstanz zu tanzen. Außerdem sorgen sie dafür, dass diese Frauen ihr Feingefühl nicht angemessen schützen und so immer wieder über ihre körperlichen und mentalen Grenzen gehen. Mehr noch, diese Sätze können Einfallstor für übergriffige Menschen sein und dazu beitragen, sich in einer toxischen Beziehung zu verstricken. In meinem Trennungscoaching habe ich tagtäglich hiermit zu tun; meine jüngste Klientin war erst 17 Jahre alt.

All diese Aussagen entsprechen dem traditionellen Rollenbild des weiblichen »Kümmerns und Helfens« und des »Verständnis-Habens für andere«. Sie sind anerzogen. Das selbstschützende Pendant dazu, nämlich die Fähigkeit, klare Grenzen zu setzen, wird Mädchen hingegen immer noch viel zu selten vermittelt. Das wollen wir jetzt ändern.

### Was Sie tun können

Sie können einiges tun, um Ihre Tochter von Anfang an zur Entwicklung gesunder Grenzen zu ermutigen. Und keine Sorge, auch das ist kein zusätzlicher »Belastungsfaktor« in Ihrem ohnehin vollgepackten Alltag. Es erfordert vor allem die eigene innere Justierung.

## Was sind meine Grenzen und wofür sind sie gut?

Mir ist ein sehr prägendes Zitat einer Klientin in Erinnerung, das für so viele andere steht:

*»Grenzen ziehen? Damit habe ich eigentlich kein Problem. Ich weiß nämlich gar nicht so genau, was das sein soll.« (Beate, 43 Jahre)*

Lassen Sie uns zunächst klären, was mit »Grenzen« gemeint ist. Ich möchte dafür ein Bild verwenden, das Ihnen vielleicht vertraut ist: Denken Sie an den Beißschutz bei der Anpflanzung junger Bäume. Das ist ein breiter, oft weißer Ring aus Plastik, der den empfindlichen Stamm des jungen Baumes schützen soll vor Wildtieren, und seien es nur harmlose Rehe. Dieser Beißschutz soll verhindern, dass die Rinde des Baumes angeknabbert oder weggefressen wird. Denn das schadet dem jungen Baum und seinem Wachstum, im schlimmsten Fall kann das Anknabbern bewirken, dass der Baum eingeht. So ermöglicht der Beißschutz, dass der junge Baum wachsen und gedeihen, Wurzeln, Äste und Laub entwickeln kann.

Was dem jungen Baum der Beißschutz ist, ist für den Menschen die Grenze. Alles, was einen Menschen ausmacht, kann und muss er mit Grenzen schützen: die ganze Individualität mit allen Charaktereigenschaften, die gesamte Persönlichkeit mit allen Vorstellungen, Bedürfnissen, Wünschen, Träumen und Zielen. In den beiden Quellen »Stärken fördern« und »Selbstbild entwickeln« haben Sie und Ihre Tochter wahrscheinlich schon viel über sie herausgefunden: Stärken, mögliche Schwächen, Fähigkeiten, Fertigkeiten, Kenntnisse. All das zusammen ergibt ein rundes Bild der eigenen Individualität, gerade wenn Ihre Tochter schon etwas älter ist, zum Beispiel eine Teenagerin.

Bei jüngeren Mädchen können Sie diesem Wesenskern mit einer einfachen Übung auf die Spur kommen: »Ich will – ich will nicht.« Dabei erkunden Sie etwa ab dem Grundschulalter zusammen mit Ihrer Tochter (oder Ihre ältere Tochter macht es allein), was sie will und was sie nicht will. Wenn sie noch nicht viel schreiben kann, übernehmen Sie das für sie. Und bitte: ICH WILL. Nicht »Ich möchte …« oder »Ich hätte gerne …« oder »Könntest du vielleicht …«.

## Übungsbogen: Ich will – ich will nicht

**»Ich will«**

**Schreibe auf, was du willst. Was ist dir echt wichtig? Du kannst auch gerne malen. Hier sind ein paar Beispiele:**

*Ich will eine Freundin, die zu mir hält.*

*Ich will Ball spielen.*

*Ich will Geige lernen.*

*Ich will Pommes mit Ketchup.*

*Ich will im Urlaub ans Meer.*

*Ich will am Wochenende chillen.*

*Ich will …*

**»Ich will nicht«**

**Kannst du sagen, was du nicht willst? Was dir überhaupt nicht gefällt? Was du doof findest? Schreibe es auf, zum Beispiel:**

*Ich will nicht angeschrien werden.*

*Ich will nicht zum Frisör.*

*Ich will keine Leggins tragen.*

*Mir gefällt nicht, dass Lisa immer die Bestimmerin ist.*

*Ich will nicht, dass Mama am Handy ist, wenn wir spazieren gehen.*

*Ich finde Brokkoli doof.*

*Ich will im Urlaub nicht wandern.*

*Ich will nicht …*

*Mir gefällt nicht …*

*Ich finde doof …*

Sie merken schon an diesen Beispielen, dass es ein echter Drahtseilakt sein kann, Ihrer Tochter beizubringen, wie man Grenzen setzt. Es kann dahin führen, wo es richtig wehtut, oder sogar Ihre Erziehungsprinzipien infrage stellen.

## MIT DEM NEIN IHRER TOCHTER UMGEHEN (LERNEN)

Noch in meiner Jugend gab es so einen Spruch, der richtiggehend zum Gruseln ist: »Kinder, die was wollen, kriegen was auf die Bollen.« Man wollte brave, gehorsame Kinder ohne ausgeprägten eigenen Willen, war ja auch bequemer für die Sorte träger Eltern mit Fokus auf dem eigenen Erwachsenenleben. Doch das macht die Kinder nicht fit fürs Leben, sondern fit fürs Unterbuttern und Bevormundetwerden. Vor allem Mädchen. Einen eigenen Willen zu haben, frühzeitig zu erproben und zu sehen, dass er sich durchsetzt, ist hingegen Gold wert. Vor allem für Mädchen.

Allerdings haben Sie als Eltern eine Erziehungsaufgabe und entsprechende Prinzipien, die mit Ihren Vorstellungen und Werten in Einklang stehen. Noch wissen Sie auch vieles besser als Ihre Tochter, zum Beispiel den Mehrwert gesunder Ernährung, Bewegung, Körperpflege und Bildung oder in Sachen Sicherheit. Wahrscheinlich wollen Sie auch nicht in das andere Extrem, kindliche Tyrannei, rutschen oder gar eine kleine Narzisstin hervorbringen, die nur darauf aus ist, ihren eigenen Willen durchzusetzen.

Das ist zweifellos anspruchsvoll, keine Frage. Ein elterlicher Spagat, der kaum mit Pauschallösungen zu bewältigen ist. Im Gegenteil, Sie werden wahrscheinlich dauerhaft gefordert sein, je nach Situation innerlich neu zu überprüfen, wann Sie die Grenzen Ihrer Tochter beachten und wann nicht, vor allem wenn Ihre Tochter noch jünger ist. Lassen Sie uns einmal abschichten, um Sie dabei zu unterstützen.

Es hilft, frühzeitig zu akzeptieren, dass Sie Ihrer Tochter nicht alles, was Sie selbst richtig finden, aufzwingen sollten und stattdessen lernen müssen, mit ihren »Nein«-Äußerungen umzugehen. Wechseln Sie hierfür die Perspektive: Freuen Sie sich über jedes »Nein« »Ihres« Mädchens! Nehmen Sie es nicht persönlich, es hat nichts mit Ihnen oder Ihren Qualitäten als Eltern zu tun. Im Gegenteil, die Grenzziehung zu Ihnen ist ein Beweis für Ihr gutes Verhältnis miteinander. Eben weil sie sich traut, sich Ihnen gegenüber abzugrenzen, und weiß, dass sie Ihre Liebe dadurch nicht riskiert.

Ist Ihre Tochter noch jünger, gibt es Vorschriften und elterliche Fürsorgepflichten, die nicht wegzudiskutieren sind und deren Nichteinhaltung Konsequenzen haben kann, zum Beispiel die Schulpflicht, mit der Hausaufgaben einhergehen, das Helmtragen beim Fahrradfahren, das Sie als Eltern anordnen. Versucht Ihre jüngere Tochter, hier ihre Grenzen zu ziehen, werden Sie einschreiten. Erklären Sie es ihr altersgerecht, aber nicht jedes Mal aufs Neue.

Beachten Sie räumliche, private und intime Grenzen in Ihrem Zuhause. Wenn Ihre Tochter ein eigenes Zimmer hat und die Tür geschlossen ist, klopfen Sie an und warten Sie auf das »Ja«, bevor Sie es betreten. Respektieren Sie genauso ein »Nein, Mama« und freuen Sie sich darüber.

Beachten Sie auch soziale Grenzen: Reden Sie nicht schlecht über Ihre Tochter vor ihren Freundinnen und Freunden oder anderen Eltern – vor allem wenn sie anwesend ist. Ich erlebe das im sozialen Kontext leider immer wieder. Das ist eine klare Grenzüberschreitung, ein Übergriff, der verheerende Folgen nicht nur für das soziale »Standing« Ihrer Tochter bei ihren Freundinnen und Freunden hat, sondern auch für ihr Selbstwertgefühl.

Daneben gibt es »weichere Faktoren«, die Sie wahrscheinlich gerne in bester Absicht für Ihre Tochter entscheiden würden, sie sich aber querstellt und mit ihrer Weigerung »am längeren Hebel« sitzt: Solche Themen sind zum Beispiel Kleidung und Nahrungsmittel. Wenn Ihre Tochter keine rosa Röcke tragen will, können Sie sich auf den Kopf stellen und sie wird es nicht tun. Wenn sie nichts isst, was grün ist, und stattdessen Brechreiz bekommt, sind Ihre Bemühungen ebenfalls umsonst. Streichen Sie in diesen Fällen rechtzeitig die Segel und sehen Sie es als hervorragende Übung fürs Grenzensetzen: Akzeptieren Sie die Grenze und sparen Sie viel Geld für rosa Röcke, die nie getragen werden.

Schlechte Tageszeiten, um zu lernen, die Grenzsetzung Ihrer Tochter zu akzeptieren, sind morgens, wenn alle losmüssen, und abends, wenn alle müde sind. Da fällt es schwer, den anderen Familienmitgliedern mit der eigentlich gewünschten Achtsamkeit zu begegnen. »Abends« beginnt an manchen Tagen schon um vier Uhr nachmittags. Bemühen Sie sich, aber seien Sie auch nett zu sich selbst: Der Kanal ist voll. Das ist ganz normal, und morgen ist ein neuer Tag.

Zeigen Sie Feingefühl, wenn Ihre Tochter beginnt, im sozialen Kontext Grenzen zu ziehen, also zum Beispiel mit einer bestimmten Freundin nicht mehr spielen will oder sie nicht zu ihrer Geburtstagsfeier einladen will. Das entspringt meistens ihrer Intuition – oder einem Konflikt, der Ihnen noch nicht aufgefallen ist. Das sollten Sie ernst nehmen. Versuchen Sie nicht, ihr das auszureden, weil Ihnen selbst das zum Beispiel peinlich ist. Erklären Sie ihr, wie sie das am besten kommunizieren kann. Chapeau vor »Ihrem Mädchen«, das sich traut, gegen die soziale Erwartung zu handeln.

## DIE THEORIE – GRENZEN KOMMUNIZIEREN UND DURCHHALTEN

Grenzen werden in der Regel durch Kommunikation gesetzt. Die einfachste und schwierigste Grenze zugleich ist das Wort »Nein!«. Probieren Sie es selbst mal aus. Stellen Sie sich vor einen Spiegel und sagen Sie laut und deutlich »Nein«. Spüren Sie, wie schwierig das ist? Und jetzt stellen Sie sich Situationen mit Familie, Freunden oder Bekannten, im Job oder im Verein vor: Viele Frauen sind darauf geeicht, statt »Nein« eher »Ja« zu sagen oder »Ja, vielleicht« oder »Eigentlich nein, aber vielleicht doch ja«. Das wollen wir ändern, um das Feingefühl Ihrer Tochter wirksam zu schützen.

Einer meiner Lieblingssätze und auch der vieler meiner Klientinnen und Klienten ist: »Nein ist ein ganzer Satz.« Klingt das zu krass für Sie? Haben Sie das Gefühl, da fehlt noch etwas? Anfangs kann es schwerfallen, so strikt zu sein. Außerdem gibt es soziale Situationen, in denen Sie oder Ihre Tochter Ihr Nein lieber verbindlicher formulieren wollen. Hier sind einige Anregungen:

- Es tut mir sehr leid, aber das geht leider nicht.
- Ich verstehe dein Anliegen, aber da kann ich dir leider nicht entgegenkommen.
- Ich sehe, dass dir das wichtig ist, aber ich habe leider keine Zeit.
- Ich muss unser Telefonat jetzt leider beenden, wir sprechen demnächst weiter.
- Die Hinfahrt passt bei mir leider nicht, aber ich kann die Rückfahrt übernehmen.

Wenn Sie merken, dass Ihre Tochter für sich Grenzen im sozialen Miteinander ziehen will, aber nicht so recht weiß, wie sie das machen soll, bieten Sie ihr im Gespräch solche Sätze an. Orientieren Sie sich hierfür auch an der nächsten Anregung »Die Praxis«.

Nachdem eine Grenze kommuniziert wurde, ist es wichtig, diese auch durchzuhalten. Das »Durchhalten« einer Grenze bedeutet meistens, die Reaktion des Gegenübers *auszuhalten*. Das kann sich anfangs ungewohnt anfühlen, vor allem wenn Sie oder Ihre Tochter beim Gegenüber in der Schublade sind: »Sagt immer Ja. Lässt alles mit sich machen.« Die Reaktionen hängen von der Persönlichkeit Ihres Gegenübers ab und können zum Beispiel sein: Wiederholungen, Verärgerung, Missfallen, Enttäuschung, Drohungen, Unverständnis, Isolation, Schimpfen, Schweigen und vieles mehr. Empathische Menschen knicken dann oft ein und halten ihre Grenze nicht aufrecht. Meistens zum eigenen Nachteil und unter Preisgabe des eigenen Feingefühls. Um es klar zu sagen: Das Durchhalten der Grenze ist eine Übungssache. Es wird sich von Mal zu Mal selbstverständlicher anfühlen.

### Das müssen die doch wissen! Die sollen mich einfach in Ruhe lassen!

Das ist eine weitverbreitete Einstellung empfindsamer Menschen: Sie wollen nicht für sich selbst und ihre Interessen aktiv eintreten, sondern hoffen, dass andere einfach wissen, wie es ihnen geht – und sich daran halten. Genauso würden sie selbst es nämlich machen. Fakt ist jedoch, dass nicht jeder Mensch in Ihrem oder im Umfeld Ihrer Tochter sensibel ist. Viel wahrscheinlicher ist, dass es sachlich orientierte, durchsetzungsstarke oder vielleicht sogar narzisstisch veranlagte Menschen gibt, die weder Empfinden für Ihren unausgesprochenen Wunsch haben noch den Willen haben, sich daran zu halten. Kurz gefasst: Sie oder Ihre Tochter können lange darauf warten, dass andere Sie »in Ruhe« lassen. Das müssen Sie selbst in die Hand nehmen, und zwar dauerhaft.

Für feinfühlige Menschen ist das eine Lebensaufgabe. Also fangen Sie möglichst früh damit an.

### Ich darf andere nicht enttäuschen!

Wen wir Frauen alles nicht enttäuschen wollen! Unsere Freundin Anne, unsere Mutter, unseren Bruder, unseren Chef, die Kollegin Brigitte, den Bäcker, unseren Mann, die Frau an der Kasse vor mir, unseren Vater, den hupenden Autofahrer hinter mir, unsere Kinder, die Verkäuferin im Blumenladen oder unsere Frisörin. Die Liste der keinesfalls zu enttäuschenden Menschen ist endlos. Viele Frauen empfinden es geradezu als Alptraum, andere zu enttäuschen, und sie setzen alles daran, dies zu vermeiden. Diese innere Einstellung verhindert leider äußerst effizient, die eigenen Interessen zu vertreten und wirksame Grenzen zu setzen. Es ist ein kleiner Teufelskreis. Um die Enttäuschung eines anderen Menschen zu umgehen, bleiben diese Frauen nicht bei dem, was ihnen selbst wichtig ist. Dabei gilt: Es ist nicht möglich, ein Leben im Einklang mit den eigenen Bedürfnissen, Wünschen und Vorstellungen zu führen und andere nie zu enttäuschen. Lassen Sie das einmal auf sich wirken und versuchen Sie es mit folgender innerer Haltung, die auch Ihrer Tochter helfen wird: »Ich darf zuallererst *mich* nicht enttäuschen. Nur so habe ich – im Rahmen meiner Möglichkeiten – noch Zeit und Energie für andere.«

### Ich bin harmoniebedürftig. Das liegt mir nicht ...

Viele Frauen beschreiben sich als »harmoniebedürftig«. Meistens ist das ein Synonym für »Ich gehe jedem Konflikt aus dem Weg oder versuche ihn möglichst schnell zu beenden, jeweils auf meine Kosten«. Das kann natürlich eine individuelle Entscheidung sein. Dieser Weg ist nur leider oft teuer erkauft. Er geht zu Lasten Ihrer Vorstellungen, Ihrer Wünsche und Lebensträume. Andererseits ist Kompromissfähigkeit eine sozial verträgliche Eigenschaft und kann das

Miteinander konstruktiv fördern. Schauen Sie, ob Sie und Ihre Tochter dieses innere Hindernis neu auslegen und verinnerlichen können: »Ich lerne, einen Konflikt auszuhalten. Für einen echten Kompromiss bleibe ich offen. Selbstaufgabe und Selbstverleugnung kommen für mich aber nicht infrage.«

**Ich kann der wiederholten Bitte so schlecht widerstehen. Es fühlt sich einfacher an, Ja zu sagen.**

Dieses Gefühl kennzeichnet oft sehr feinfühlige Menschen, gerade weil sie so viel Mitgefühl für andere haben: »Ich müsste ›nur‹ dieses eine Mal verzichten … was ist schon ein Wochenende … später habe ich ja auch noch Zeit für meine Interessen … ich kann mich auch einschränken … ich schiebe meine Wünsche eben weiter auf … denn es würde sich doch so viel einfacher anfühlen, die Bitte zu erfüllen.« Wenn Sie wiederholt in solche Gedankenschleifen geraten, lernt Ihr Gegenüber schnell, dass er nur lange genug fragen muss, und der feinfühlige Mensch wird einknicken, weil es ihm einfach zu lästig ist. Feingefühl schützen und gute Grenzen zu ziehen, sieht anders aus.

## DIE PRAXIS – ANREGUNGEN FÜR EIN GESPRÄCH MIT EINER FEINFÜHLIGEN 14-JÄHRIGEN

Hier ein paar praktische Anregungen und Formulierungsvorschläge, Grenzen zu kommunizieren und durchzuhalten. Ich schildere Ihnen ein mögliches Gespräch mit einer feinfühligen 14-Jährigen, die nicht weiß, wie sie sich abgrenzen soll. Nennen wir sie Theres. Ihr Thema: Ihre gute Freundin und Mitschülerin Kara leiht sich jeden Tag kleinere Geldbeträge von ihr, um sich in der Schule etwas zu essen zu kaufen, vergisst jedoch meistens die Rückzahlung.

Situation: Nach der Schule, entweder beim Mittagessen oder nachmittags, wenn Sie sich »über den Weg laufen«:

Mutter (M): Na, wie war‘s denn so?

Theres (T): Gut.

M: War viel los? Viele Hausaufgaben?

T: Geht so.

M: Kommst du klar?

T: Ja, sicher.

(T macht etwas oder isst etwas und ist still.)

M: Gibt’s sonst noch was? Hast du mit Kara und Luisa gesprochen? Geht ihr am Samstag ins Kino?

T: Ja, wahrscheinlich. Müssen wir noch schreiben.

M: Prima. Ich könnte euch hinfahren.

(T macht weiter etwas oder isst weiter. Stille.)

T: Oh Mann, Mama, ich bin voll genervt. Lass mich doch mal in Ruhe. Läuft schon.

M: Okay.

(T macht weiter etwas oder isst weiter. Stille.)

T: Kara fuckt mich voll ab. Die nervt total. Ich hab gar keinen Bock mehr.

M: Oh. Kara ist doch eine deiner besten Freundinnen. Was ist denn los? Willst du erzählen?

T: Hm. Das ist total doof. Jeden Tag.

M: Hm?

T: Die will jeden Tag Geld von mir. Die schnorrt sich voll ihr Mittagessen zusammen. Ihre Mutter gibt ihr immer was zu essen mit von zuhause, aber kein Geld, weil sie möchte, dass Kara »was Vernünftiges« isst. Dabei hätten die die Kohle. Kara möchte aber auch in der Schule was essen. Ist viel leckerer. Und dann schnorrt sie halt. Bei uns allen. Aber bei mir am meisten.

M: Hm. Doof.

T: Ja, jeden Tag so um einen Euro. Ich hab ja immer was dabei, gibst du mir ja, aber ich kann mir dann nicht mehr alles kaufen.

M: Oh. Das heißt, du bist eingeschränkt.

T: Ja, voll. Das ist echt so doof. Und die gibt mir praktisch nie das Geld zurück.

M: Hast du sie mal darauf angesprochen?

T: Ne, ist doch meine Freundin. Das kann ich so schlecht.

M: Hast du ihr mal kein Geld gegeben, als sie gefragt hat?

T: Hm. Hab ich mal versucht. Aber ich kann das so schlecht ablehnen. Die tut mir dann voll leid. Dann kann sie sich ja nichts kaufen wie wir anderen.

M: Also hast du abgelehnt oder nicht?

T: Erst schon. Aber dann hat sie noch dreimal gefragt, und dann hab ich gedacht, oh nee, bevor die weiterbohrt, gibst du ihr einfach den Euro. Dann hab ich meine Ruhe. Irgendwas zu essen find ich für mein Geld ja immer.

M: Kara hat ja auch was zu essen dabei.

T: Ja, aber sie ist doch auch meine Freundin. Sie hat keinen Bock auf das Essen ihrer Mutter. Das verstehe ich ja. Hätte ich auch nicht.

M: Du kannst dich gut in sie reinfühlen, stimmt's? Sie tut dir irgendwie leid, oder?

T: Ja, genau. Und ich will sie auch nicht vor den Kopf stoßen. Dann verliere ich sie nachher noch.

M: Also willst du sie nicht enttäuschen?

T: Ja, genau. Bloß nicht.

M: Hm. Sollen wir das mal besprechen?

T: Hm.

M: Für mich sieht das irgendwie so aus, als schulterst du Karas Problem. Auf deine Kosten.

T: Ja. Aber jetzt komm mir bloß nicht wieder mit diesem Grenzenkram. »Nein ist ein ganzer Satz« und so. Das ist voll blöd. Weil ich das nämlich nicht hinbekomme.

M: Okay, verstehe ich. Lass uns noch mal anders an das Thema rangehen: Du übernimmst für Kara die Verantwortung, indem du jeden Tag ihr Problem mit deinem Geld löst.

Kannst du erkennen, dass das beiträgt, dass sie nicht lernt, ihr Thema selbst zu lösen?

T: So hab ich das noch nie gesehen. Irgendwie irre.

M: Und jetzt noch mal zum »Ich will meine Ruhe haben«. Das kann ich gut verstehen. Wenn du aber wartest, dass andere dich in Ruhe lassen, kannst du echt lange warten. Vor allem, wenn die anderen wissen, dass sie bekommen, wenn sie nur oft genug fragen.

T: Fühlt sich aber einfacher an.

M: Ja, ich weiß. Wenn du aber für dich selbst eintrittst, ist das echt befreiend. Ich habe das selbst auch schon erlebt. Danach hast du das Gefühl, dir gehört die Welt.

T: Hm.

M: Willst du das mal versuchen?

T: Ich will Kara nicht verlieren. Wenn die nur noch mit Luisa abhängt, find ich das voll doof.

M: Okay, verstehe ich auch. Lass uns mal überlegen, wie du ein gutes Gespräch mit Kara führen könntest. Und zwar nicht, wenn sie dich um Geld bittet, sondern irgendwann mal in Ruhe. Zum Beispiel: »Kara, ich habe dich total gern. Ich möchte jetzt mal was ansprechen, was mich total nervt: wenn du mich um Geld bittest fürs Mittagessen. Ich gebe dir das gerne, aber habe dann nie genug für mich. Ich möchte damit jetzt aufhören.« Meinst du, bis hierhin geht das?

T: Weiß nicht. Vielleicht.

M: Und wie wäre es dann mit: »Ich verstehe dich sehr gut. Ich hätte mittags auch keinen Bock auf das Essen von meiner Mutter. Aber eigentlich könntet ihr euch doch die paar Euro leisten. Sollen wir dein Thema mal zusammen angehen?« Und das?

T: Ja, klingt okay. Vor allem ist das Essen von ihrer Mutter echt langweilig.

M: Gut. Dann könnte es so weitergehen: »Ich möchte dir kein Geld mehr geben, aber ich biete dir an, mal zusammen mit deiner Mutter zu reden. Nicht dass ihr Essen so fad ist, sondern dass wir alle in der Schule essen und das zusammen Spaß macht. Damit sie dir auch Geld mitgibt. Was meinst du?« So in etwa?

T: Klingt gut. Und dann?

M: Dann müsstest du das auch durchziehen, ihr kein Geld mehr zu geben.

T: Oh ne.

M: Wenn sie dich wieder fragt, könntest du ihr sagen: »Kara, wie gesagt, ich möchte dir kein Geld mehr geben. Aber ich biete dir an, zusammen mit deiner Mutter zu sprechen.« Und das immer irgendwie variieren: »Ich hab ja gesagt, ich spreche gerne mit dir zusammen mit deiner Mutter. Aber ich möchte dir kein Geld mehr geben.«

T: Klingt echt schwer. Und wenn sie dann nicht mehr meine Freundin ist?

M: Was meinst du denn selbst: Wird sie dich deswegen nach all den Jahren ablehnen? Oder als Freundin verlassen? Und wenn ja, was ist eine Freundin wert, wenn die Freundschaft auf Erpressung beruht?

T: Stimmt ja, dann bin ich immer voll abhängig von ihr. Okay. ich denk mal drüber nach. Aber ich mache das nicht sofort morgen.

Dieser Dialog ist ein gutes Beispiel dafür, wie wichtig es ist, Ihrer Tochter aktiv und präsent zuzuhören, wenn sie wirklich etwas auf dem Herzen hat. Diese typische Situation zeigt auch, wie gut es ist, sich entspannt Zeit zu nehmen, Stichwort »Quantity of time« nicht nur »Quality Time«.

Gerade wenn es um die Freundschaft geht, ist es für Mädchen wahnsinnig schwierig, mit solchen »soften« Übergriffen umzugehen. Das ist aber eine frühe Übung, um später auch schwierigere Übergriffe abwehren zu können. Es ist gut möglich, dass Theres in unserem Beispiel (oder Ihre Tochter) die Anregungen nicht sofort umsetzt. Aber das Thema ist platziert und kann innerlich weiterwirken. Ihre

Tochter wird dieses Gespräch umso ernster nehmen, je mehr Sie selbst auf Ihre Grenzen achten. Gerade bei den Themen »Feingefühl schützen« und Grenzen ziehen ist Ihr Vorbild von unschätzbarem Wert.

### Was Sie vorleben können

Sie werden überrascht sein, wie sehr Sie gerade beim Thema Grenzen ziehen Vorbild sind. Es ist weniger aufwendig, als Sie vielleicht vermuten: Versuchen Sie, ein Auge auf die alltäglichen Situationen zu haben, die Ihre Tochter früh miterlebt und in denen Frauen sich gerne mal »bequatschen« lassen. Vielleicht kennen Sie das auch:

In der Parfümerie oder im Bekleidungsgeschäft lassen Sie sich ausgiebig beraten, die Verkäuferin ist freundlich und gibt sich sichtlich viel Mühe. Und am Ende wollen Sie »eigentlich« nichts kaufen, haben aber das Gefühl, Sie könnten jetzt nicht »ohne etwas« aus dem Laden gehen. Je eher Ihre Tochter miterlebt, wie Sie auch in solchen Situationen wie selbstverständlich »Nein, danke« sagen oder »Herzlichen Dank, aber das brauche ich nicht« oder zumindest »Herzlichen Dank, das werde ich mir überlegen« und dann auch dabei bleiben (!), desto eher wird dieses »Nein, danke« auch zu den Handlungsoptionen Ihrer Tochter gehören.

Üben Sie außerdem für sich und für Ihre Tochter, Grenzen auch im familiären oder im Freundesumfeld zu setzen, wenn das für Sie gut ist und Ihren Bedürfnissen entspricht. Zum Beispiel: Ihre Mutter wünscht, dass Sie als Familie jeden zweiten Sonntag mittags zum Essen zu ihr und Ihrem Vater kommen. Eine Zeit lang ist das schön, Sie haben ein gutes Verhältnis zu Ihren Eltern, Ihre Kinder lieben ihre Großeltern, und außerdem brauchen Sie oder Ihr Partner nicht zu kochen. Aber irgendwann schlägt dieses Wohlgefühl um, weil Ihre Kinder sonntags Sportturniere haben, Sie als Familie lieber Ausflüge machen würden oder Ihre Kinder länger schlafen und um 12.00 Uhr Mittagessen bei Oma und Opa einfach nicht mehr passt. Dann ist es an Ihnen, das freundlich zu kommunizieren. Auch das ist ein »Nein, danke, ab jetzt nicht mehr«, das Sie verbindlich äußern können. Am besten verbunden mit einem Alternativvorschlag, der in alle Zeitpläne passt, zum Beispiel die gemeinsame Pizza mit Oma und Opa am ersten Freitagabend im Monat.

Wenn Sie richtig mutig sind, probieren Sie doch mal aus, wie es ist, »kein Verständnis zu haben«. Vielleicht kennen Sie das: Ein anderer Mensch überschreitet Ihre Grenzen – oft verbal oder durch Eingriffe in Ihre Angelegenheiten. Dieser Mensch beendet den Übergriff mit der rhetorisch gemeinten Frage: »Dafür haben Sie doch sicherlich Verständnis, oder?« Viele Frauen nicken dann unbewusst und haben – natürlich – Verständnis. Kehren Sie den Spieß einmal um: Überprüfen Sie für sich innerlich, ob Sie wirklich Verständnis für die Worte oder das Handeln des anderen haben. Mit etwas Übung und einem guten Gespür für sich selbst geschieht das blitzschnell. Sagen Sie dann: »Nein, habe ich nicht.« Aber ziehen Sie sich warm an, denn Ihr Gegenüber wird auf diese ungewohnte Antwort einer Frau wahrscheinlich entrüstet sein und stark reagieren. Dennoch sollten Sie es durchziehen. Ich wünsche Ihnen, dass Sie dabei zwei besondere Gefühle erleben: Wohltuende Selbstfürsorge und erhebende Freiheit.

Dabei ist Ihr Maßstab, dass Sie allein entscheiden, welche Grenze Sie brauchen. Wann und womit Sie sich wohlfühlen, was Ihnen guttut und wie Sie das möglichst konstruktiv kommunizieren. All das bekommt Ihre Tochter wie nebenbei mit und lernt durch Ihr Vorbild viel über das Setzen eigener Grenzen. Je besser Sie auf sich selbst achten, desto eher lernt dies auch Ihre Tochter. Das gilt auch für die nächste Quelle zur inneren Stärkung: Anspannung lockern.

## WEITERGEDACHT:
### RECHTFERTIGEN ODER NICHT?

Sich zu rechtfertigen und anderen das eigene Verhalten zu erklären, ist eine typisch weibliche Verhaltensweise. Vielleicht kennen Sie das?

»Ich kann heute leider nicht, weil ich Bauchschmerzen habe, und deshalb muss ich mir noch Medikamente holen, weil das ohne wohl nicht weggehen wird, denn sonst kann ich heute Nacht nicht schlafen und morgen stehe ich dann unausgeschlafen da, da habe ich eine schwierige Aufgabe zu erledigen, das wirst du doch sicher verstehen, oder?«

Solch ausufernde Erklärungen sind der Versuch, nicht wegen des eigenen Verhaltens abgelehnt zu werden. Viele Frauen reden sich dabei um Kopf und Kragen und machen sich angreifbar. Nur zur Kontrolle: Wie oft erleben Sie Männer, die ihr Verhalten wortreich erklären?

*Wenn Sie sich rechtfertigen, verlieren Sie Augenhöhe und eröffnen Diskussionsfelder, die Sie abbringen können von dem, was Sie wirklich wollen.* Überlegen Sie gut, wem Sie so viel Macht über sich geben wollen.

*Gibt es Ausnahmen?* Ja. Menschen, die Ihnen sehr nahestehen und die nicht übergriffig veranlagt sind, können Sie gerne Erklärungen geben. Das sind aber gleichzeitig oft die Menschen, die Ihre Erläuterung nicht brauchen und nur sagen: »Ach, lass mal stecken. Ist doch klar. Du weißt schon, was du tust.« Das ist ein Zeichen echter Verbundenheit; hier können Sie sich ungefährdet erklären.

*Fazit für das Verhältnis zu Ihrer Tochter:* Verlangen Sie nicht für alles und jedes eine Erklärung von ihr, vor allem, wenn sie älter wird. Stellen Sie sie nicht dauernd zur Rede, stellen Sie keine »Warum-Fragen« und bedrängen Sie sie nicht. Akzeptieren Sie Entscheidungen, ohne nachzubohren. Wie soll sie sonst lernen, den weiblichen Rechtfertigungsdrang zum eigenen Wohl in den Griff zu bekommen, wenn sie ihren Eltern weiterhin Rede und Antwort stehen muss?

## FEINGEFÜHL SCHÜTZEN – WAS NEHMEN SIE MIT?

Es ist ein klassisches weibliches Thema, kein gutes Gespür für die eigenen Grenzen zu haben. Feingefühl schützen heißt Grenzen setzen lernen.

- Grenzen schützen die Persönlichkeit eines Menschen in allen Facetten gegen Übergriffe anderer. Sie ermöglichen, das Leben in den eigenen Rahmenbedingungen zu führen.
- Die Theorie: Grenzen zu kommunizieren und auch durchzuhalten, ist für viele empathische Menschen eine große Herausforderung. Es ist Übungssache und lässt sich lernen. Für die Kommunikation kann man sich einige Sätze vorab zurechtlegen und einüben. Das Durchhalten einer kommunizierten Grenze kann noch einmal besonders schwierig sein. Es hilft, die typischen inneren (weiblichen) Hindernisse zu kennen und ihnen frühzeitig entgegenzuwirken.
- Die Praxis: Versuchen Sie, mit Ihrer Tochter offene, gute Gespräche zu diesem Thema zu führen und Ihr Kommunikationsmethoden zu vermitteln, mit denen Sie Stück für Stück ihre Situationen selbst lösen kann.
- Ihr Vorbild ist von unschätzbarem Wert: Je besser Ihr Gefühl für sich selbst ist und je selbstverständlicher Sie Grenzen setzen im Einklang mit Ihrem Empfinden, desto eher wird Ihre Tochter von Ihrem Vorbild lernen und »Grenzen ziehen« in ihr Handlungsrepertoire übernehmen.
- Sie sollten frühzeitig die Grenzen Ihrer Tochter beachten (lernen). Hierzu gehört, dass Sie einen Weg finden, mit dem »Nein« Ihrer Tochter auch selbst umzugehen.

## 4. ANSPANNUNG LOCKERN

»We are human BEINGS, not human DOINGS.« Dieses englische Wortspiel begleitet mich schon eine geraume Zeit, um mich selbst immer wieder daran zu erinnern, Pausen zu machen, einfach (da) zu sein, nichts zu tun. Wir Eltern sind meistens sehr gut darin, zu machen, zu handeln, zu planen, zu organisieren. Unser Alltag ist vom Tun geprägt, und es gibt Tage, an denen sind wir gefühlt nur auf den Beinen.

Anspannung hat ihre Berechtigung, sie gehört zum Leben dazu. Dinge müssen erledigt werden und sogar »Stress« hat eine positive Seite, weil er uns antreibt, das Beste aus uns herauszuholen. Am besten jedoch punktuell und zeitlich begrenzt. Hier beginnt oft das Problem: Anspannung wird schnell zu einem Dauerzustand, der Konsequenzen haben kann für Körper, Geist und Seele. Dem kann man einfach und wirksam begegnen, indem auch Entspannung bewusst in den Tag integriert wird. Es gibt gängige Methoden, die ohne großen Aufwand umgesetzt werden können. Aus eigener über zwanzigjähriger Erfahrung als Mutter kann ich nur sagen: Anspannung immer wieder bewusst zu lockern und Entspannung zuzulassen, ist mit das Beste, was wir unseren Kindern auf ihrem Lebensweg mitgeben können.

### Aus der Praxis: das weibliche Thema

Im Coaching begegnet mir oft eine typische weibliche Aussage: »Wissen Sie, ich kann einfach nicht stillsitzen.« Stillzusitzen fühlt sich für viele Frauen so unerreichbar schwierig an und kann sogar körperliches Unwohlsein hervorrufen. Es ist verbunden mit dem Gefühl, unproduktiv zu sein. Dieses Gefühl ist für viele Frauen schier unerträglich. Stattdessen setzen sie sich permanent unter Druck und versuchen, noch mehr aus sich selbst und ihrem Tag herauszuholen. Oft ist diese Daueranspannung verbunden mit inneren Sätzen wie:

- Ich muss mich (mehr) anstrengen.
- Ich darf nicht ausruhen. Pausen machen faule Menschen.

- Ich reiche nicht; ich muss mehr tun.
- Alles wächst mir über den Kopf, ich muss dagegen ankämpfen.
- Wenn ich es nicht mache, macht es keiner.
- Erst wenn ich das und das getan habe, dann darf ich mich ausruhen. (Kommt leider nie!)

Manchmal habe ich den Eindruck, dass der überholte Sinnspruch unserer Großeltern in den Köpfen vieler Frauen fest verankert ist: »*Müßiggang ist aller Laster Anfang.*« Als seien Pausen etwas Unanständiges. Mit dieser Einstellung sind Körper und Geist in ständiger Aktion. Das kann zu körperlichen und mentalen Erschöpfungszuständen führen, die nicht nur Frauen in ihrer Lebensmitte betreffen. Auch bei jungen erwachsenen Frauen erlebe ich in letzter Zeit immer häufiger, dass sie nach dem Abitur, der Ausbildung oder einigen Jahren des Studiums ausgebrannt nach Hause zurückkehren.

Bei Müttern kommt noch der vielzitierte »Mental Load« hinzu. Die Belastung, die nicht nur durch das Erledigen, sondern vorher schon durch das Organisieren von Alltagsaufgaben entsteht. Aufgaben, die übernommen und geplant werden müssen, die aber kaum jemand von außen wahrnimmt: 21 Geburtstagsmitbringseltüten im Kindergarten, das Abarbeiten der Packzettel für die Klassenfahrt, der Einkauf für die Schwiegermutter, die sich gerade den Knöchel gebrochen hat.

Lassen Sie uns schauen, wie Sie das ändern können, um Ihrer Tochter früh nahezulegen, dass Anspannung und Entspannung sich abwechseln dürfen – und müssen. Dass Pausen sinnvoll und schön sind, dass sie sich damit einen großen Gefallen tut. Sie spüren wahrscheinlich jetzt schon, wie viel Ihr Vorbild hierzu beitragen kann. Aber Sie können auch einiges »tun«. Sehr wahrscheinlich wird sich das auch für Sie sehr angenehm anfühlen.

### Was Sie tun können

Entspannung lässt sich nicht erzwingen. Im Gegenteil, sie setzt voraus, innerlich einen Schalter umzulegen und etwas zu lassen oder zuzulassen. Je nach Alter Ihrer Tochter ist es daher die Kunst, ihr Entspannungsmethoden oder Entspannungsinseln nahezulegen, ohne eine zusätzliche »Aufgabe« zu begründen oder ihr gar etwas aufzudrängen. Am besten ist es, Ihre Tochter erlebt Entspannung und entscheidet sich dann immer wieder bewusst selbst dafür. Dann ist es »nur« noch Ihre Aufgabe, hierfür Raum im Alltag zu schaffen.

## NICHT ALLES MACHEN, WAS MÖGLICH IST

Das Wichtigste überhaupt ist, dass Sie sich als innere Richtschnur vornehmen, nicht alles zu machen, was möglich ist. Es gibt endlose Optionen, mit Kindern oder für Kinder täglich aktiv zu sein und etwas zu tun. Ob das nun Hobbies, Sport oder Unternehmungen sind oder Treffen mit Freunden – jeder Tag der Woche lässt sich locker mit Terminen anfüllen. Manchmal bekommen auch wir Eltern eine Art »Fomo«, »Fear of missing out«: Das elterliche Gefühl, diese Veranstaltung und jenes Angebot nicht verpassen zu dürfen, es könnte ja gut sein für unsere Kinder und ihre Entwicklung.

Meistens ist das ein Trugschluss. Der »ganz normale« Alltag mit Kindergarten und Schule ist schon einmal ein guter Grundstock für die Entwicklung Ihrer Tochter. Wenn Sie diese Basis zurückhaltend mit ausgewählten Hobbys oder Sport anreichern, ist das genug. Wenn diese Aktivitäten vielleicht sogar die Stärken Ihrer Tochter fördern oder helfen, diese Stärken herauszufinden, umso besser. Dazu kommen sicherlich noch Verabredungen oder Unternehmungen mit ihren Freundinnen und Freunden.

Auch dann gilt es, das rechte Maß zu wahren. Als Faustformel mag Ihnen hier helfen, dass ein Nachmittagstermin pro Tag, besser noch ein über den anderen Tag, reicht. Sollte Ihre Tochter Nachhilfe benötigen, dann ist auch das ein Termin. Rundherum brauchen Sie nichts anderes zu planen. Wenn Ihre Tochter noch im Grundschul- oder gar Kindergartenalter ist, dürfen Termine unter der Woche auch gerne bis spätestens 18.00 Uhr enden. Das hilft Ihnen und Ihrer Tochter bei der möglichst entspannten Abendgestaltung. Gleichzeitig ist das eine frühe Übung, dass ein Tag irgendwann sein Ende hat und in einen gemütlichen Abend übergehen darf.

## PAUSEN EINPLANEN, PAUSEN ZULASSEN

Solange Sie den Tag Ihrer Tochter planen, sollten Sie Pausen einplanen und selbstgewählte Pausen Ihrer Tochter zulassen. Naheliegend ist eine Pause direkt nach der Schule, egal ob diese mittags endet oder nach der Nachmittagsbetreuung in der Schule. Hiernach sollte eine halbe bis ganze Stunde Pause stattfinden dürfen. Manchmal kann das bedeuten, dass nach einem schulischen Langtag keine weiteren Aktivitäten mehr stattfinden können. Das ist in Ordnung. Ich bin mir sicher, dass Sie und Ihre Tochter die positiven Wirkungen solcher unverhofft freien Zeiten genießen (lernen) werden.

Pause machen heißt: Leerlauf zulassen. Umschalten, abschalten, ausruhen. Das kann je nach Alter Ihrer Tochter bedeuten, dass Sie malt oder mit Lego spielt, sich entspannt, Netflix schaut oder Musik hört. Die Pausengestaltung ist grundsätzlich ihre Sache. Sie wird in ihrem Zimmer Anregungen finden, mit denen sie sich nach Lust und Laune beschäftigen kann. Oder eben nicht. Sofern Sie in der Pause je nach Alter Ihrer Tochter die Mediennutzung einschränken wollen, können Sie elektronische Geräte vorab einsammeln. Für Teenagerinnen ab etwa 12 oder 13 Jahren gehört das

Chatten über ein Smartphone allerdings erfahrungsgemäß – zumindest teilweise – zur Pausengestaltung.

Darüber hinaus kann Pause machen auch bedeuten, wirklich nichts zu tun, zu dösen, Tagträumen oder Löcher in die Luft zu starren. Lassen Sie sich von diesen Nicht-Aktivitäten nicht verunsichern. Sie sind fantastische Oasen der Regeneration für Gehirn und Körper.

## WEITERGEDACHT:

### LANGEWEILE (LERNEN)

Lassen Sie uns über Langeweile sprechen und wie man lernen kann, sie auszuhalten. Langeweile ist so ziemlich das beste »schlechte Gefühl«, das man haben kann. Echte Langeweile ist die Grundlage für körperliche Regeneration, geistiges und mentales Auftanken sowie unverhoffte Kreativität. Auch wenn sich das leider im ersten Moment oft nicht so anfühlt. Für Sie selbst nicht und auch nicht für Ihre Tochter. Im Gegenteil, die Langeweile Ihrer Tochter kann für Sie eine echte Herausforderung sein: »Was können wir machen?«, »Wann geht es weiter?«, »Mir ist so langweilig«. Das kann sich nervtötend anhören. Der erste Impuls von Eltern ist häufig, Abhilfe zu schaffen. Viel besser ist es zu lernen, den vorübergehenden Stillstand auszuhalten. Das bedeutet, als Eltern keine Vorschläge zu machen, um die Langeweile zu vertreiben, sondern das Gefühl vertrauensvoll bei Ihrem Kind zu lassen und die Bewältigung in seine Hände zu legen. Nichts tun und Nichtstun geschehen lassen. Durchhalten. Das erfordert etwas Übung und die innere Überzeugung, dass es gut ist, wenn Ihre Tochter lernt, Langeweile ohne Hilfestellung zu bewältigen. Machen Sie sich selbst uninteressant. Sie könnten zum Beispiel unverbindlich antworten: »Bald«, »Jetzt nicht« oder

»Ach, schau mal selbst, ob du was findest«. Hilfreich kann auch ein unbestimmtes »Hm« sein. Danach lassen Sie Ihre Tochter in Ruhe.

Es ist wichtig zu betonen, dass dies keine Strafe oder Missachtung ist, sondern ein echter Beitrag zur Lebensführung. Sie werden in vielen Fällen überrascht sein, welche Ideen, Pläne und Handlungen sich aus der anfänglichen Langeweile ergeben. Aus solchen Situationen sind schon die fantasievollsten Bilder, die höchsten Türme aus Bauklötzen, die witzigsten Verkleidungen, die tollsten Lego-Kreationen, die berührendsten Aufsätze entstanden. Sie brauchen dem nur eine Chance zu geben.

## MALEN

Gerade wenn es sich (noch) etwas schwierig anfühlen sollte, kindliche Langeweile auszuhalten und dieses Gefühl beim Kind zu lassen, kann Malen eine gute Alternative sein. Mit weißen Blättern, Malbüchern oder Mandalas und einer Vielzahl von Stiften und Farben, allein oder mit Ihnen zusammen, je nach dem Alter Ihrer Tochter, gibt es viele Möglichkeiten, entspannend zu malen. Als meine Kinder noch im Kindergarten- bis späten Grundschulalter waren, habe ich mich zum Beispiel mit Buntstiften und Mandalas an den Esstisch gesetzt und einfach angefangen auszumalen. Ruckzuck war ich nicht mehr allein, und wir haben zu zweit, zu dritt oder zu viert in friedlichem Einvernehmen gemalt. Jeder für sich und doch zusammen. Das waren in jeder Hinsicht entspannende und erholsame Phasen für uns alle. Probieren Sie es aus; eine halbe Stunde ist bestimmt mal drin.

## AUSPOWERN

Sie wissen es wahrscheinlich selbst, kaum etwas hat eine solch entspannende Wirkung, wie sich körperlich auszupowern. Zu toben, zu rennen, sich zu verausgaben, richtig ins Schwitzen zu kommen. Mit Söhnen ist das alles täglich Elternbrot, aber auch Mädchen hilft es wunderbar, Anspannung zu lockern und abzubauen. Erwachsenen Frauen im Coaching gebe ich oft den Hinweis, doch mal wieder den abendlichen Spaziergang auszuprobieren. Schon der hilft, Spannung und Stress abzubauen, den Kopf freizubekommen, das Gefühl für den eigenen Körper wiederzuerlangen: Wenn gar nichts mehr geht, geht immer noch ein Spaziergang.

Sie müssen für dieses Auspowern keinen Kurs buchen. Es reicht, gelegentlich mit Ihrer Tochter spazieren zu gehen, Fahrrad zu fahren oder zu schwimmen, sobald Sie merken, dass Anspannung sich aufstaut. Ist Ihre Tochter schon im Teenageralter wird sie das mit Freundinnen allein machen wollen. Besonders ab 14 oder 15 Jahren sind viele Jugendliche mit ihren »Peers« draußen unterwegs und bekommen schnell 20.000 Schritte oder mehr auf den Zähler.

Wenn es dem Naturell Ihrer Tochter entspricht, sind vielleicht irgendwann auch asiatische Sportarten oder Entspannungstechniken etwas für sie. Sie können helfen, Anspannung abzubauen, den Kopf zur Ruhe zu bringen und im Körper anzukommen. Hierzu zählen Yoga, Quigong, Tai-Chi, aber auch Kampfsportarten wie Judo, Karate oder Aikido, da sie mit hoher Konzentration und Kontemplation einhergehen.

## ATMEN

Ich gebe Ihnen noch eine Anregung für eine unkomplizierte Entspannungstechnik, über die mittlerweile in Zeitschriften und Magazinen häufig berichtet wird: das Atmen. Es gibt verschiedene Atemtechniken, die nachweislich beruhigende Wirkung haben, da sie paradoxerweise das körpereigene Beruhigungssystem aktivieren. Ihnen ist gemeinsam, dass entweder das Einatmen und das Ausatmen zeitlich angeglichen werden oder das Ausatmen gegenüber dem Einatmen verlängert wird. Gängige Atemtechniken sind zum Beispiel:

- 4-7-Atem: Sie zählen beim Einatmen in Ruhe bis vier, beim Ausatmen bis sieben. Dann fangen Sie wieder von vorne an.
- Box-Atem oder 4-4-4-4-Atem: Sie zählen beim Einatmen bis vier, halten den Atem, während Sie bis vier zählen, atmen aus auf vier und zählen ausgeatmet wieder bis vier. Danach geht die Atemrunde von vorne los.
- 5-5-Atem: Sie zählen sowohl beim Einatmen als auch beim Ausatmen in Ruhe bis fünf und machen weiter ohne Pausen dazwischen.

Jeweils fünf Atemzüge in einem dieser Muster können bereits hilfreich sein, und Sie können die Anzahl gerne verlängern. Wenn Sie Atemtechniken zur Beruhigung ansprechend finden, geht es »nur« noch darum, Ihrer Tochter das als Entspannungstechnik zu vermitteln. Je nach Alter Ihres Kindes könnten Sie zum Beispiel formulieren:

*»Lisa, ich sehe, dass du gerade sehr angestrengt, müde, erschöpft, beansprucht, »durch« bist. Ich kenne das. Ich habe in solchen Situationen mit Atemübungen gute Erfahrungen gemacht. Danach fühlt man sich oft viel frischer. Darf ich dir das mal zeigen?«*

Alternativ machen Sie irgendwann selbst eine dieser Atemübungen in ihrem Beisein, wenn Sie selbst sehr angestrengt sind. In beiden Fällen schauen Sie, ob Ihre Tochter darauf anspringt.

## MIT GEDANKEN UND (SCHLECHTEN) GEFÜHLEN GUT UMGEHEN

Mit Gedanken und (schlechten) Gefühlen konstruktiv umzugehen, lockert verlässlich geistige und psychische Anspannung. In einigen Kindergärten gehört der Umgang mit Gefühlen mittlerweile zum erzieherischen Programm; das ist leider noch nicht überall so. Ansonsten gibt es für unsere Kinder wenig Inhalte zum Umgang mit übermäßigen Gedanken oder schlechten Gefühlen. Ich gebe Ihnen hier erste Hinweise aus meinem Coachingrepertoire, die kind- und altersgerecht angepasst sind.

### Zum Umgang mit übermäßigen Gedanken

Viele Frauen machen sich viele, oft zu viele Gedanken. Das kann in regelrechtes Dauergrübeln ausarten. Das bindet Lebensfreude, Energie und Zeit. Vielleicht kennen Sie dieses Phänomen auch? Zunächst hilft ein Blick auf die Theorie: Fast jeder Mensch macht sich am Tag schätzungsweise 60.000 bis 80.000 Gedanken. Wenn alle diese Gedanken lebenswichtig wären, gäbe es vermutlich eine Art Vorrichtung im Gehirn, um sie zu speichern. Das ist jedoch nicht der Fall. Das Gehirn ist ein Problemlösungsinstrument. Wenn es keine konkreten Probleme zu lösen hat, sucht es sich welche und produziert auch so Gedanken. Daher steht am Anfang die Erkenntnis, dass ca. 98 bis 99 Prozent der Gedankenflut für das eigene Leben überflüssig sind.

An dieser Stelle setzt Meditation an: Wir sind nicht unsere Gedanken, sondern idealerweise die Beobachter unserer Gedanken. Wir können sie vorbeirauschen lassen, ohne auf jeden Gedanken aufzuspringen oder uns daran festzubeißen. Nun ist Meditation nicht jedermanns Sache, daher gibt es hier einige pragmatische Tipps.

Wenn Sie feststellen, dass Ihre Tochter sich viele Gedanken macht, ist das erst einmal eine neutrale oder positive Feststellung. Es könnte bedeuten, dass sie sehr selbstreflektiert, nachdenklich oder introvertiert ist und ein reiches Innenleben hat. Wenn Sie merken, dass Ihre Tochter beginnt, unter ihren vielen Gedanken zu leiden, können Sie folgendermaßen vorgehen:

- Schauen Sie zunächst, ob ein Problem mit Rede- und Lösungsbedarf besteht. Wenn es ihr zum Beispiel zu schaffen macht, dass ihre beste Freundin sie seit einigen Tagen links liegen lässt und sie hin und her überlegt, ob und was sie »falsch« gemacht haben könnte, könnten Sie ihr ein Gespräch anbieten, um den Gedankenfluss wirksam zu unterbrechen und konstruktiv nach Lösungen zu suchen.
- Wenn Ihre jüngere Tochter (zum Beispiel im Grundschulalter) sich ohne einen konkreten Anlass in belastende Gedanken oder gar in Sorgen verliert, die ihr erkennbar zu schaffen machen, könnten Sie sie zunächst mit Ablenkung aus ihrer Denkspirale herausholen, zum Beispiel einem Spiel oder sportlicher Aktivität. Beobachten Sie, wie sie darauf reagiert.
- Handelt es sich »nur« um harmloses, jedoch belastendes Dauergrübeln und ist Ihre Tochter etwas älter, etwa ab dem Teenageralter, könnten Sie ihr die folgenden beiden Einsteigertipps anbieten:[13]

### In die Hände klatschen

Ein wirksamer Gedankenstopp ist es, sofort laut in die Hände zu klatschen, wenn man bemerkt, dass Gedanken sich verselbständigen. Das holt sofort in die Gegenwart zurück und hilft, vom Gedankenzug herunterzuspringen. Die Herausforderung ist, das zu erkennen und den Gedankenstrom wirklich stoppen zu wollen. Das ist Übungssache.

**Grübelzettel**

Es kann hilfreich sein, sich seine Gedanken zu notieren und dann eine Zeit lang zur Seite zu legen. Das hat zwei wohltuende Effekte: Erstens werden die Gedanken aufgeschrieben und tatsächlich festgehalten, was oft dazu führt, dass sie »aus den Augen aus dem Sinn« geraten. Zweitens werden Sie, wenn Sie nach einer Weile erneut Blick auf den Zettel schauen, feststellen, dass sich die meisten Gedanken in Luft aufgelöst haben. Das ist ein schöner Lerneffekt beim Umgang mit wuchernden Gedanken. Wenn Gedanken Ihrer Tochter oft nachts auftauchen, kann es hilfreich sein, eine Version des folgenden Grübelzettels neben ihr Bett zu legen:

## Übungsbogen: Grübelzettel

*Heute, am ______ habe ich folgende Gedanken und Sorgen:*

*Ich lege diesen Zettel jetzt für eine Woche weg, bis zum ______.*

*Dann hole ich ihn wieder hervor und stelle fest: ________________*

Für beide Anregungen ist es einmal mehr die Kunst, sie Ihrer Tochter eher beiläufig nahezubringen, um Appetit zu machen. Wenn Sie merken, dass sie ins Grübeln abrutscht, könnten Sie das wieder mit »Ich-Botschaften« vorsichtig ansprechen:

*»Mara, ich habe den Eindruck, dass du dir gerade sehr viele Gedanken machst. Willst du mit mir über irgendetwas reden?«* Hier sollten Sie hinhören, ob ein Problem mit Rede- und Handlungsbedarf besteht. Ansonsten:

*»Oder nerven dich deine vielen Gedanken nur? Ich kenne das übrigens. Manchmal habe auch ich was im Kopf, das sich dreht und dreht, und ich finde keine Lösung. Ich kann aber auch nicht aufhören zu denken. Ich habe festgestellt, dass die meisten Gedanken, die man sich macht, eigentlich gar nicht so wichtig sind. Darf ich dir eine Methode zeigen, doofe Gedanken zu stoppen?«*

## Zum Umgang mit schlechten Gefühlen

Es ist hilfreich für Kinder (und Erwachsene), frühzeitig zu lernen, auch mit schlechten Gefühlen bewusst umzugehen. Das ist recht einfach, die wenigsten trauen sich jedoch, es umzusetzen. Bei schlechten Gefühlen reagieren die meisten Menschen mit innerer Abwehr. Sie wollen dieses Gefühl nicht spüren. Es gilt jedoch der Satz: *»Wogegen Sie sich wehren, das bleibt bestehen.«*[14] Die innere Abwehr trägt also dazu bei, dass das schlechte Gefühl bestehen bleibt. Viel wirksamer ist es, dem schlechten Gefühl Raum zu geben und es zu beobachten. Oder wie es eine Teenagerin einmal formulierte: »Ich laufe nicht davon, sondern ich drehe mich um und schaue meinem schlechten Gefühl in die Augen.«

Den wohltuenden Umgang mit schlechten Gefühlen können Sie ungefähr ab Teenageralter mit den folgenden Anregungen umsetzen: Wenn Ihre Tochter ein schlechtes Gefühl hat, wie Traurigkeit, Wut, Ärger, innere Zerrissenheit, und dieses schlechte Gefühl nicht weggehen will, rege ich an, dass Sie mit ihr einen Spaziergang machen und dabei üben, ein schlechtes Gefühl zu beobachten.[15] Im Gehen lässt sich manches einfacher sagen, und die Übung bekommt eine gewisse Leichtigkeit. Für ein mögliches Gespräch bei einem Spaziergang gebe ich Ihnen den folgenden Leitfaden, der sich auf Ihren Anteil in diesem Gespräch konzentriert:

*»Mara, ich habe den Eindruck, dich belastet etwas. Willst du darüber reden? (...) Du bist also wütend auf Larissa, weil sie hinter deinem Rücken über dich lästert. Für mich hat das zwei Seiten. Einmal ist da das Verhalten von Larissa. Du könntest ihr schildern, wie sehr dich ihr Verhalten verletzt, und schauen, ob ihr zukünftig wieder besser miteinander klarkommt.*

*Die andere Seite ist dein starkes Gefühl der Wut, unter dem du gerade leidest. Es gibt eine Methode, mit schlechten Gefühlen gut umzugehen. Darf ich sie dir zeigen? Als Erstes benennst du dein schlechtes Gefühl. Du bist gerade wütend.*

*Kannst du feststellen, wie die Wut aussieht? Hat sie vielleicht eine bestimmte Farbe oder Form? Und dann schau doch mal, ob du diese Wut einfach nur beobachten kannst.*

*Ein Gefühl tut dir nichts, aber wenn du merkst, dass dein Gefühl zu groß oder zu überwältigend ist, dann stoppe sofort, schau dich aktiv im Raum um und suche grüne Gegenstände oder zähle von 17 an rückwärts. Beides lenkt schnell ab. Und komm unbedingt zu mir, dann lösen wir das gemeinsam.«*

## VON DER MACHT DER WORTE

Was Sie schließlich noch tun können, um Anspannung zu lockern, ist, auf Ihre Wortwahl zu achten. Vielleicht beobachten Sie zunächst einmal, welche Fragen Sie Ihrer Tochter über den Tag stellen und was Sie zu ihr sagen. Ich könnte mir vorstellen, dass einige Fragen wie folgt lauten:

- Was hast du heute gemacht?
- Was habt ihr in der Schule gemacht?
- Hast du deine Hausaufgaben schon gemacht?
- Pack deine Sachen, wir gehen zum Sport.
- Gehst du gleich zu Mara?

Elterliche Fragen und Sätze beziehen sich häufig auf das Tun und Machen, auf Aufgaben, Pflichten und Erledigungen. Das ist völlig normal und geht allen so. Versuchen Sie im nächsten Schritt einmal, den Fokus Ihrer Fragen und Sätze weg von der Anspannung hin auf die Entspannung zu richten, zum Beispiel:

- Wie geht es dir?
- Hast du heute schon eine Pause gemacht?
- Wie habt ihr die Pause in der Schule gestaltet?

- Brauchst du noch neue Stifte für deine Siesta?
- Hättest du gerne ein neues Kissen für deine Chill-Ecke?

Worte schaffen Bewusstsein, so erhält Entspannung einen eigenen Stellenwert in Ihrem Alltag.

### Was Sie vorleben können

In Sachen »Anspannung lockern« können Sie besonders zwei Dinge vorleben: Selbstliebe und Selbstmitgefühl für sich zu haben und selbst Pausen zu machen (ich hatte Ihnen ja versprochen, dass es auch für Sie angenehm wird). Also, lassen Sie uns starten!

## SELBSTLIEBE & SELBSTMITGEFÜHL ETABLIEREN

Selbstliebe und Selbstmitgefühl sind nährende Fähigkeiten, die Ihnen guttun und mit denen Sie auch Vorbild für Ihre Tochter sind. Mit diesen beiden Eigenschaften schaffen Sie unbewusst ein Klima der mitfühlenden Fürsorge. Das trägt dazu bei, Anspannung regelmäßig zu lockern. Falls Sie von sich sagen, dass Sie ausreichend mit Selbstliebe und Selbstmitgefühl versorgt sind, dann überspringen Sie diesen Abschnitt.

Es geht im Wesentlichen um eine innere Einstellung. Selbstliebe und Selbstmitgefühl zu haben, ist ein Entschluss, eine Entscheidung:

*Ich entscheide, mich selbst zu lieben, wie ich andere liebe.*

*Ich entscheide, mir selbst mitfühlende Zärtlichkeit entgegenzubringen.*

Das klingt natürlich einfacher, als es ist. Wichtig ist, sich selbst die Erlaubnis zu geben, sich gut um sich selbst zu kümmern. Können Sie das?

*Ja, ich darf mich selbst lieben. Ich darf mich und meine Bedürfnisse ernst nehmen, ich darf mich in meinem Leben priorisieren. Ich spiele die Hauptrolle in meinem Leben. Ich entschließe mich, sie auszufüllen. Ich darf mir selbst mit Fürsorge und Mitgefühl begegnen. Möge Mitgefühl in jede Zelle meines Körpers einziehen und mich wie ein schützendes Licht umgeben oder wie eine warme Decke einhüllen.*

Nutzen Sie bewusst diese bildhafte Sprache und Vorstellung, die auf Ihr Unbewusstes wirken darf. Es sind weiche, zarte Eigenschaften, um die es hier geht. Daneben gebe ich Ihnen zwei »handfestere« Übungen mit auf den Weg, mit denen Sie Ihr Gespür für Selbstliebe und Selbstmitgefühl entwickeln und vertiefen können.

### Morgens vor dem Spiegel

Wenn Sie morgens aufstehen und im Bad vor dem Spiegel stehen, sagen Sie Ihrem Spiegelbild als Erstes: »Stefanie, ich liebe dich.« Genauso wie Sie sind, möglicherweise zerzaust, zerknautscht oder ungeduscht. Behalten Sie das mal für mehrere Tage oder Wochen bei und schauen Sie, wie sich das anfühlt und wie es Sie möglicherweise verändert. Bleiben Sie dran. Über den Tag verteilt können Sie dann die nächste Übung einbauen.

### Der befreiende Dreiklang

Stellen Sie sich mehrmals am Tag in verschiedenen Situationen die folgenden drei Fragen:

- Was ist gut für mich?
- Was tut mir gut?
- Was bringt mich weiter?

*Was ist gut für mich?* meint etwas, was Sie für sich aktiv tun können. Zum Beispiel eine Pause oder einen Spaziergang machen, sich auf das Sofa setzen und ein Buch lesen (doch, wirklich, nur eine halbe Stunde!), ein Lieblingsgericht kochen.

*Was tut mir gut?* meint eher eine passive Wohltat von außen: ein schönes Bad, ein heißer Tee, ein duftender Blumenstrauß, eine kuschelige Decke. Sie merken, was Ihnen guttut, geht auf die Sinne.

*Was bringt mich weiter?* ist nicht die Frage nach der beruflichen Karriere, sondern nach Ihrer inneren Entwicklung und nach innerem Wachstum. Welche Entscheidung bringt Sie jetzt näher zu sich selbst und zu mehr Selbstliebe und Selbstmitgefühl?

Versuchen Sie, sich diesen befreienden Dreiklang immer wieder in Erinnerung zu rufen, zum Beispiel durch kleine Zettel oder eine Erinnerung im Smartphone. Sie können sich diese Fragen natürlich auch in Ihren Pausen stellen.

## SELBST PAUSEN MACHEN

Fangen Sie früh an, auch im Beisein Ihrer Tochter kurze Pausen zu machen. Fragen Sie sich, wie sie sonst lernen soll, dass Pausen etwas Gutes und Selbstfürsorgendes sind und dass Frauen Pausen machen dürfen. Nehmen Sie sich Zeit für sich, setzen Sie sich hin, vielleicht sogar die Beine hoch, und schließen Sie vielleicht sogar kurz die Augen. Heilsames Dösen. Beginnen Sie mit fünf oder zehn Minuten.

Ich weiß, wie schwierig das ist. Wie ungewohnt es sich anfühlt. Wie viel zu erledigen ist. Was alles noch getan werden muss, bevor wir Mütter uns hinsetzen dürfen. Aber ehrlich: Die Aufgaben hören nie auf. Wenn wir den Strom nicht selbst unterbrechen, macht es niemand anderes für uns. Wenn wir nicht gut auf uns achten, tut es auch kein anderer. Wenn wir uns nicht gut um uns selbst kümmern, wie sollen unsere Kinder denn lernen, dass das wichtig ist?

Also üben, üben, üben. Sofort umschalten. Alles stehen und liegen lassen. Alles andere muss warten. Nur fünf Minuten. Dann zehn. Und irgendwann vielleicht 30 Minuten? Weil Sie sich selbst wertschätzen!

## Anspannung lockern – Was nehmen Sie mit?

Anspannung gehört zum Leben dazu, genauso wie Entspannung, ihr ausgleichender Gegenpol. Ihre Tochter kann frühzeitig lernen, Anspannung zu lockern, indem Sie einerseits hierfür den Raum schaffen und andererseits das selbst vorleben. Dabei können Sie die folgenden Anregungen beherzigen:

- Nicht alles machen, was möglich ist.
- Im Alltag proaktiv Pausen planen und zulassen.
- Malen, sich körperlich auspowern und bestimmte Atemübungen haben einen entspannenden Effekt.
- Es kann zu Entspannung beitragen, wenn Ihre Tochter lernt, mit ihren Gedanken und (schlechten) Gefühlen gut umzugehen.
- Worte beeinflussen das Bewusstsein: Verändern Sie ab und zu den Fokus Ihrer Worte vom Tun hin zu Entspannung.
- Ihr Vorbild ist wichtig. Besonders hilfreich ist es, wenn Sie
    - Selbstliebe und Selbstmitgefühl zu sich selbst etablieren und pflegen und
    - auch selbst Pausen machen.

## DAS WIRD SIE LÄNGER BEGLEITEN

Drei weitere Quellen können je nach Alter, Situation und Umfeld von der Grundschulzeit bis in die jungen Erwachsenenjahre relevant werden. Sie werden Sie und Ihre Tochter immer wieder und wahrscheinlich viele Jahre begleiten. Dazu gehören »Persönlichkeit zeigen«, »Kommunikation üben« und »Perfektionismus managen«.

### 5. PERSÖNLICHKEIT ZEIGEN

Seine eigene Persönlichkeit nicht nur zu kennen, sondern auch leben zu dürfen, führt zu größtem Glück und zu tiefster Zufriedenheit. Das wusste vor über 500 Jahren bereits Erasmus von Rotterdam: *»Die wesentliche Voraussetzung für Glück ist die Bereitschaft, der zu sein, der man ist.«*[16]

Zu sein, wer man ist – das wäre doch so einfach ... wenn da nicht die anderen wären, die urteilen und bewerten, die klein machen und klein halten. Gerade Frauen sind hiervon betroffen.

#### Aus der Praxis: das weibliche Thema

Im Coaching ist es ein weibliches Dauerthema: bloß nicht auffallen. Viele, auch gestandene Frauen stellen wie selbstverständlich ihr Licht unter den Scheffel und tragen häufig innere Sätze mit sich wie:

- Ich muss gefallen.
- Ich darf nicht anecken.
- Ich darf nicht auffallen.
- Ich muss es anderen recht machen.
- Was wohl die anderen sagen?

Für viele Frauen ist es wie eine zweite Natur, übermäßig bescheiden zu sein, sich selbst konsequent klein zu machen und den Blick auf die Meinung der anderen zu richten. Oft fühle ich mich an einen uralten Spruch erinnert, der früher in Poesiealben von Mädchen geschrieben wurde:

*»Sei wie das Veilchen im Moose, sittsam, bescheiden und rein, nicht wie die stolze Rose, die immer bewundert will sein.«*

Wohl niemand würde heute noch diesen Spruch mit auf den Weg geben. Und doch spiegelt er eine innere Einstellung wider, die immer noch unbewusst in vielen Köpfen existiert und die wir in der Begleitung von Mädchen wiederum unbewusst weitergeben. Es ist ein innerer Impuls, das Nette und Angepasste bei Mädchen zu würdigen. Oder können Sie sich frei machen davon, ein »süßes«, zurückhaltendes Mädchen zu loben mit »Ach, du bist aber ein nettes Mädchen!«?

Ich erinnere mich an eine Mutter, die mit ihrer elfjährigen Tochter ins Coaching kam. Im Verlauf zeigte ich der Tochter zwei Bildbände über Mädchen, von denen sie sich einen aussuchen möge. Auf dem einen war ein Mädchen in blauer Sportkleidung mit verschränkten Armen zu sehen, die nicht lächelte, sondern mit energischem und selbstbewusstem Blick in die Kamera schaute. Auf dem anderen waren fröhliche Mädchen in verschiedenen Alltagssituationen, meistens in Gemeinschaft, abgebildet, lächelnd, zugetan, kaum eines schaute in die Kamera. Doch die Tochter griff instinktiv zum ersten Bildband. Die Mutter griff ein und deutete auf den zweiten Bildband mit den Worten: »Du willst doch bestimmt lieber diesen, oder?«

Denken Sie an Pippi Langstrumpf von Astrid Lindgren: Pippi hat Persönlichkeit und zeigt sie auch. Damit fasziniert sie die meisten von uns. Aber als Tochter zuhause haben wollen sie die wenigsten; da wäre die brave Annika vielen lieber. Lassen Sie uns schauen, wohin Ihr Weg geht – zum Wohl Ihrer Tochter und Ihrem eigenen.

### Was Sie tun können

Wechseln Sie zunächst einmal die Perspektive und denken Sie vom Ergebnis her: Was würden Sie sich für Ihre Tochter später einmal wünschen? Würden Sie ihr wünschen, dass sie sich klein macht, dass sie ihr Licht unter den Scheffel stellt, dass sie sich viele Gedanken macht, um bloß nicht anzuecken, vorrangig versucht und sich anstrengt, es anderen recht zu machen, angepasst und bescheiden ist und sich selbst dabei vernachlässigt? Oder wünschen Sie sich, dass sie selbstbewusst durchs Leben geht, zeigt, wer sie ist und was sie kann, freundlich und verbindlich für sich einsteht, ihren Selbstwert kennt und mit ausgewogener Selbstachtung auftritt?

Lassen Sie mich etwas flapsig sagen: Sie können kein Spiegelei braten, ohne ein Ei zu zerschlagen. Will heißen, wenn Sie sich für Ihre Tochter wünschen, später einmal ihre Persönlichkeit leben und zeigen zu können, dann dürfen Sie damit anfangen, genau jetzt hierfür die Basis zu legen. Und die liegt oft abseits von »brav und bescheiden« und wird Sie ab und zu vor persönliche Herausforderungen stellen.

## BEDINGUNGSLOSE AKZEPTANZ

Persönlichkeit zu zeigen, setzt Selbstakzeptanz voraus. Bevor diese bei Ihrer Tochter wachsen kann, muss Fremdakzeptanz da sein, nämlich Ihre: der Eltern oder des engsten Umfeldes. Immer, über den ganzen Weg. Sie dürfen Dinge anders sehen, Sie dürfen das auch sagen. Aber es muss klar sein, dass Sie auch dann Ihr Mädchen in seiner Persönlichkeit ernst nehmen und bedingungslos akzeptieren. So, wie sie ist, ist sie genau richtig! Mit allen Eigenschaften, gerade auch denjenigen, die vielleicht nicht »mädchentypisch« sind. Innerlich wie äußerlich. Ist sie extrovertiert, ausgelassen, verspielt, bewegungsorientiert, fröhlich oder »frech und vorlaut«? Hat sie krause Haare, dünne Haare, lange Arme, kräftige Oberschenkel? Ist sie introvertiert, still, nachdenklich, »vergeistigt«, eine Bücherliebhaberin oder lieber allein als in Gesellschaft? Trägt sie lieber Latzhosen als Röcke, lieber Gummistiefel als Ballerinas, oder andersherum? Ist sie unsicher, hat sie Selbstzweifel, ist sie schüchtern, musikalisch oder kreativ? Akzeptieren Sie sie genau so.

Ich gehe noch einen Schritt weiter: Glauben Sie an Ihre Tochter, so wie sie ist! Der eine Mensch, der an mich glaubt, der mich so akzeptiert, wie ich bin, dieser Mensch allein kann all das Potenzial freisetzen, das in mir steckt. Vielleicht kennen Sie die folgende Aussage, die Sie so oder so ähnlich häufig in Biografien außergewöhnlicher Menschen finden: *»Meine Oma hat immer an mich geglaubt.«* Seien Sie dieser eine Mensch.

Bedeutet das nun Dauerloben? Nein, ganz im Gegenteil: Vom Dauerloben ist noch niemand stark geworden, weil irgendwann das Gespür für die Realität verloren geht. Immer toll gibt es nicht. Lassen Sie Ihre Tochter ihr Ding machen und idealerweise selbst spüren, wenn sie etwas gut hinbekommen hat. Lassen Sie sie auch selbst merken, wenn das nicht der Fall ist. Dann kann sie – wiederum selbst – entscheiden, wann sie etwas noch einmal angeht. Vom Dauerloben zu unterscheiden ist die Wertschätzung, die Sie ihr uneingeschränkt immer entgegenbringen sollten. Respekt vor der Persönlichkeit, die Ihre Tochter ist. Sie bedingungslos ernst nehmen in dem, was sie zeigt.

Das bedeutet: so sein lassen. Raum schaffen. Ermutigung schenken. Nicht vergleichen. Das bedeutet auch: Anregung ja, Zwang nein. Wenn Sie erkennen, dass die ein oder andere Eigenschaft Ihre Tochter in ihrer Entwicklung hindert, bieten Sie ihr an, das zu verändern. Machen Sie Anregungen, aber pressen Sie sie nicht in eine Form, der sie nicht entspricht, weil Sie sie gerne »anders hätten«. Vom »Andershaben-Wollen« sind die Generationen vor uns seelisch verkümmert oder gar krank geworden.

Bedingungslose Akzeptanz hingegen stärkt die Psyche. Mädchen, die sich rundherum angenommen fühlen, entwickeln Resilienz, Selbstbewusstsein, Selbstsicherheit, ein gutes Selbstwertgefühl. Sie sind weniger anfällig für die Dinge, die unglücklich machen, zum Beispiel Vergleiche mit anderen oder mangelnde »Likes«. Denn sie spüren ja, dass sie grundsätzlich genau richtig sind, so wie sie sind. Oft drückt sich das auch in der Körperhaltung aus: gerader, aufrechter, selbstbewusster. Sie werden häufig auch neugieriger, aufgeschlossener und wagemutiger.

## AUSPROBIEREN LASSEN

Lassen Sie Ihre Tochter (sich) ausprobieren, innerlich wie äußerlich. Das meiste ist eine Momentaufnahme, eine Phase, die sich mit der nächsten Phase abwechselt, nach dem Grundsatz »trial & error«. Nur was für die eigene Persönlichkeit wirklich wichtig ist, bleibt.

Dazu gehört das innere Ausprobieren: Wer ist sie, was mag sie, was will sie lernen? Mit wem will sie befreundet sein, wen liebt sie, wen lässt sie nicht in ihre Nähe? Wo holt sie sich ihre Anregungen, ihre Inspirationen, ihre Motivation? Was ist ihr Motor und was ihr Anker? Was liest sie, was schaut sie, was hört sie? Wie spricht sie, wie schreibt sie? Was will *sie* ändern?

Aber auch äußerlich wird getestet: Dazu gehören Mode, Frisur und Kosmetik. Wie sollen die Haare sein, Schnitt und Farbe? Welchen (Mode-)Schmuck will sie tragen oder gar keinen? Welche Kleidung, welche Schnitte, welche Farbe, welche Stoffe? Günstig oder nachhaltig? Was will *sie* ändern?

Mit Ihrem Ausprobieren wird Ihre Tochter ihre eigenen Erfahrungen machen. Fast jede Frau hat zum Beispiel schon erlebt, wie die Umwelt auf bestimmte Kleidung reagiert hat. So wie bei Laura, blond, sehr hübsch, die mit 14 das erste Mal einen sehr kurzen Rock trug und damit tagsüber allein Straßenbahn fuhr. »Meine Mutter hat mich machen lassen. Sie hat zuhause nichts gesagt, als ich mir den Rock anzog. Aber ich wusste überhaupt nicht, warum mich die Menschen in der Straßenbahn so angestarrt haben.« Auch das gehört dazu: Dass es in unserer Welt verbreitet ist, als Frau angestarrt zu werden, dass bestimmte Kleidung vorhersehbar bestimmte Reaktionen der Umwelt hervorruft. Ist das richtig? Nein. Ist das zu ändern? Kurzfristig mit Sicherheit nicht. Bei Laura im Beispiel ist es gut gegangen, sie ist kein Opfer von Übergriffen geworden, was – wie wir alle leider wissen – eben auch vorkommen kann. Besprechen Sie derartige Situationen daher ausführlich mit Ihrer Tochter, vorher und nachher.

Wenn Sie Ihre Tochter dabei unterstützen, ihre Persönlichkeit zu zeigen, denken Sie an das Bild der Leitplanke. Unterstützen Sie Ihre Tochter beim Ausprobieren, indem Sie es ihr überhaupt ermöglichen, halten Sie sich mit Kommentaren zurück und nehmen Sie sie in der jeweiligen Phase ernst und so an, wie sie ist. Schreiten Sie dann ein, wenn das Ausprobieren Ihrer Tochter selbstschädigend oder strafbar wird oder wenn sie Ihren Schutz braucht.

## WEITERGEDACHT:
### WAS, WENN IHNEN NICHT GEFÄLLT, WAS SICH ZEIGT?

Das gehört zu den größten Herausforderungen für uns Eltern: zu akzeptieren, wenn sich in der Persönlichkeit unserer Kinder etwas zeigt, was uns nicht gefällt. Bei aller Toleranz und Offenheit haben auch wir Eltern unsere Vorstellungen und Ideen, wie unsere Kinder sein könnten. Wir gleichen unbewusst ab mit unserer Persönlichkeit. Hinzu kommt unsere Lebenserfahrung. Wir wissen, was für uns funktioniert hat und was nicht, und wollen dieses Wissen an unsere Kinder weitergeben. Dabei wollen wir nur ihr Bestes, nämlich sie vor Fehlern schützen und ihnen Erfolge ermöglichen. An diesem Punkt dürfen wir erkennen, was diese Fehler und Erfolge sind, nämlich unsere! Und damit nicht – jedenfalls nicht zwangsläufig – die unserer Kinder.

Sie werden auf Ihrem gemeinsamen Weg vieles an Ihrer Tochter wiedererkennen, was auch Sie auszeichnet. Sie werden aber auch manches entdecken, was Ihnen neu ist. Wenn Sie mehr als ein Kind haben, ist es sehr wahrscheinlich, dass diese Kinder sich jeweils unterschiedlich entwickeln.

Bleiben Sie daher vor allem neugierig. Und gehen Sie noch einen Schritt weiter: Kinder spiegeln uns häufig unbewusst. Könnten die Eigenschaften, die Sie bei Ihrer Tochter erkennen, auch bei Ihnen vielleicht bislang unerkannte oder ungenutzte Anlagen sein? Oft reagieren wir hierauf besonders stark. Entdecken Sie so vielleicht neue Facetten an sich selbst?

Überlegen Sie abschließend einmal, welche Menschen wir insgeheim faszinierend finden: diejenigen, die der Norm entsprechen und sich anpassen? Oder diejenigen, die ihr Ding machen, die ihren Weg gehen, die ihren Lebenstanz tanzen? Und dabei oft so unheimlich zufrieden wirken …

## FÜR FORTGESCHRITTENE: »FREI IST, WER MISSFALLEN KANN.«[17]

Ich gebe Ihnen jetzt noch eine Anregung, die sich anspruchsvoll anfühlen könnte. Es gibt diesen schönen Satz: *»Frei ist, wer missfallen kann.«* Im Coaching verwende ich ihn oft. Er sorgt immer für große Augen, tiefes Aufatmen und ein leicht ungläubiges »Hört sich gut an«. Wenn Ihnen dieser Satz im Moment (noch) zu »krass« erscheint, überspringen Sie diesen Abschnitt. Ansonsten lehnen Sie sich zurück und lassen Sie sich auf diese gedankliche Reise ein:

Was wäre, wenn Sie so sein dürften, wie Sie sind? Was wäre, wenn Sie nicht gefallen müssten? Wie würde es sich anfühlen, anecken zu dürfen? Nicht immer an die eigene Wirkung auf andere zu denken, sondern einfach nur zu sein, zu handeln und zu denken, wie es Ihnen gefällt? Wie wäre es, wenn Sie es anderen nicht recht machen müssten? Wenn Sie nicht zuerst die Meinung der anderen überprüfen müssten? Wie wäre es, wenn es Ihnen egal wäre, was die Nachbarn denken? Wie würde es sich anfühlen, wenn die Bewertung anderer für Sie wirklich uninteressant wäre? Wie würde es sich anfühlen, mutig zu sein? Wie würde es sich anfühlen, keine Angst davor zu haben, abgelehnt zu werden? Wie würde es sich anfühlen, missfallen zu dürfen? ... Vielleicht gelassener? Einfacher? Entspannter? Freier?

Für viele Frauen sprengt dieses Gedankenspiel innere Fesseln. Sie erkennen, wie sehr sie fremdbestimmt leben und wie wenig im Einklang mit sich selbst, mit ihrer eigenen Persönlichkeit. Sie entdecken, dass sie Angst haben, abgelehnt zu werden – und dass es als Frau Mut braucht anzuecken. Sie spüren, wie es ist, abgelehnt zu werden – oder eben nicht. Vielleicht wollen Sie überlegen, wann Sie persönlich bereit sind für dieses Maß an innerer Freiheit.

### Was Sie vorleben können

Ihr Vorbild kann es Ihrer Tochter erleichtern, ihre Persönlichkeit zu zeigen. Ein guter Ausgangspunkt ist, wenn Sie selbst mit sich im Reinen sind und sich so annehmen, wie Sie sind. Ihre Selbstakzeptanz als Frau ist für Ihre Tochter doppelt so viel wert. Wenn Sie sich Ihrer Persönlichkeit bewusst sind und sie leben, umso besser. Vielleicht gehören Sie zu den Frauen, die sich erlauben, auch einmal anzuecken und ihren eigenen Weg zu gehen? Dann werden Sie dies mit hoher Wahrscheinlichkeit auch bereits bei Ihrer Tochter bemerkt haben.

Leben Sie außerdem Neugierde und Offenheit sich selbst gegenüber vor. Prüfen Sie ab und zu bei sich selbst, was es Neues zu entdecken gibt. Abseits von Alltagsroutine, Leistung und Funktionieren. Wann waren Sie das letzte Mal tanzen, bis Sie durchgeschwitzt waren? Wann haben Sie zuletzt lautstark falsch gesungen? Wann ein neues Rezept ausprobiert, das dann doch gnadenlos misslungen ist? Wann haben Sie das letzte Mal »Nein« gesagt und sind dabei geblieben? Gibt es etwas, das Sie immer schon einmal machen wollten, sich aber nie getraut haben? Gibt es Fähigkeiten und Fertigkeiten, die Sie schon immer lernen wollten? Wenn Ihre Tochter »aus dem Gröbsten heraus ist«, gibt es nichts Besseres, als all dies genau jetzt anzugehen: Zeigen Sie sich selbst in Ihrer Persönlichkeit. Auf diese Weise können Sie auch für sich selbst einen neuen Weg freimachen, während Sie Ihre Tochter begleiten.

### PERSÖNLICHKEIT ZEIGEN – WAS NEHMEN SIE MIT?

Denken Sie an das gewünschte Ergebnis und überlegen Sie, was Sie sich für Ihre Tochter wünschen. Wenn dazugehört, dass sie später einmal unbefangen ihre Persönlichkeit zeigen kann, dann dürfen Sie jetzt damit beginnen, den Grundstein dafür zu legen.

- Bringen Sie Ihrer Tochter bedingungslose Akzeptanz entgegen: So wie sie ist, ist sie genau richtig, sowohl innerlich als auch äußerlich, mit allen Eigenschaften, die sie mitbringt. Glauben Sie an Ihre Tochter.
- Geben Sie Ihrer Tochter die Möglichkeit, sich auszuprobieren, und schaffen Sie Raum dafür. Schreiten Sie ein, wenn Ihre Tochter Ihren Schutz braucht oder das Ausprobieren eine selbstschädigende Richtung einschlägt.
- »Frei ist, wer missfallen kann« meint die innere Haltung, sich vom Gefallenwollen loszusagen und sich zu erlauben, möglicherweise anzuecken – oder auch nicht.
- Wenn Sie mit sich selbst im Reinen sind und sich selbst akzeptieren, tun Sie auch Ihrer Tochter einen großen Gefallen damit. Schauen Sie, welche Facetten Ihrer Persönlichkeit Sie noch mehr erkunden und leben wollen.

## 6. KOMMUNIKATION ÜBEN

Die meisten Frauen können das sehr gut: unbeschwert miteinander reden. Sprechen, zuhören, Witze machen und lachen. Mitgefühl zeigen, Anteil nehmen und Trost schenken. Sich offen über das große Ganze ebenso wie über intime Details austauschen, über Themen wie Politik und Kochrezepte, über Kindererziehung, die Vereinbarkeit von Beruf und Familie, Kindergarten und Schule. Sie können über Literatur, Theater und Konzerte, über Reisen und Erlebnisse sprechen. Dieser lebendige Austausch funktioniert oft am besten, wenn Frauen »unter sich« sind.

### Aus der Praxis: Das weibliche Thema

Manche Frauen tun sich mit Kommunikation schwer(er), wenn sie mit Männern oder in Hierarchien mit »höherrangigen« Menschen sprechen. Hier gibt es die unterschiedlichsten Situationen:

- Ein berufliches Team aus fünf Frauen kommunizierte und arbeitete sehr harmonisch miteinander. Alle waren mit großer Empathie ausgestattet, alle waren auf Augenhöhe. In dem Moment, in dem ein stark pragmatisch veranlagter Mann in das Team trat und die Kommunikation an sich zog, waren diese fünf Frauen überfordert. Ihre eingeübte Art der empathischen Kommunikation funktionierte in diesem Moment nicht mehr. Arbeitsergebnisse des Teams wurden letztlich ausschließlich vom neu hinzugekommenen Mann kommuniziert.
- Fast in jeder Schulklasse gibt es Mädchen, die sehr leise sprechen. Lehrer fordern sie auf, endlich »laut und deutlich« zu sprechen. Viele können jedoch nicht über ihren Schatten springen, vor allem nicht vor der ganzen Klasse.
- Introvertierten Frauen fällt es häufig schwer, unbefangen mit anderen Menschen zu sprechen. Sie befürchten, im Gespräch »zu viel« von sich selbst preiszugeben. Lieber isolieren sie sich – mit dem Risiko zu vereinsamen.
- Ähnlich ist die Situation, wenn Frau etwas sagen will, ihr jedoch der Mut hierzu fehlt, weil sie denkt, die anderen seien schlauer als sie, wüssten es besser oder würden sie schlimmstenfalls abwerten oder auslachen.
- Im Beruf präsentieren viele leistungsstarke Frauen ihre Arbeitsergebnisse gar nicht oder nur zurückhaltend und zaghaft. Sie gehen davon aus, dass »andere schon sehen

werden, was sie leisten«. Nein, tun sie übrigens nicht. Oder sie beanspruchen die guten Ergebnisse im Gegenteil für sich selbst. Es gilt das Sprichwort *»Klappern gehört zum Geschirr«,* insbesondere im beruflichen Kontext. Wer gesehen werden will, muss reden. Für Frauen gilt das besonders.

- Manche Frauen, die mit sehr dominanten oder gar narzisstischen Partnern in einer Beziehung sind, schwärmen trotz emotionaler Qual davon, wie eloquent ihr Partner sei: »Er redet so toll. Dafür bewundere ich ihn. Das könnte ich nicht. Ich brauche ihn, damit er für mich spricht und ich besser dastehe.« Oder sie finden den Absprung nicht, weil sie immer wieder verbal von »ihrem« Narzissten umgarnt werden. »Hoovering«[18] findet zu einem Großteil durch Kommunikation statt: Worte, bei denen Frauen das Gefühl haben, ihnen nichts entgegensetzen zu können.
- Schlagfertigkeit ist ebenfalls ein großes Thema: »Egal wo, ob bei meinem Partner, im Job oder beim Elternabend, wenn mich jemand verbal angreift, weiß ich oft nicht, was ich sagen soll. Erst ein paar Stunden später fällt mir ein, was ich hätte entgegnen können.«

Damit sind wir bei einer wichtigen Funktion der Kommunikation: Sprechen bedeutet in vielen Situationen auch, sich durchzusetzen, das zu bekommen, was man will, aber auch den Mut zu haben, zu reden und verbale Grenzen zu ziehen. Im Folgenden erfahren Sie, wie Sie Ihre Tochter im normalen Familienalltag frühzeitig unterstützen können, angemessen zu kommunizieren und möglichst nicht unter die Räder zu kommen.

### Was Sie tun können

Reden Sie mit Ihrer Tochter über das Thema Kommunikation. Das kann schwierig werden, vor allem wenn es zu offensichtlich ist und aufdringlich wirkt. Mein wichtigster Rat ist daher: Versuchen Sie, Kommunikation beiläufig zu vermitteln, sonst fühlt sich Ihre Tochter womöglich sogar beobachtet, während sie spricht. Vermeiden Sie außerdem, ihr ungefragt Lehrsätze oder Übungen aufzudrängen. Wenn Ihre Tochter dichtmacht und nicht will, verschieben Sie Ihre Bemühungen.

## FRAGEN STELLEN, ERZÄHLEN LASSEN, NICHT UNTERBRECHEN

Versuchen Sie, immer wieder Gespräche mit Ihrer Tochter zu führen, sie zum Sprechen zu ermuntern. Viele Eltern tun dies instinktiv im Kleinkind- oder Kindergartenalter. Aber auch in der Grundschulzeit oder später gehören Gespräche zum Familienalltag. Vielleicht ist diese Empfehlung bei Ihrer Tochter gar nicht nötig, weil sie gerne und viel erzählt? Umso besser! Falls nicht, hier sind einige Anregungen:

- Stellen Sie Ihrer Tochter ehrliche und offene Fragen. Das sind Fragen, bei denen Ihre Tochter nicht mit »Ja« oder »Nein« antworten kann, sondern ausführen darf. Ein einfaches Beispiel ist die offene Frage beim Abendessen: »Wie war dein Tag? Was hast du heute erlebt?« Wenn sie darauf einsteigt, könnten Sie sich vorsichtig weitertasten: »Was hat dir gefallen? Was nicht so?«
- Erkundigen Sie sich ausdrücklich nach der Meinung Ihrer Tochter zu bestimmten Themen, Menschen, Ereignissen. Dabei gilt: »Egal« ist keine Option. Haken Sie dann freundlich nach: »Egal gilt nicht. Hast du eine Vorliebe oder Abneigung? Was würdest du lieber machen?«
- Animieren Sie Ihre Tochter zum Weiterreden, indem Sie sie durch wirklich zugewandtes Zuhören bestärken. Sie

vermitteln ihr dadurch, dass Sie sie ernst nehmen und dass ihr Wort gehört wird. Beides sind wichtige Voraussetzungen, um auch vor fremden Menschen frei sprechen zu können.

- Vermeiden Sie so oft wie möglich Fragen mit »Warum?«. Das sind Ausforschungsfragen, die häufig Rechtfertigungsversuche nach sich ziehen. Fragen Sie besser: »Wie bist du darauf gekommen?«
- Unterbrechen Sie Ihre Tochter nicht. Das gilt für Sie selbst, »passiert« aber im Familienalltag auch durch andere Familienmitglieder. Das eine Kind erzählt etwas, das nächste platzt mit einem eigenen dringenden Anliegen herein, und das dritte verabschiedet sich lauthals, weil es jetzt rausgeht. Versuchen Sie auch dann, wieder zum Ausgangspunkt zurückzukommen und Ihrer Tochter die Gelegenheit zu geben, ihre Ausführungen zu beenden.
- Erhöhen Sie Ihre eigene Frustrationstoleranz für Gespräche mit Ihrer Tochter, wenn sie in der Pubertät ist. Da kann ein »Hm« bereits der Gesamtbeitrag für den ganzen Abend sein … wenn es Ihnen vergönnt ist, Ihre Tochter tatsächlich den ganzen Abend zu sehen.

Ein »schüchternes« Mädchen wird jedoch nicht über Nacht redselig. Schüchternheit hat oft etwas mit dem Selbstbewusstsein und Selbstwertgefühl zu tun. Das darf sich entwickeln. Vielleicht haben Sie schon Veränderungen bemerkt, indem Sie die vorherigen Quellen beherzigt haben? Schüchternheit kann auch der Charakterzug eines introvertierten Mädchens sein, das vielleicht andere Ausdrucksformen für ihre Persönlichkeit nutzt als die Sprache. Drängen Sie Ihr schüchternes Mädchen zu nichts. Sprechen Sie mit ihr wie angeregt und lassen Sie ihr Zeit.

## Wortschatz fördern

Versuchen Sie frühzeitig, den Wortschatz Ihrer Tochter beiläufig zu fördern. Dies mag so naheliegend sein, und wahrscheinlich machen Sie das alles schon: Lesen Sie Geschichten vor, lassen Sie Hörspiele laufen, singen Sie gemeinsam mit Ihrer Tochter. Schenken Sie ihr Bücher, lassen Sie Bücher schenken oder werden Sie Mitglied in einer Bücherei. Nutzen Sie alle Medien mit gesprochenem Wort, CDs oder Streamingdienste. Schauen Sie, ob das Singen im Chor oder das Spielen in einer Theatergruppe den Neigungen Ihrer Tochter entsprechen könnte.

In der Grundschulzeit sind viele Kinder offen für das Selbst-Lesen. Nutzen Sie das! Ab der weiterführenden Schule ändert sich das häufig, unabhängig vom Geschlecht. Die Alternativen sind oft viel reizvoller, wie animierte kurzweilige YouTube-Videos oder aufwendig hergestellte Streamingproduktionen. Viele Eltern belastet das: »Mein Kind liest nicht!« Meine Empfehlung ist, dass Sie sich nicht zu früh hierüber einen Kopf machen, sondern möglichst gelassen bleiben – desto eher kommen die meisten Kinder mit der Zeit und wachsendem eigenen Interesse für bestimmte Themen wieder zum Buch zurück.

## Vorsichtig Hilfe anbieten

Wenn Sie bemerken, dass Ihre Tochter in der Kommunikation mit anderen Einzelpersonen oder in Gruppen Probleme hat, können Sie versuchen, vorsichtig Ihre Hilfe anzubieten. Ich betone das »vorsichtig«, denn wenn Sie bei Ihrer Tochter dieses Thema ansprechen, vermitteln Sie ihr dadurch auch, dass mit Ihrer Kommunikation etwas nicht stimmt, und verunsichern sie so möglicherweise zusätzlich.

Achten Sie also darauf, wie Sie ein solches Thema bei Ihrer Tochter anbringen. Ich vermute, dass Sie das von sich aus feinfühlig angehen werden. Daher möchte ich an dieser Stelle nur ein sehr plakatives Beispiel bringen, um die Richtung zu verdeutlichen:

Statt: *»Ich war beim Elternsprechtag und dein Lehrer hat gesagt, du würdest so undeutlich und leise sprechen. Du musst laut und deutlich sprechen, damit deine mündliche Mitarbeit richtig ankommt.«*

Besser: *»Ich war beim Elternsprechtag. Deine schriftlichen Noten sind ja überall prima! Ich bin richtig stolz auf dich! Nur mit deiner mündlichen Mitarbeit waren die Lehrer nicht so ganz zufrieden. Ich habe den Eindruck gewonnen, dass du im Unterricht manchmal etwas leise sprichst. Könnte das sein? Ich weiß, mit ›Sprich laut und deutlich!‹ ist dir nicht geholfen. Wie meinst du denn, kannst du das ändern? Was brauchst du, um ›laut und deutlich‹ zu sprechen? Wie kann ich dir dabei helfen?«*

Wenn Ihre Tochter Sie von sich aus um Unterstützung oder Ratschläge in Bezug auf das Sprechen bittet, können Sie natürlich vollständig darauf eingehen. Das wird am ehesten bei dem Thema »Schlagfertigkeit« geschehen.

## DER BEGRIFF DER SCHLAGFERTIGKEIT

Viele Frauen sagen von sich, nicht schlagfertig zu sein. Ich möchte zuerst den Begriff »Schlagfertigkeit« genauer betrachten. Er setzt sich zusammen aus »Schlagen« und »Fertigkeit«. Keine schöne Kombination, oder? Ich nutze daher lieber einen anderen Begriff: »Reaktionssicherheit«. Reaktionssicherheit meint, in jeder Situation auf verbale Übergriffe angemessen zu reagieren, möglichst freundlich, immer aber bestimmt. Sie spüren schon, Reaktionssicherheit hat auch etwas damit zu tun, verbal Grenzen ziehen zu können: »Stopp! Bis hierher und nicht weiter!«

Lassen Sie uns zum Aufwärmen auf die gängigsten Erscheinungsformen verbaler Übergriffe schauen, denen Frauen ausgesetzt sind. Da ist einmal die klare Unverschämtheit oder Beleidigung. Vielleicht erinnern Sie sich an das Eingangszitat zu diesem Buch:

*Auf dem Empfang und Vortragsabend für Mandanten einer Anwaltskanzlei wurden auch Snacks angeboten. Fragt der männliche Mandant die sehr attraktive, 25-jährige Rechtsreferendarin mit Doktortitel: »Hier soll es irgendwo Häppchen geben. Sind Sie eins davon?«*

Ich selbst habe im beruflichen Kontext zwei absurde Situationen erlebt, bei denen ich ziemlich perplex war. Beide betrafen meine Arbeit und das entsprechende Einkommen. Mit Ende zwanzig war ich in meinem ersten Job und noch ledig. Ich wollte mich beruflich verändern und führte ein Gespräch mit einem Headhunter. In unserem Gespräch nannte ich meine Gehaltsvorstellung, die meinen beruflichen Background wiedergab. Da entgegnete mir der Headhunter: »*Oh, das ist aber viel. Da denkt sich das Unternehmen auch, was will eine junge alleinstehende Frau denn mit so viel Geld?*«

In der anderen Situation war ich Anfang vierzig, mittlerweile verheiratet und hatte drei Kinder. Ich machte mich gerade selbstständig. Der Leiter einer Rechtsabteilung wollte mich beauftragen mit den Worten: »*Und über das Honorar werden wir uns sicher noch einig. Da geht ja bestimmt auch pauschal was. Sie sind ja verheiratet, und da müssen Sie ja eigentlich kein Geld verdienen.*«

In der ersten Situation übrigens war ich jung und so sprachlos, dass ich keine passende Antwort gegeben habe. Heute weiß ich, die Antwort müsste in etwa lauten: »Ein ›denkendes Unternehmen‹ würde ich mir natürlich wünschen, aber selbst dann ist es meine Sache, wofür ich mein Geld brauche.« Ich bin natürlich nicht zu diesem Unternehmen gegangen. In der zweiten Situation habe ich geantwortet: »Und deshalb wollen Sie mich also unter dem Wert für meine Arbeit bezahlen? Habe ich das richtig verstanden?« Damit war dieses Gespräch rasch beendet.

Neben derartigen fast schon alltäglichen Unverschämtheiten gibt es das weite Feld des unausrottbaren »Altherrenwitzes«, der übergriffig und oft anzüglich ist. Ein zartes Beispiel hierfür:

*Wie fängt eine Frau einen klugen Satz an? »Mein Mann hat gesagt …«*

Das Problem beim Altherrenwitz ist nicht nur, dass es ihn gibt, sondern dass Frauen damit konfrontiert werden und dann oft eine Tendenz haben, zwar peinlich berührt zu sein, aber dennoch höflich mitzulachen. Einfach weil es so »drin« ist, einen anderen nicht bloßzustellen, indem man über dessen Witz nicht lacht. Wenn Frau hingegen nicht mitlacht, gilt sie als verklemmt oder Spielverderberin: »Meine Güte, sei doch nicht so!«

Und schließlich gibt es die vielfältigen verbalen sexuellen Übergriffe, oft mit der begrifflichen Verniedlichung »Anzüglichkeiten« oder »schlüpfrig« getarnt, die auch schon Teenagerinnen oder junge Frauen erleiden:

*Sagt der 15-jährige Schüler zur 15-jährigen Mitschülerin: »Mach mal Handstand, ich will deine Titten sehen.« Die 15-Jährige ist beschämt. Dagegen vorgehen will sie nicht, denn sie glaubt, es sei sowieso alles ihre Schuld, dass es zu dieser erniedrigenden Situation gekommen ist.*

*Sagt der mittvierzigjährige Abteilungsleiter auf dem Büroflur zur mittzwanzigjährigen Studentenpraktikantin: »Ich komm gleich mal auf Sie drüber, ähem, auf Sie zu.«*

Sie sehen an diesen Beispielen eins: Verbale Übergriffe sind unberechenbar, sie können Frau überall kalt erwischen. Es existieren aber auch Musterbeispiele für gelungene Reaktionssicherheit, die hoffen lassen. Eine Anekdote, die ich nie vergessen habe, ist:

*Eine Bekannte war mitten in ihrem BWL-Studium und außerdem Hilfskraft bei einem Professor. Eines Tages bat er sie, ihm doch bitte eine Tasse Kaffee zu kochen und zu bringen. Ihre Antwort: »Wieso? Haben Sie was an den Händen?«*

Das ist reaktionssicher! Und erlernbar. Lassen Sie uns schauen, welche kleinen Tipps und Tricks Sie Ihrer Tochter schon beim Heranwachsen mitgeben können, um in ihrem Umfeld reaktionssicherer zu werden.

Zunächst einmal gilt: Je mehr Ihre Tochter an Selbstsicherheit dazugewinnt, desto eher wird sie bei Unverschämtheiten schnell reagieren können. Besonders die Quellen »Stärken fördern«, »Selbstbild entwickeln« und »Persönlichkeit zeigen« tragen dazu bei, diese Selbstsicherheit, aber auch das Selbstbewusstsein und das Selbstwertgefühl zu stärken. Bis das nachhaltig verinnerlicht ist, lautet die Grundregel für eine gute Reaktionssicherheit, die wie selbstverständlich anspringt: Vorbereitung ist alles!

## REAKTIONSSICHERHEIT VORBEREITEN

Wenn Ihre Tochter Sie wegen einer Situation anspricht, in der sie für ihr Empfinden noch nicht reaktionssicher genug war, und hinzulernen möchte, sollten Sie als Erstes die Situation analysieren. Ist sie typisch? Gerät sie häufiger in diese Art von Situation? Zum Beispiel mit Ihren Freundinnen oder älteren Mitschülern, Lehrern, Trainern, anderen Eltern? Es sensibilisiert die eigene Reaktionssicherheit, sich bewusst zu machen, dass es möglicherweise typische Konstellationen gibt, in denen verbale Übergriffe stattfinden können.

An den verbalen Übergriff schließt sich die Sprachlosigkeit an. Das Überraschungsmoment, das »perplex Sein«, das oft dazu führt, dass sich im Kopf nichts mehr tut und statt Abwehr hilfloses Mitlachen oder rechtfertigende Reaktionsmuster einsetzen. Es gibt zwei Reaktionsarten, die Sie mit Ihrer Tochter schriftlich vorbereiten können: »Zeit gewinnen« und »klare Kante zeigen«.

Bei der Reaktion »Zeit gewinnen« geht es genau darum, und zwar durch Rückfragen oder durch Sätze, die keinen Sinn ergeben. Rückfragen können zum Beispiel sein:

- Wie bitte?
- Ich glaube, ich habe dich falsch verstanden.
- Ich glaube, ich habe mich verhört. Könntest du das bitte wiederholen?
- Das hast du jetzt nicht gesagt, oder?

Mit einer solchen automatischen Rückfrage sind ein paar Sekunden Zeit gewonnen, um sich innerlich neu zu positionieren. Dasselbe Ziel haben Sätze, die keinen Sinn ergeben:

- Äpfel sind teurer als Birnen.
- Die Erdbeeren waren dieses Jahr sehr süß.
- Bei meiner Oma gab es gestern Sahnetorte.
- Das letzte Buch, das ich gelesen habe, war sehr lustig.
- Ich schwimme gerne im Meer.

Diese Sätze klingen völlig absurd, ich weiß. Genau deshalb werden sie das Gegenüber Ihrer Tochter erst einmal beschäftigen und ihr so Zeit geben, eine angemessene Reaktion zu überlegen. Also: auswendig lernen, in der Situation sagen und die gewonnene Zeit für eine passende Antwort nutzen.

Daneben gibt es die Reaktion »Klare Kante zeigen«, mit der Ihre Tochter zu einem verbalen Übergriff sofort Position beziehen kann:

- Stopp! So nicht!
- Halt! Überdenke bitte, was du da gerade gesagt hast!
- Moment! Bist du dir im Klaren, was du gerade zu mir

gesagt hast?
- Geht gar nicht! Meinst du das wirklich ernst?
- Stopp! Ich glaube, das läuft hier in die falsche Richtung.

Sie merken schon, es handelt sich hierbei um eine Form der kommunikativen Grenzziehung. Es erfordert etwas Mut, tatsächlich so zu reagieren. Aber mit der schriftlichen Vorbereitung, Ihrer Ermunterung und außerdem Übung kann das gelingen.

## Vorlage Übungsbogen: 2 Schritte zu mehr Reaktionssicherheit

**1. Analyse: Ist es eine typische Situation?**
*Zum Beispiel mit Freundinnen und Freunden, älteren Mitschülerinnen und Mitschülern, Lehrerinnen und Lehrern oder Trainerinnen und Trainern, anderen Eltern?*
**2. Vorbereitung:** *Überlegen Sie sich gemeinsam Formulierungsvorschläge für derartige Situationen, die Ihre Tochter dann beherzigt.*
*Zeit gewinnen durch automatische Rückfrage:*
*Zeit gewinnen durch Nonsense-Sätze:*
*Klare Kante zeigen:*

### Was Sie vorleben können

Sowohl bei der Kommunikation als auch bei der Reaktionssicherheit hat Ihr Vorbild eine besondere Bedeutung. Ihre Tochter nimmt Ihren Gesprächs- und Redestil auf dieser Welt als Erstes wahr; vieles wird sie unbewusst kopieren. Reden Sie, wenn Ihre Tochter dabei ist, kommunizieren Sie, mit Freunden und Bekannten, im Supermarkt, beim Sport, Wichtiges oder Small Talk. Machen Sie das so, wie Sie Zeit und Lust hierzu haben. Auch das ist ein wichtiges Vorbild für Ihre Tochter. Man muss nicht immer reden (wollen).

Außerdem lege ich Ihnen ans Herz, als Vorbild das kleine 1x1 guter Kommunikation bei Ihren Gesprächen zu beachten. Es lautet:

- Zeigen Sie echtes Interesse an Ihrem Gesprächspartner. Nehmen Sie sich Zeit, stellen Sie Augenhöhe her und seien Sie ehrlich neugierig auf den anderen.
- Hören Sie aktiv zu. Seien Sie zugewandt und hören Sie mit den Ohren und mit dem Herzen zu. Fassen Sie ab und zu Beiträge Ihres Gegenübers kurz zusammen, um sicherzustellen, dass Sie sie verstanden haben.
- Reden Sie selbst auch. Vor allem empathische Menschen sind geborene Zuhörer und finden oft als Sprechende in Gesprächen nicht statt. Wenn Ihnen das vielleicht bekannt vorkommt: Nehmen Sie sich bewusst und regelmäßig Ihre Redezeit. Beziehen Sie klar Stellung, wenn Ihnen danach ist. Seien Sie mutig, seien Sie kühn. Haben Sie eine Meinung.
- Senden Sie Ich-Botschaften. Schildern Sie Ihre Sicht der Dinge, sagen Sie, wie Sie sich fühlen, zum Beispiel: »Ich habe den Eindruck, dass …«, »Bei mir kommt das jetzt so und so an …« oder »Auf mich wirkt das so …«. Das Gegenteil von Ich-Botschaften sind Vorwürfe wie »Du hast, du bist, immer machst du …«. Viele Gespräche gewinnen allein durch die Beherzigung dieser Grundregel an Qualität.
- Wahren Sie Respekt und Wertschätzung. Immer.

Zusätzlich können Sie Ihre eigene Reaktionssicherheit stärken oder erweitern, wenn Sie für sich Bedarf feststellen. Nutzen Sie dafür die Anregungen wie oben beschrieben genauso wie Ihre Tochter, indem Sie Situationen analysieren und Formulierungen vorbereiten, um »Zeit zu gewinnen« oder »klare Kante zu zeigen«. Allein durch Ihr Vorbild erhält Ihre Tochter Ihre unausgesprochene Erlaubnis, sich ebenfalls verbal zur Wehr zu setzen.

## KOMMUNIKATION ÜBEN – WAS NEHMEN SIE MIT?

Frauen können hervorragend reden und kommunizieren, vor allem, wenn sie »unter sich« sind. Es gibt jedoch unterschiedliche Situationen, in denen die Kommunikation schwierig werden kann, vor allem in hierarchischen Strukturen oder in »gemischten Gruppen«. Für manche Mädchen ist das bereits in der Schule ein Thema. Sie können – beiläufig (!) – Ihre Tochter frühzeitig für klare Kommunikation sensibilisieren:

- Ermutigen Sie sie zum Sprechen: Fragen Sie, lassen Sie reden, unterbrechen Sie nicht. Hören Sie aktiv zu, nehmen Sie Ihre Tochter ernst, seien Sie zugewandt, stellen Sie weiterführende Fragen. Sie vermitteln ihr dadurch, dass sie gehört wird.
- Fördern Sie frühzeitig ihren Wortschatz durch sprachbezogene Aktivitäten, die in Ihren Alltag passen.
- Bieten Sie sehr vorsichtig Hilfe an, wenn Sie das Gefühl haben, Ihre Tochter könnte ein Problem haben, sich sprachlich auszudrücken.
- »Schlagfertigkeit« ist für viele Frauen ein großes Thema. Es gibt zahlreiche Situationen mit Unverschämtheiten, Beleidigungen oder sogar verbalen sexuellen Übergriffen. Hier bevorzuge ich den Begriff der »Reaktionssicherheit«. Wenn Ihre Tochter mit diesem Thema auf Sie zukommt, bereiten Sie mit ihr Reaktionssicherheit vor, bis sie wie selbstverständlich da ist. Analysieren Sie erlebte oder typische Situationen und überlegen Sie gemeinsam Formulierungsvorschläge, mit denen sie Zeit gewinnt oder »klare Kante« zeigt.

- In Ihrer eigenen Kommunikation:
  - Zeigen Sie echtes Interesse an Ihrem Gegenüber.
  - Hören Sie aktiv zu.
  - Reden Sie selbst auch.
  - Senden Sie Ich-Botschaften.
  - Wahren Sie Respekt und Wertschätzung.
- Erweitern Sie Ihre eigene Reaktionssicherheit, falls erforderlich.

## 7. Perfektionismus managen

Das Streben nach Perfektion ist nicht per se etwas Schlechtes. Der Wunsch, sich zu steigern und gute Ergebnisse abzuliefern, indem man gewissenhaft, diszipliniert und sorgfältig arbeitet und die Dinge ernst nimmt, sind positive Eigenschaften, die oft zu Spitzenleistungen führen. Auch sie gehören zum Menschsein dazu.

Schädlich wird es, wenn Perfektionismus sich verselbstständigt. Wenn es nicht mehr nur um das besonders gute Ergebnis geht, sondern andere Motivationen eine Rolle spielen. Dann, wenn das eigene Selbstwertgefühl durch das Streben nach Perfektion definiert wird, wenn die eigenen inneren Maßstäbe und Standards unermesslich hoch sind und streng und rigoros eingehalten werden (müssen). Ein solch übersteigerter Perfektionismus ist gerade bei Frauen oft eng mit Themen wie »Verantwortung« und »für andere und ihre Bedürfnisse da sein« verknüpft.

### Aus der Praxis: das weibliche Thema

Perfektionismus wohltuend zu managen, ist ein großes Frauenthema. Unreflektierter Perfektionismus kann in große Erschöpfung treiben, manche gar in den Burn-out. Er führt zu inneren Sätzen, die wie innere Antreiber wirken und zu andauernder Aktivität führen, zum Beispiel: Ich muss perfekt sein. Ich muss alles perfekt machen. Nur wenn ich perfekt bin, werde ich geliebt. Ich bin nicht gut genug.

Diese Art von übersteigertem Perfektionismus zeigt sich bei Frauen auch als Gefühl der Überverantwortlichkeit, mit der Folge, dass sie sich bis zur Selbstausbeutung verausgaben. Die folgenden inneren Sätze tragen dazu bei: Ich muss alles im Blick behalten. Ich bin verantwortlich. Wenn ich es nicht mache, macht es niemand. Nur ich sehe, was gemacht werden muss. Frauen müssen sich kümmern.

Vor allem Mütter sind davon betroffen: Sie sind oft der »Flughafentower der Familie«, sie sehen alles, hören alles, koordinieren und machen alles. Doch damit nicht genug, denn eine ordentliche oder gute Leistung reicht oft nicht. Sie muss perfekt oder nahe dran sein, sonst ist der eigene Selbstwert in akuter Gefahr. »Irgendetwas ist immer«, und so dreht das Mütter- und Frauen-Hamsterrad immer weiter und weiter ohne Ausstiegsoption.

Auf Dauer ist das unheimlich anstrengend, je älter Frau wird, umso mehr. Die eigene Energie ist begrenzt. Außerdem ist es für Töchter kein gutes Vorbild, sich permanent bis zur Erschöpfung zu verausgaben. Wie sehen Sie das? Lassen Sie uns stattdessen darüber nachdenken, wie Sie Ihre Tochter frühzeitig von der Last des Perfektionismus befreien und gleichzeitig den Willen zur Leistung erhalten können.

### Was Sie tun können

Am Anfang steht die Erkenntnis: Niemand ist perfekt oder kann jemals perfekt sein. Sie nicht, ich nicht, niemand sonst. Das ist nicht menschenmöglich. Manchmal schmerzt diese Erkenntnis, aber in den meisten Fällen befreit sie und ist der erste Schritt in die richtige Richtung, Perfektionismus auf gesunde Weise zu managen.

Der nächste Schritt ist ein Blick hinter die Kulissen. Woher kommt Perfektionismus? Perfektionismus ist die

Angst vor Fehlern und die wiederum ist die Angst vor Ablehnung. Diese wird häufig in der Kindheit durch (unbewusstes) Verhalten der Eltern geprägt. Genau an diesem Punkt können Sie ansetzen.

## BEDINGUNGSLOSE LIEBE OHNE (GEGEN-)LEISTUNG

Das wichtigste Gefühl, das Sie Ihrer Tochter vermitteln können, ist, dass sie bedingungslos geliebt wird als der Mensch, der sie ist. Dass sie genauso angenommen wird. Dass Sie sie lieben, ohne dass sie hierfür eine Leistung erbringt. Dass Sie sie lieben mit ihren Stärken, mit ihren Schwächen und vor allem: mit den Fehlern, die sie macht.

Genau das macht den großen Unterschied: wie Sie mit den Fehlern Ihrer Tochter umgehen, die sie zwangsläufig machen wird, wie wir alle. Defizite, Makel und Fehler geraten schnell in den Fokus. Unser Fehlersuchblick, unser allgegenwärtiges Mängelbewusstsein schlägt auch hier zu. Dabei wollen die meisten Eltern nur das Beste für ihr Kind: »Wenn dieses noch ausgebessert und jenes noch erreicht wird, dann wird alles gut, dann wird mein Kind fit fürs Leben.« Das ist jedoch der Nährboden für die Angst vor Ablehnung, die sich unbewusst festsetzt: *»Wenn ich Fehler mache, riskiere ich die Liebe meiner Eltern. Ohne diese kann ich nicht (über-)leben. Also tue ich alles, um keine Fehler zu machen.«* Leistung, die auf dieser Angst beruht, ist nicht nachhaltig, oft selbstschädigend und mündet in übersteigerten Perfektionismus.

Das Gegenteil führt zu Wohlbefinden. Je nachsichtiger, mitfühlender und freundlicher wir mit den Fehlern umgehen, die unsere Kinder machen, desto gefestigter werden ihre Persönlichkeiten. Leistung kann ihnen dann auf natürliche Weise gelingen, und ihr eigener Leistungswille kann sich sicher entfalten.

Damit wir uns nicht missverstehen, auch hier ist das richtige Maß entscheidend. Das bedeutet nicht, die Augen zu verschließen, wenn Ihre Tochter Unterstützung braucht, um sich in dieser Welt leichter zurechtzufinden, sei es in Form von Nachhilfe oder Ergotherapie. Es bedeutet auch nicht, bei Ihrer Tochter vorsorglich gleich alles über den grünen Klee zu loben. Es bedeutet »nur«, den Blick nicht sofort wie selbstverständlich auf das zu richten, was (noch) nicht da ist. Sondern stattdessen liebevoll anzuschauen und anzunehmen, was da ist.

*»Du reichst, so wie du bist«* ist einer der wertvollsten Sätze, die Sie Ihrer Tochter auf ihrem Lebensweg mitgeben können. Dies mag offensichtlich klingen, aber es ist eine Sache, dies zu sagen, und eine andere, danach zu handeln. Konkret bedeutet das, dass Sie Ihre Reaktionen einschließlich Ihrer Mimik im Griff haben sollten. Wenn ein Fehler passiert, nicht sofort ungehalten reagieren, die Stirn runzeln, die Augenbrauen hochziehen und nach dem »Warum?« fragen. Stattdessen sollten Sie erst einmal neutral und wohlwollend zuhören. Ihre Tochter leidet wahrscheinlich bei einem Fehler selbst am meistens. Gießen Sie nicht auch noch Öl ins Feuer. Seien Sie einfach da. Sagen Sie: »Oh, schade«, oder: »Das tut mir leid. Kann ich dir irgendwie helfen?«, und nehmen Sie sie in den Arm, wenn Sie das noch zulässt. Und ob Sie es glauben oder nicht: Gerade aus dieser liebevollen Annahme wird das Bedürfnis nach Leistung und Entwicklung neu erwachsen.

## DIE EXTRAMEILE BEWUSST GEHEN

Vieles machen Kinder um seiner selbst willen, aus Freude an der körperlichen oder kreativen Betätigung wie Malen,

Musizieren, Leichtathletik und ähnliche Hobbys. Das ist wunderbar, fördern Sie alles, was Ihre Tochter »aus Spaß an der Freude« macht. Dies ist der direkte Weg zum Glücklichsein. Daneben gehören aber auch Klassenarbeiten, Tests, Turniere, sportliche Wettkämpfe oder Musikwettbewerbe wahrscheinlich zu ihrem Leben. Hierfür ist oft erhöhter persönlicher Einsatz erforderlich. Lernen, Üben und Trainieren sind daher regelmäßige Bestandteile im Leben unserer Kinder. Wenn auch das mit Freude geschieht, umso besser. Ein selbstmotivierender Leistungswille ist jedenfalls hilfreich; auch das Streben nach Perfektion ist nicht schädlich. Im Gegenteil, erfolgreich ist meistens nur, wer ab und zu die Zähne zusammenbeißt und die Extrameile geht. Der Trick dabei ist, das bewusst zu tun.

»Bewusst« die Extrameile zu gehen, bedeutet, dass es ein inneres Korrektiv gibt, das davor schützt, über die eigenen Grenzen zu gehen. Das vor Selbstausbeutung und übermäßiger Verausgabung bewahrt. Die innere Notbremse, die frühzeitig anspringt und verhindert, dass Perfektionismus sich verselbständigt. Das ist das Selbstmitgefühl: ein nachsichtiger, freundlicher und mitfühlender Blick auf sich selbst, ein Gefühl der Wärme und der Zuneigung zu sich selbst. »Nachsichtig, mitfühlend und freundlich« – kommt Ihnen das bekannt vor? Genau, das beschreibt oben Ihre innere Haltung, mit der Sie Ihrem Kind Ihre bedingungslose Liebe entgegenbringen. Mit der Sie Ihr Kind so annehmen, wie es ist. So kann sich Ihre bedingungslose Liebe bei Ihrer Tochter zu wohltuendem Selbstmitgefühl entwickeln. Wenn Sie sie so lieben, dann darf sie das auch. So kann sie die Extrameile »bewusst« gehen und in liebevoller Freundlichkeit zu sich selbst spüren, wann es reicht. Wann körperliche, geistige oder mentale Grenzen eine Pause erfordern. Danach kann sie weitergehen, um *ihre* Ziele zu erreichen.

## DIE »RICHTIGE« VERANTWORTUNG ÜBERNEHMEN

Ein typisches weibliches Thema im Zusammenhang mit Perfektionismus ist, dass Frauen oft übermäßig Verantwortung für andere schultern. Dies zeigt sich insbesondere bei Müttern, und zwar nicht nur in Bezug auf ihre eigenen minderjährigen Kinder, sondern auch in Bezug auf ihren Partner oder ihre Partnerin, die gesamte Familie, andere Erwachsene, Vereine und Clubs sowie ihre Arbeitskolleginnen und - kollegen.

Ein Teil dieses Phänomens ist der sogenannte Mental Load vieler Frauen, das heißt die Belastung, die durch das Organisieren der Alltagsaufgaben entsteht, die erledigt werden müssen, aber oft nicht sichtbar sind oder gemeinhin als »nicht wesentlich« angesehen werden. Dazu gehören zum Beispiel die Betreuung kranker Angehöriger, das Wäschewaschen und das Schreiben von Geburtstagskarten. Ein anderer Teil ist, dass Frauen häufig die »falsche« Verantwortung übernehmen. Dazu gehört zum Beispiel, ungefragt und ohne Anlass für andere Verantwortung zu tragen und Sachen zu regeln, die diese auch selbst übernehmen könnten, zum Beispiel für den erwachsenen Partner die Kleidung für den nächsten Tag herauszulegen, den Papierkorb im Zimmer Jugendlicher zu leeren oder beim Grundschulkind die Buntstifte für das Schulmäppchen jeden Tag selbst anzuspitzen. Sie können Ihre Tochter frühzeitig sensibilisieren, die »richtige« Verantwortung zu übernehmen. Hier sind einige Anregungen:

- Vermeiden Sie es, Ihrer Tochter wie selbstverständlich die weiblichen Aufgaben des »unsichtbaren Kümmerns« im Zusammenleben zu übertragen, wie den Tisch zu decken, die Oma zu besuchen, Mehl bei der Nachbarin zu borgen, den Blumenstrauß zu binden. Kinder dürfen gerne altersgerecht im Haushalt helfen! Das gibt ihnen ein Gefühl dafür, was Alltag überhaupt bedeutet, es fördert ihre sozialen Kompetenzen und entlastet Sie und Ihren Partner oder Ihre Partnerin.

- Achten Sie jedoch darauf, die »soften« Aufgaben nicht nur Ihrer Tochter zu übertragen, sondern auch anderen (männlichen) Familienmitgliedern. Variieren Sie und lassen Sie Ihre Tochter auch technische Fragen lösen, zum Beispiel rund um Computer, WLAN oder Streamingaccounts, die die ganze Familie nutzt, mit Ergebnissen, die für alle sichtbar sind. Sie kann das andere »besser« oder macht es »lieber«? Ja, das ist das Problem: Genau das schafft früh die Basis für den späteren Mental Load, die Belastung durch die unsichtbaren Alltagsaufgaben.
- »Du kannst das doch so gut.« – Kennen Sie diesen Satz? Und schwupps, schon haben Sie eine Aufgabe mehr am Hals. Die Lösung für Sie selbst bei solchen Appellen an Ihre (vermeintlichen) Fähigkeiten ist, klare Grenzen zu ziehen. Sind Sie jedoch manchmal selbst versucht, auch Ihrer Tochter mit diesen Worten Aufgaben zu übertragen? Loben Sie sie, loben Sie ihre Fertigkeiten, aber beißen Sie sich gerade bei diesem wohlbekannten Satz auf die Zunge, wenn es geht. Er etabliert das Denksystem: »Wenn andere an meine Fähigkeiten appellieren, kann ich schlecht Nein sagen.« Genau hier drohen später Überverantwortlichkeit und Überlastung. Lassen Sie einfach diese Anmerkung weg und übertragen Sie stattdessen eine solche Aufgabe Ihrer Tochter mit einem schlichten »Könntest du …« oder »Mach doch mal bitte …«.
- Fördern Sie bei Ihrer Tochter frühzeitig, Eigenverantwortung zu übernehmen: selbst verantwortlich zu sein für das, was sie tut oder eben nicht tut, und für beides die Konsequenzen zu tragen. Hierzu gehört zum Beispiel die Kleidung, die sie trägt, aber auch, welche Freunde sie trifft. Das beste Beispiel für Eigenverantwortung sind

Hausaufgaben in der Schule. Diese gehören vom ersten Schultag an grundsätzlich in die Hände Ihrer Tochter. Wenn Sie sich damit schwertut, dann führen Sie sie langsam in diese Eigenverantwortung. Unterstützen Sie, geben Sie Hilfestellungen auf Nachfrage, schaffen Sie Zeit und Raum für die Hausaufgaben, aber lassen Sie sie machen. Fahren Sie Ihre Kontrolle Stück für Stück zurück. Spätestens im Verlauf des ersten Schuljahrs sollte Sie so gelernt haben, dass Hausaufgaben ihre Angelegenheit sind.

- Seien Sie wachsam, wenn Sie Ihrer Tochter Verantwortung oder Verantwortlichkeiten für andere übertragen, vor allem wenn sie nicht kind- oder altersgerecht sind. Dazu gehört zum Beispiel, dass sie häufig auf jüngere Geschwister aufpasst, Geschwister an Ihrer Stelle täglich bei den Hausaufgaben begleitet oder regelmäßig das Essen für die Familie kocht. Wer früh ein Verhaltensmuster lernt, schon als Kind wie selbstverständlich Verantwortung für andere zu übernehmen, kann das später nur schwer wieder ablegen und fühlt sich dann unbewusst in vielen privaten oder beruflichen Situationen übermäßig verantwortlich. Als Faustregel gilt: Einzelne Aufgaben ab und zu ja, übergreifende Verantwortung, gar über einen längeren Zeitraum, nein. Zum Beispiel: Der Kuchen für die Geburtstagsparty des kleinen Bruders ist in Ordnung, die Verantwortung für den Gesamtablauf und die Spiele sind es nicht.

Die »richtige« Verantwortung zu übertragen, ist vor allem bei Mädchen manchmal ein schmaler Grat, denn wir wollen unseren Kindern gerade auch Verantwortung für andere beibringen. Und viele Mädchen helfen gerne und kümmern sich oft sehr gewissenhaft um übertragene Aufgaben, machen also einfach gerne mit. Verlassen Sie sich auf Ihr Fingerspitzengefühl, um hier keine Muster zu schaffen, die Ihrer

Tochter später ein Bein stellen. Je älter Ihre Tochter wird, vor allem in und nach der Pubertät, desto eher wird sie einzelne Verantwortungspäckchen übernehmen können – aber nicht alles und nicht selbstverständlich. Das Wichtigste ist wieder einmal, dass Sie selbst ihr vorleben, immer wieder die »richtige« Verantwortung zu übernehmen.

## WEITERGEDACHT:

### EIN TYPISCH WEIBLICHER (UM-)WEG: VIELLEICHT KÖNNTE MAN NOCH ETWAS OPTIMIEREN?

In der Praxis begegnet mir oft ein »typisch weiblicher« Umweg, nämlich die Frage: »Lässt sich hier vielleicht noch etwas optimieren?« Entscheidungen sind gefallen, alles ist organisiert und geplant, andere handeln schon: Die Fahrten am Nachmittag, Verabredungen der Kinder, wer wann wie und wo zur Geburtstagsfeier stößt, welches Essen wo geholt wird. In diesem Moment wirft Frau noch einmal die grundsätzliche Frage auf, ob man nicht irgendetwas »noch besser machen« könnte. Meistens geht es dabei nicht um ihre eigenen Interessen. Sie überlegt vielmehr, ob sie für andere die Dinge noch ein bisschen besser regeln oder organisieren könnte. Vielleicht kommt Ihnen das bekannt vor?

Im besten Fall ist dieses Verhalten »nur« mühsam, die getroffene Entscheidung zu hinterfragen, Planungen erneut zu durchdenken, organisatorische Themen nochmals zu wälzen. Oft verstehen andere diesen Ansatz nicht, weil für sie die Lage klar ist und sie sich an die einmal getroffene Entscheidung halten. Vor allem wenn die anderen männlich sind.

Erfahrungsgemäß schafft es häufig Probleme bei der Umsetzung und oft auch Missverständnisse, erneut alles infrage zu stellen und so vermeintlich Abläufe zu optimieren. Die Optimierungsfrage verzögert und ermüdet und reibt viele Frauen auf. Falls Sie das kennen, ist – nach vielen Jahren unter einem Dach mit vier Männern – meine Anregung für mehr Leichtigkeit in Ihrem Leben: Wenn Entscheidungen, Planungen und Organisation stehen, lassen Sie sie wie besprochen. Wenn Sie den Optimierungsdrang bei sich spüren, unterdrücken Sie ihn bewusst. Setzen Sie vorübergehend Scheuklappen auf und halten Sie sich an das Besprochene. Sie werden sehen, dass die Welt nicht untergeht. Und es ist für Sie (und alle anderen) deutlich entspannter, als immer wieder alles infrage zu stellen.

### Was Sie vorleben können

Gerade als Mutter und weibliches Rollenvorbild können Sie Ihrer Tochter vorleben, Perfektionismus wohltuend zu managen. Wenn Sie bei sich selbst einen Hang zum Perfektionismus feststellen sollten, können vier innere Einstellungen helfen, die gleichzeitig Ihr Leben leichter machen können:

### Seien Sie mit Freude unperfekt!

Sie müssen nicht »perfekt« sein. Das muss niemand. Die Kunst ist nur, das für sich selbst zu akzeptieren und sich in dieses neue Gefühl der Freiheit hineinfallen zu lassen. Das bedeutet in vielen Situationen: »Gut ist gut genug.« Oder gehen Sie noch weiter: »Okay ist gut genug.« Oder sagen Sie bei einem nicht ganz »perfekten« Ergebnis: »Ach egal, ich lasse das jetzt so.« Wie fühlt sich das an? Vielen Frauen ist das anfangs nicht geheuer, sie fühlen sich unsicher, ob sie das »dürfen«. Die Antwort: Ja! Auch Sie dürfen fünfe gerade sein lassen, auch Sie dürfen die Dinge laufen lassen. Ich bekam letztens ein Geschirrtuch geschenkt mit der Aufschrift: »Wo Staub ist, ist Frieden.« So simpel, so wahr. Wenn der innere Antreiber des Perfektseinmüssens verstummt, dann darf der Staub liegen bleiben, dann kehrt Frieden ein. Für Sie, aber häufig auch für alle Menschen um Sie herum. Nichts kann so sehr entspannen, wie nicht perfekt sein zu müssen. Damit einher geht:

### Legen Sie die eigene Messlatte nicht zu hoch!

Viele Frauen haben unbewusst hohe innere Maßstäbe: »Das muss so und so gemacht werden, sonst …« Diese werden rigide und rigoros aufrechterhalten, auch wenn das in Überlastung und Selbstausbeutung mündet. Wenn Sie das von sich kennen, überprüfen Sie Ihre eigene innere Messlatte und setzen Sie sie neu, am besten nach unten. Wenn selbstauferlegte Abläufe, Aufgaben oder Pflichten Ihnen zunehmend schwerer fallen oder gar über den Kopf wachsen, ändern Sie bewusst Ihre Perspektive und machen Sie den Gegencheck: »Muss das wirklich so gemacht werden oder geht das auch anders?« Erlauben Sie sich die innere Flexibilität, Abläufe und Gewohnheiten, »die so sein müssen«, jederzeit zu Ihrem Wohl zu verändern. Probieren Sie es aus, es macht innerlich frei. Sie leben Ihr Leben nicht für irgendwelche Maßstäbe, sondern für sich selbst und Ihre Lieben. Damit leben Sie gleichzeitig Ihrer Tochter vor, dass keine innere Norm über dem eigenen Wohlbefinden steht.

### Übernehmen Sie selbst bewusst die »richtige« Verantwortung!

Seien Sie wachsam bei den Verantwortungen, die Sie übernehmen. Sie tragen die Eigenverantwortung für sich selbst und Mitverantwortung für Ihre minderjährigen Kinder – Jahr für Jahr ein kleines bisschen weniger, denn Ihre Kinder werden ja größer. Überprüfen Sie jedoch kritisch jede Fremdverantwortung, die Sie für andere Erwachsene tragen. Häufig merken Sie das daran, dass Sie für andere mitdenken: »Hast du deinen Schlüssel, die Regenjacke, das Geld dabei? Denkst du daran, die Kaninchen zu füttern, dem Hund Wasser hinzustellen, die Sportsachen aus dem Beutel zu nehmen?« Ich weiß, dass viele dieser Aufgaben automatisch bei

Frauen angesiedelt sind. Und ich kenne den weiblichen Satz »Wenn ich es nicht mache, macht es keiner!«. Dann ist es genau jetzt an der Zeit, Verantwortungen neu zu definieren und anderen (Erwachsenen) klar zu kommunizieren. Übertragen Sie am besten gleich ganze Verantwortungspäckchen. Einer ist für das Gießen aller Blumen zuständig, der andere für die Klassenfahrt mit allem Drum und Dran: Packliste, Kopien der Versicherungen, Teilnahme am Elternabend, Packen des Koffers, Snacks und Getränke. Können Sie das alles besser und schneller? Ja, vermutlich. Aber geben Sie anderen die Chance, es auch zu lernen – auf deren Weise. Geben Sie Verantwortung ab, treten Sie innerlich einen Schritt zurück. Lassen Sie andere machen und halten Sie sich bewusst raus. Das kostet Frau oft Überwindung, ist jedoch erlernbar. Und sehr heilsam.

**Seien Sie »genug«!**

Seien Sie für alle sichtbar »genug«. Setzen Sie sich nach einem langen Tag voller Arbeit und Aufgaben selbstbewusst aufs Sofa, legen Sie die Beine hoch und sagen Sie leise sich und laut Ihrem Umfeld: »Für heute habe ich genug getan.« Wenn Sie es nicht sagen, tut es kein anderer. Wenn Sie sich nicht gut um sich kümmern, tut es kein anderer. Wenn Sie nicht gut auf sich achten, tut es kein anderer. Und genau das darf das Vorbild sein, das bei Ihrer Tochter hängen bleibt.

## WEITERGEDACHT:

### UMGANG MIT SCHULDGEFÜHLEN

Die Empfehlungen, wie Sie Ihrer Tochter ein gutes Vorbild sein können, können Ihr Leben innerlich leichter machen. Manchmal höre im Coaching den Einwand: »Das kann ich nicht«, oder: »Das kann ich so schlecht«, oder: »Ich habe dabei ein schlechtes Gewissen und Schuldgefühle.« Deshalb werfen wir nun einen Blick auf den Umgang mit möglichen Schuldgefühlen.

Schuldgefühle suggerieren, dass durch ein vermeintlich »falsches« Verhalten die eigene innere Moralvorstellung, die eigenen inneren Werte in Gefahr sind. Sie können stark verunsichern, mindestens aber zu einer inneren Zerrissenheit führen. Derartige Gefühle wollen wir in der Regel nicht fühlen.

Wenn solche Schuldgefühle bei Ihnen auftauchen, versuchen Sie, sofort die Perspektive zu wechseln. Statt das Schuldgefühl als Warnhinweis zu sehen, das Sie zu vermeintlich »richtigem« Handeln führen will, fragen Sie sich sofort: »Woher kommt das jetzt wieder?« Und dann überlegen Sie im nächsten Schritt, wer Ihnen dieses Schuldgefühl wohl einredet oder eingeredet hat: Kommt es aus Ihrer eigenen Kindheit oder Jugend? Aus Familie, Schule, Ausbildung? Ist es ein tradiertes Rollenbild, dass »Frau« sich so verhält?

Bei dieser Spurensuche kommt oft heraus, dass sich die eigene Mutter in der eigenen Ursprungsfamilie bereits so verhalten hat. »Meine Mutter hat immer klaglos für alle gesorgt«, »Meine Mutter hat meinem Vater den Rücken freigehalten« oder »Meine Mutter war für uns vier Kinder fast allein zuständig. Mein Vater war immer auf Dienstreisen«. Damit verbunden ist manchmal die plötzliche Erkenntnis: »Meine Güte, ich verhalte mich ja wie meine Mutter. Dabei wollte ich das nie.«

Während dieser inneren Reise zu den Ursprüngen eines Schuldgefühls kann auch herauskommen, dass es durch unbewusste innere Sätze verursacht wird: »Frauen verhalten sich so« oder »Das sind Frauenaufgaben«.

Wenn Sie genau darüber nachdenken, werden Sie feststellen, dass beide Ursachen für Ihre Schuldgefühle nichts mit Ihnen zu tun haben, vor allem nicht mit Ihrem inneren Wertesystem. Es sind überlieferte Vorstellungen, die es hervorrufen und die Sie unbewusst, also »ungeprüft« übernommen haben. Dann ist genau jetzt, beim Heranwachsen Ihrer Tochter, der Zeitpunkt, diese Vorstellungen zu überprüfen und eine bewusste Entscheidung zu treffen: Wollen Sie sich so verhalten? Oder nehmen Sie sich die Freiheit, diese Vorstellungen jetzt abzulegen und sich bewusst anders zu entscheiden – sowohl für sich selbst als auch als Vorbild für Ihre Tochter?

## PERFEKTIONISMUS MANAGEN – WAS NEHMEN SIE MIT?

Perfektionismus schadet, wenn er sich verselbstständigt. Hinzu kommt oft ein übermäßiges Verantwortungsgefühl für andere. Beides kann zu Überlastung und Selbstausbeutung führen. Bei Ihrer Tochter können Sie früh ansetzen, um Perfektionismus wohltuend zu managen.

- Schenken Sie Ihrer Tochter bedingungslose Liebe, ohne eine (Gegen-)Leistung zu erwarten. Zeigen Sie ihr, dass Sie sie genau so lieben, wie sie ist.
- Unterstützen Sie Ihre Tochter dabei, die »Extrameile« bewusst zu gehen. Leistung und das Streben nach Perfektion sind nicht per se etwas Schlechtes. Besonders wohltuend ist es, wenn sich bei Ihrer Tochter Selbstmit-

gefühl entwickelt, das Überlastung und Selbstausbeutung verhindert.

- Achten Sie darauf, dass Ihre Tochter die »richtige« Verantwortung trägt, nämlich altersgerecht machbar und ohne Selbstaufgabe. Das erfordert oft viel Fingerspitzengefühl.
- Wenn Sie bei sich selbst einen Hang zum Perfektionismus feststellen sollten, leben Sie Ihrer Tochter vor, wie Sie Perfektionismus gut managen:

  - Seien Sie mit Freude unperfekt!
  - Legen Sie die eigene Messlatte nicht zu hoch!
  - Übernehmen Sie selbst bewusst die »richtige« Verantwortung!
  - Seien Sie »genug«!

## DAS KOMMT (MEISTENS) SPÄTER

Es gibt vier weitere Quellen, die ab der frühen Pubertät helfen können, die innere Stärke Ihrer Tochter zu mehren: »Medien nutzen«, »Mobbing kontern«, »Liebesfallen erkennen« und »Pläne schmieden«.

### 8. MEDIEN NUTZEN

Die angemessene Nutzung moderner Medien stellt für uns alle eine Herausforderung dar. Sie sind in unserem beruflichen Leben überall präsent; Smartphones und Tablets sind unsere täglichen Begleiter wie Geld und Schlüssel, wenn nicht sogar wichtiger.

Über das Internet sind wir permanent und überall mit der Welt verbunden. Apps, Streamingdienste und Medienangebote eröffnen uns zahllose Möglichkeiten der Information und Unterhaltung: Podcasts, Filme, Musik, Fotos und Computerspiele sind zu jeder Zeit und an jedem Ort mit WLAN oder mobilen Daten verfügbar. Über E-Mails und Messengerdienste kommunizieren wir, über Instagram, TikTok, Facebook, Snapchat & Co. halten wir Kontakt zu unseren Mitmenschen. Darüber hinaus sind die kreativen Möglichkeiten und Anwendungen endlos: fotografieren, filmen, komponieren, Posts erstellen, Bildbearbeitung.

Moderne Medien fesseln so einen Großteil der uns zur Verfügung stehenden täglichen Aufmerksamkeit. Nicht nur Gutes wird dabei transportiert. Gewalt in jeder Form, Kriminalität, sexuell anstößige Inhalte und ekelerregende Einblicke lauern im weltweiten Netz. »Cybergrooming« greift immer mehr um sich: Erwachsene, die sich als Gleichaltrige ausgeben und so sexuelle Kontakte mit Minderjährigen suchen. Dies sind alles Themen, vor denen wir unsere Kinder schützen müssen.

### Aus der Praxis: Das weibliche Thema

Angemessene Mediennutzung ist ein weibliches Thema, denn es ist ein menschliches Thema. Es betrifft jeden von uns. Wir alle müssen tagtäglich entscheiden, wie viel, wie und was wir an Informationen und Kommunikation aus diesem Dauerangebot konsumieren. Jeden Tag müssen wir auch Grenzen ziehen im Hinblick auf das mediale Überangebot. Eltern müssen ihre Kinder genau auf diese Herausforderungen vorbereiten. Vielen Eltern ist die Mediennutzung ihrer Kinder ein Dorn im Auge:

- »Meine Tochter ist nur noch am Handy. Es ist wie ihr verlängerter Arm. Den ganzen Schulweg schaut sie darauf. Ich kann es nicht mehr ertragen.«
- »Sie liegt den ganzen Nachmittag auf ihrem Bett und schaut Netflix. Ich werde wahnsinnig.«
- »Ich weiß gar nicht, was sie den ganzen Tag mit diesem Ding macht.«

- »Meine Tochter folgt der Influencerin XY. Die postet jeden Tag mehrmals, ständig macht es ‚Pling'. Mich macht das verrückt.«
- »Die Gefahren sind so groß, ich weiß gar nicht, wie ich meine Tochter schützen soll.«
- »Meine Tochter hat mir gezeigt, wem sie auf Instagram folgt. Meine Güte, die sind alle so mager. Das kann doch nicht echt sein. Ich habe Sorge, dass sie sich runterhungert.«
- »Ich möchte nicht, dass sie Fotos in Unterwäsche oder weniger von sich verschickt. Wie kann ich das bloß verhindern?«

Eltern bekommen das zermürbende Gefühl, das »echte« analoge Leben in all seiner Vielfältigkeit und Sinnenfreude ziehe an ihrer Tochter vorbei. Hinzu kommen Gefahren, vor denen Eltern ihre Kinder schützen wollen: mögliche Übergriffe in die Intimsphäre, verbunden mit Erniedrigungen, die Gefahr von gewalttätigen Inhalten, die Abwertung von Zuneigung und (körperlicher) Liebe, der irritierte Blick auf sich selbst durch falsche oder »gefakte« Vorbilder sowie die Tarnung von Erwachsenen, die sich als Gleichaltrige ausgeben und im Internet gezielt und höchst manipulativ nach sexuellen Kontakten mit Minderjährigen suchen.

Dieser elterlichen Sorge und der real existierenden Gefährdung stehen all die Verheißungen und schöpferischen Möglichkeiten der modernen Medien gegenüber. Und die unendliche Neugierde unserer Kinder, alles auszuprobieren und alles auszutesten, vor allem, wenn etwas verboten oder eingeschränkt ist. Obendrauf kommt das natürliche Suchtpotenzial dieser Medien, dem auch wir Erwachsene uns oft nur durch aktive Willensanstrengung entziehen können: die Sucht nach Neuigkeiten. Unser Gehirn liebt Neues und schüttet Glückshormone bei allen Arten von Neuigkeiten aus, egal ob sie für uns persönlich relevant sind oder nicht.

Und diese werden in den verschiedenen Medien ohne Unterbrechung geliefert.

Zu diesen großen Themen finden Sie viel Fachliteratur von Medienexperten. Außerdem stehen fachkundige Ratgeber und Broschüren kostenlos im Internet zur Verfügung. Mein Ziel an dieser Stelle ist es daher nicht, einen weiteren Ratgeber zu diesem Thema zu schreiben. Ich möchte Ihnen nur die Grundzüge zu diesem Thema vermitteln. Und dann einen Blick darauf werfen, wie diese Grundzüge zum Wohle aller im Familienalltag integriert werden können. Denn es geht nicht nur um unsere Kinder, es geht auch um uns Eltern.

## Was Sie tun können

Bei kaum einem anderen Thema in diesem Buch prallen elterliche Prinzipien von »Vertrauen haben« einerseits und »Kontrolle ausüben« andererseits so stark aufeinander wie bei der Mediennutzung. Und bei kaum einem anderen Thema fühlen wir Eltern uns innerlich so zerrissen, weil auch wir Medien nutzen wollen und müssen, gleichzeitig aber unsere Kinder davor warnen wollen und müssen. Genau das ist der Grund, warum wir bei diesem Thema oft übermäßig gereizt auf die Mediennutzung unserer Kinder reagieren: »Ja, aber doch nicht so!« Das bezieht sich sowohl auf das Ausmaß der Nutzung, Stichwort »Bildschirmzeit«, als auch auf die Inhalte der Nutzung, Stichwort »sinnloses oder gefährliches Zeug«.

Der erste Impuls, um unsere Kinder zu schützen, ist es häufig, die Kontrolle hochzufahren. Das vermittelt schnell ein Gefühl der Sicherheit. Ist der Schutzwall aktiviert und möglichst hoch und lückenlos, kann nicht mehr viel passieren. Meint man. Stimmt jedoch leider nicht. Je älter die Kinder und je beschäftigter die Eltern, desto eher gibt es Lücken im Wall. Und durch Kontrolle allein entwickelt sich leider keine Medienkompetenz.

Oft sind es gerade wir Mütter, die den Großteil der elterlichen Verantwortung für die Kontrolle der Mediennutzung tragen. Apps zur Begrenzung der Bildschirmzeit können unterstützen. Doch das Leben ist vielfältig und bunt, es wird gelebt. In den meisten Fällen ist nicht ständig eine Mutter anwesend, die frisch und wach und mit viel Zeit rund um die Uhr ein einziges Kind bewacht, um die Mediennutzung korrekt zu regeln. Dann ist Flexibilität gefragt, zum Beispiel beide Augen zuzudrücken, wenn die Handys nicht in der dafür vorgesehenen Familien-Sammelbox liegen, sondern am Körper getragen werden. Es ist wichtig anzuerkennen, dass wir irgendwann zu müde sind, um Kontrolle ruhig und gelassen auszuüben.

Deshalb muss Vertrauen eine Rolle spielen, erst recht, wenn Ihre Tochter älter wird. Damit Sie dieses Vertrauen haben und sie »vertrauensvoll« ihre Schritte machen lassen können, ist es hilfreich, früh eine gute Basis zu schaffen. Medienkompetenz entsteht nur durch das bewusste Heranführen an die ausgewogene Mediennutzung – einmal mehr ist »das rechte Maß« ausschlaggebend.

Abschließend sei gesagt, dass jeder Mensch, jede Familie individuell ist. Wie Sie Mediennutzung in Ihrer Familie konkret umsetzen, ist Ihre Sache und hängt von den Persönlichkeiten der Familienmitglieder und der Persönlichkeit Ihrer Tochter ab. Zum Beispiel werden introvertierte, sensible, vielleicht hochsensible Menschen zum eigenen Wohl einen noch bewussteren Umgang mit Medien pflegen als extrovertierte Menschen, die gerade aus (menschlichen) Außenkontakten und Kommunikation Energie schöpfen. Dennoch haben sich einige allgemeine Eckpunkte für die Begleitung von Kindern herausgebildet, die ich Ihnen nun als Erstes vorstellen werde.

## DIE 3-6-9-12-REGEL[19]

Eine grobe Orientierung bietet die sogenannte 3-6-9-12-Regel, die auf psychologischer Expertise beruht. Es wird empfohlen, bis zum dritten Lebensjahr auf Bildschirme zu verzichten, sowohl Computer als auch Tablets und Fernseher. Vor dem sechsten Lebensjahr sollten Kinder keine Spielkonsole besitzen und bis zum neunten Lebensjahr kein eigenes Smartphone. Bis 12 schließlich sollten Kinder nicht unbeaufsichtigt mit Computer und Internet umgehen.

Diese Richtlinien entsprechen den empfohlenen Bildschirmzeiten: Bis zum dritten Lebensjahr sollten sie bei null liegen. Zwischen dem dritten und fünften Lebensjahr etwa eine halbe Stunde, zwischen dem fünften und neunten Lebensjahr etwa eine Stunde pro Tag. Für Kinder ab zehn Jahren gibt es verschiedene Empfehlungen, die sich auf tägliche Nutzungszeiten von einer bis anderthalb Stunden täglich oder entsprechende Wochennutzungszeiten zur selbständigen Einteilung des Kindes beziehen.

Das sind Anregungen, die viele Eltern intuitiv befolgen und die sich auch mit dem gesunden Menschenverstand begründen lassen. Ich habe mich vor zwanzig Jahren in einem kleinen Selbsttest einmal am Sonntagmorgen um 7.00 Uhr vor das Kinder-Comic-Fernsehen gesetzt. Nach einer halben Stunde war in meinem Kopf gefühlt nur noch Brei und der Tag insgesamt für mich gelaufen. Also, nein, Bildschirmzeit ist für die empfindlichen Gehirne unserer Kinder nicht gut, vor allem nicht in frühen Jahren.

Umsetzen lässt sich die 3-6-9-12-Regel im Alter zwischen 0 und 12 Jahren meist noch recht einfach, entweder sind die Endgeräte für Kinder nicht verfügbar oder das Einstellen von Bildschirmzeiten und entsprechende Apps zur Geräte- und Internetnutzung helfen dabei, die Regel einzuhalten. Ausnahmen wird es geben und sind menschlich: Beim festlichen Essen zu Omas 70. Geburtstag wird vielleicht doch mal das elterliche Smartphone gezückt, um die drei Festreden zu überbrücken, oder auf der zehnstündigen Fahrt in den Urlaub werden Hörspiele zum Wohle aller zwischendurch durch Filme (mit Kopfhörer) abgelöst. Wenn es ältere Geschwister gibt, sieht die Welt noch einmal anders aus. Da ist auch das abendliche »Sandmännchen« schon mit zweieinhalb Jahren in Ordnung, wenn die Älteren es auch schauen.

Während wir das Thema »Medien nutzen« bei unseren Kindern bis etwa 12 Jahren also meistens ganz gut über die Kontrolle hinbekommen, beginnen die eigentlich schwierigen Themen genau ab diesem Alter. Hier hilft es, vorzubeugen und früh anzufangen, Medienkompetenz zu vermitteln.

## MEDIENKOMPETENZ VERMITTELN

Hier sind einige Anregungen für Sie, wie Medienkompetenz vermittelt werden kann:

- Sprechen Sie mit Ihrer Tochter darüber, welche Geräte Sie wie nutzen. Erklären Sie ihr, nach welchen Kriterien Sie Webseiten aussuchen und wie sie vertrauenswürdige Quellen im Internet herausfindet.
- Fördern Sie frühzeitig den Umgang mit Geräten und Internet. Anfangs am besten durch kurze Bildschirmzeiten in Ihrem Beisein, ab Grundschulzeit zum Beispiel auch abgesichert durch kindgerechte Browser. Informationen hierzu finden Sie im Internet oder über die Schule Ihrer Tochter.
- Nutzen Sie Apps und Anwendungen, die kreative Inhalte vermitteln, zum Beispiel Malprogramme, Filmschneiden, Posts gestalten oder Musik komponieren. In jüngeren Jahren mit Ihrer Tochter gemeinsam, später kann sie sich allein damit beschäftigen. Sie wird Sie in Ihren Fertigkeiten ohnehin schnell abhängen.
- Lassen Sie Ihre Tochter bewusst kindgerechte und gut gemachte Filme und Serien schauen. Ein frühes Bewusstsein für Qualität hilft auch später noch. Ertragen Sie es

aber auch, wenn sie auf gesichtslose Figuren in grellen Farben und mit großen Augen steht.

- Ermöglichen Sie ihr, eigene Erfahrungen zu machen. Wenn Bildschirmzeiten überschritten werden, fragen Sie Ihre Tochter danach, wie es ihr geht. Viele Kinder haben ein gutes Gespür für sich selbst und werden merken, dass es ihnen nicht gut geht. Oder bekommen auf diese Weise ein Gefühl für die Lebenszeit, die sie mit medialen Aktivitäten verbringen. Ich habe schon heranwachsende Jugendliche erlebt, die von sich aus Social-Media-Apps von ihren Handys gelöscht haben, weil es ihnen zu viel wurde.
- Legen Sie technikfreie Zeiten fest: Gemeinsame Essenszeiten und Unternehmungen sollten dazugehören. Für Kinder bis circa 13 Jahre sollte irgendwann die Nacht ohne Geräte und Internet beginnen. Versuchen Sie, diese Zeiten so lange wie möglich und ihren Beginn so früh wie möglich zu setzen. Stellen Sie sich darauf ein, dass das etwa ab fortschreitendem Teenageralter nicht mehr einzuhalten ist, wenn Sie Ihr Kind nicht sozial isolieren wollen. Kommunikation mit den Freunden läuft häufig über Messengerdienste und in den Abendstunden ab – so wie wir in meiner Jugend gerne den (einzigen!) Telefon-Festnetzanschluss der Familie zu blockieren versucht haben.
- Interessieren Sie sich aufrichtig für das, was Ihre Tochter interessiert: Serien, Computerspiele, Apps. Lassen Sie sich das erklären, zeigen, beibringen. Wenn sie unbedingt »Germany's Next Topmodel« schauen will, schauen Sie mit. Ein Verbot macht es nur interessanter, und bei der nächsten Übernachtungsparty bei ihren Freundinnen guckt sie es ohnehin. Machen Sie sich nicht pauschal lustig über derartige Formate, nehmen Sie das ernst. Umso mehr Gewicht wird Ihre abschließende, sachliche Bewertung haben.

- Versuchen Sie mit Ihrer Tochter zu sprechen, wenn Sie merken, dass sie sich in ihrem Verhalten an selbstschädigenden Vorbildern im Netz orientiert oder das Vergleichen mit anderen auf Social Media in schwerwiegendere Themen wie Magersucht abzudriften droht. Versuchen Sie abzuschätzen, ob Sie externe Hilfe bei diesen Themen benötigen.
- Schärfen Sie Ihrer Tochter ein, niemals irgendwo persönliche Daten, ihre Adresse oder Fotos von sich zu hinterlassen. Wirklich niemals, nicht angezogen, nicht nackt, kein Ganzkörperfoto und keine Körperteile oder gar sexuelle Handlungen. Wenn sie bei ihrer Nutzung an diesen Punkt kommt (insbesondere Cybergrooming, anstößige Inhalte, Abofalle, Phishing), möge sie immer gleich mit Ihnen darüber sprechen. Bewahren Sie die Ruhe und gehen Sie mit Empathie für Ihre Tochter und lösungsorientiert an das Problem heran.

Neben Ihnen kümmern sich auch Kindergärten und Schulen um das Thema Medienkompetenz. Das kann dazu führen, dass Ihrer Tochter das Thema irgendwann zu den Ohren herauskommt. Versuchen Sie daher, Ihre Aktivitäten in dieser Richtung von Anfang an nicht zu »aufdringlich« oder »offensichtlich« zu gestalten. Es ist ein Balanceakt, um gerade Kinder in der frühen Pubertät in einem Gespräch auf dem »richtigen Bein« zu erwischen. Ihr Ziel sollten ruhige, sachliche und ernsthafte Gespräche auf Augenhöhe sein, in denen Sie Ihre Sorge und Fürsorge zum Ausdruck bringen, aber auch signalisieren, dass Sie grundsätzlich Vertrauen in Ihre Tochter haben, sodass sie im Zweifel mit schwierigen Themen zu Ihnen kommt. Geht es beim Thema »Medien nutzen« nicht um die Inhalte und möglichen Gefahren der virtuellen Welt, sondern »nur« um Bildschirmzeiten, sind appetitmachende Alternativen im analogen Leben gut.

## Kreative und gesellige Alternativen schaffen

Versuchen Sie, Ihrer Tochter in der analogen Welt kreative und gesellige Alternativen zu bieten – solange es altersmäßig geht, also etwa bis zum Beginn der Pubertät mit 13 oder 14 Jahren. Sie wissen schon, (gemeinsamer) Sport, Spieleabende, Kniffelturniere, Unternehmungen, Verabredungen mit Freunden, Zeltlager, Urlaub auf dem Bauernhof, Zoobesuche, ein eigenes Haustier (wenn auch Sie das wollen), Wochenendtouren, Schnitzeljagd, Picknick im Wald, Ausflüge mit anderen Familien, Kreativnachmittage, Feriennähkurse.

Bitte wahren Sie dabei das rechte Maß und übertreiben Sie es nicht. Machen Sie das alles im Rahmen Ihrer finanziellen und zeitlichen Möglichkeiten und vor allem im Rahmen Ihrer Kraft. Ich kenne Eltern, die sich ihr Wochenende im Wechsel mit Aktivitäten durchtakten, um ihren Nachwuchs von Technik und Medien fernzuhalten. Das macht fix und fertig, vor allem die Eltern. Versuchen Sie, einen ausgewogenen Mix hinzubekommen, auch Sie brauchen Ihr Wochenende.

## Versuchen Sie, auch »in schwierigen Zeiten« im Gespräch zu bleiben

Lassen Sie mich bei der Mediennutzung einen kleinen Schlenker zu den Verlockungen und Herausforderungen der Pubertät machen: Es gibt viel Reizvolles, bei dem pubertierende Jugendliche leicht über die Stränge schlagen. Dies beinhaltet Zigaretten, Alkohol, Haschisch und wechselnde Sexualpartner und -partnerinnen, manchmal auch unglückliche Beziehungen. Aber auch die Mediennutzung kann ein

Teil des hemmungslosen Ausprobierens sein mit übermäßigem Computerspielen, einer übermäßigen Abhängigkeit von Social Media und endlosem Netflixen verbunden mit Antriebslosigkeit im »echten« Leben. Mit Blick auf die Mediennutzung besteht die Gefahr einer Spielsucht, wobei diese häufiger männliche Jugendliche und Computerspiele oder Online-Pokern betrifft. Mädchen können dagegen regelrecht süchtig nach sozialen Medien werden, und unkontrolliertes Filme-Streamen kann sie ebenfalls vom echten Leben abschneiden. Wahrscheinlich wird Ihre Tochter wie alle Jugendlichen in der Pubertät vieles ausprobieren, manches verwerfen und vielleicht an einigem hängen bleiben.

Versuchen Sie immer, im Gespräch mit Ihrer Tochter zu bleiben. In schwierigen Phasen kann gerade das eine große Herausforderung sein. Erfahrungsgemäß klappt es besser, wenn Sie in den Jahren zuvor schon ein gutes, vertrauensvolles Verhältnis mit gegenseitigem Respekt etabliert haben. Die Hinweise in diesem Buch zu den anderen Quellen zur inneren Stärke können dazu beitragen. Wenn das Gespräch mit Ihrer Tochter stockt, achten Sie auf andere oder äußerliche Veränderungen in ihrem Wesen, die auf Handlungsbedarf hinweisen könnten. Das ist nicht immer einfach, weil pubertierende Jugendliche ohnehin in einer intensiven Umbruchphase sind. Anhaltspunkte für unterstützungsbedürftige Probleme können sein:

- Abfallende Schulleistungen: Dies ist oft das Erste, das auffällt, aber kein eindeutiges Zeichen für ernsthaftere Probleme. Jugendliche haben viel mit sich zu tun, Schule und Leistung geraten oft in den Hintergrund. Das ist also in der Pubertät »normal« und muss noch nichts heißen.
- Starke Schläfrigkeit, Benebeltheit, Unausgeschlafenheit: Das ist ein stärkeres Indiz, aber für sich allein noch nicht aussagekräftig. Viele Pubertierende wirken manchmal einige Tage lang wie »neben sich«. Wenn dieser Zustand

jedoch über mehrere Tage oder gar Wochen bleibt, müssen Sie sich kümmern.

- Ausreden: Menschen in Not sind sehr findig. Gerade wenn Ihre Tochter für alles Mögliche, bei dem Sie stutzig werden, eine plausibel klingende Erklärung hat, sollten Sie hellhörig werden. Denn es könnte eine vorher zurechtgelegte Ausrede sein.
- Zurückfahren der sozialen Kontakte: Einigeln und soziale Isolation gerade in der Pubertät mit ihrer naturgemäßen Ausrichtung auf den Freundeskreis sind Warnhinweise; werden Sie tätig.
- Ebenso ist es ein Warnsignal, wenn Ihre Tochter auffällig stiller wird, weniger redet und weniger lacht. Auch das ist oft »normales« pubertierendes Verhalten gerade im Zusammensein mit den Eltern. Achten Sie darauf, ob sie sich so auch bei ihren Freundinnen und Freunden verhält, wenn Sie das noch mitbekommen. Hören Sie auf Ihre Intuition, um zu erkennen, ob mehr dahintersteckt: Innere Not macht still. Handeln Sie sofort.
- Interessanterweise sind »gerötete Augen« bei Jugendlichen oft ein gut sichtbares Zeichen für Probleme. Im besten Fall beruhen sie auf eher harmlosem Heuschnupfen, im schlechteren Fall auf nächtlicher Daueranwesenheit in sozialen Medien, unkontrolliertem Streamen oder täglichem Kiffen. Achten Sie daher genau darauf, wenn Ihnen dieses Symptom auffällt.

Denken Sie an das Bild der Leitplanke: Wenn Sie eine oder mehrere derartige Auffälligkeiten bei Ihrer Tochter feststellen, bleiben Sie ruhig, bei sich und beobachten Sie genauer. Sprechen Sie mit den Lehrerinnen und Lehrern Ihrer Tochter, sie kennen ihre Schulklassen meistens sehr gut und sprechen Eltern häufig selbst auf Veränderungen ihres Kindes an. Konkretisiert sich ein persönliches Problem, stützen Sie Ihre Tochter, seien Sie für sie da und suchen Sie sich unverzüglich externe Hilfe.

## WEITERGEDACHT:

### CYBERGROOMING

Es gibt eine dunkle Seite des Internets, die sich immer stärker ausbreitet: das sogenannte Cybergrooming. Es beschreibt Erwachsene, die sich im Netz als Gleichaltrige ausgeben und so getarnt über Social Media, Messengerdienste oder Onlinespiele gezielt sexuelle Kontakte mit Minderjährigen suchen. Die Ermordung der 14-jährigen Schülerin Ayleen im Jahr 2022, die einem solchen Erwachsenen zum Opfer gefallen ist, hat dieses furchtbare Phänomen in das Bewusstsein vieler gebracht.

Es ist unglaublich schwierig, angesichts solcher brutalen Auswüchse einen gangbaren Weg für Eltern und Kinder zu finden, der den Jugendlichen genug Freiheit in ihrem Leben lässt. Denn gerade mit 13 oder 14 beginnt die (Vor-)Pubertät mit ihren starken Abnabelungstendenzen. Freunde und Gleichaltrige werden immer wichtiger, erstmalig entstehen neue Kontakte zu vorher fremden Menschen außerhalb von Schule und Elternhaus. Es ist eine Illusion, Chats und Inhalte regelmäßig kontrollieren zu wollen. Was Sie auch tun, Ihre Tochter wird Ihnen immer einen Schritt voraus sein und Ausweichmöglichkeiten finden, um zu kommunizieren, mit wem sie will. Ab diesem Alter lässt sich Mediennutzung daher nicht mehr nur über Kontrolle regeln. Ab jetzt sollte das Vertrauen überwiegen.

Gleichzeitig sind Teenagerinnen in diesem Alter oft noch sehr unsicher, scheu und verschämt. Sie sind nicht Fisch und nicht Fleisch, wissen noch nicht, wo und wofür sie stehen, gerade in ihrer Sexualität. Die Täter in solchen Fällen sind hingegen hemmungslos, hochgradig manipulativ, bedrängend und fordernd. Sie schrecken vor nichts zurück.

Hier sind Sie als Eltern gefragt, frühzeitig möglichst sachliche, ruhige, zugewandte Gespräche mit Ihrer Tochter zu führen, sie in einem »guten Moment« zu erwischen, in dem sie aufgeschlossen für Ihre Worte ist. Diese Gespräche sollten ohne Angstmacherei und Panik auskommen, stattdessen sollten Sie angemessen auf die potenzielle Gefährlichkeit und Undurchschaubarkeit von Online-Kontakten hinweisen. Ihre Botschaft sollte sein:

- Es gibt bösartige, kriminelle Menschen, bei denen man gerade im Netz nicht auf den ersten Blick sieht, dass sie gefährlich sind. Sagen Sie ruhig, dass auch Ihnen das schwerfallen würde, solche Menschen auf Anhieb in Nachrichten zu erkennen, gerade weil sie so stark manipulieren, versuchen, Angst einzujagen, und massiv drohen und erpressen. Nicht alle Menschen »da draußen« sind so, aber die Herausforderung besteht darin, die kriminellen zu erkennen, bevor Schlimmeres passiert. Das richtige Maß an Misstrauen kann retten.
- Schärfen Sie ihr nochmals ein, dass Sie niemals Fotos, persönliche Daten oder ihre Adresse im Internet weitergibt. Niemals und vor allem nicht an Menschen, die sie noch nie getroffen hat.
- Sagen Sie ihr, dass Sie mit allem, was sie bedrückt, immer zu Ihnen kommen kann, auch wenn es peinlich ist oder sie sich schämt. Sagen Sie ihr, dass nichts Sie schockt, sie keinen Ärger bekommt und dass Sie immer nach Lösungen suchen werden.
- Versichern Sie ihr, dass Sie sich und Ihre Familie schützen können, auch wenn ihr virtueller Kontakt etwas anderes behauptet.
- Sprechen Sie aus, woran sie selbst früh erkennt, dass etwas nicht stimmt: Sie fühlt sich unwohl mit einem Kontakt. Sie fühlt sich bedrängt. Sie fühlt sich in die Ecke gedrängt. Sie will »eigentlich« nicht, aber glaubt, sie habe keine Wahl. Ihr wird das alles zu viel. Sie will einfach ihre Ruhe haben. Sie will nicht machen oder geben, was

ein anderer von ihr verlangt. Sie hat Angst, dass der andere Drohungen wahrmacht, wie beispielsweise Sie oder ihre Klasse zu informieren oder Fotos zu veröffentlichen.

◊ Sprechen Sie das alles an und versichern sie ihr nochmals, dass Sie ihr helfen werden, egal was es ist.

Wenn ein solches Thema zur Sprache kommt, sollten Sie wirklich alles stehen und liegen lassen und einfühlsam und verständnisvoll darauf eingehen. Überprüfen Sie, worum es geht und ob sie sofort einschreiten müssen, zum Beispiel durch Benachrichtigung der Polizei, der Lehrerinnen und Lehrer oder Medienbeauftragten.

### Was Sie vorleben können

Möglicherweise werden Sie in der Hochzeit der Mediennutzung, während der Teenagerjahren Ihrer Tochter, verzweifeln, weil Ihr Vorbild keine Wirkung hat. Dann spielt es keine große Rolle, ob Sie selbst Geräte und Internet nur selten nutzen und nur qualitätsvolle Inhalte bevorzugen. Ihre Tochter wird dennoch an der Technik kleben und Inhalte konsumieren, die Ihnen die Haare zu Berge stehen lassen. Das ist jedoch in der Regel nur eine Zwischenphase, die vorübergeht. Ihr Vorbild zählt auch bei diesem Verhalten. Was Sie über das gesamte Heranwachsen Ihrer Tochter vorgelebt haben, bleibt unbewusst hängen. Es lohnt sich also, früh einen Blick auf das eigene Medienverhalten zu haben, sowohl hinsichtlich des Ausmaßes als auch hinsichtlich der Inhalte. Hier sind einige Tipps für einen bewussten Umgang mit Medien, die Sie wahrscheinlich ohnehin schon beherzigen. Ansonsten schauen Sie, was individuell zu Ihnen passt:

◊ Halten Sie selbst technikfreie Zeiten ein. Legen Sie Ihr Handy bewusst weg, vor allem wenn Sie mit Ihrer Tochter spielen oder mit ihr etwas unternehmen. Gemeinsame Mahlzeiten sollten ebenfalls ohne Geräte stattfinden.

Üben Sie das frühzeitig. Es kann sich auch für uns Erwachsene ungewohnt und unangenehm anfühlen, ohne Handy zu sein.

- Nutzen Sie Laptop und Tablets nur an bestimmten Orten zu bestimmten Zeiten. Wenn Sie diese Geräte beruflich nutzen, werden Sie das wahrscheinlich ohnehin machen. Aber auch wenn Sie privat Serien oder Filme streamen, setzen Sie sich hierfür Anfangs- und Endzeit und versuchen Sie, diese einzuhalten.
- Stellen Sie Mitteilungsfunktionen für E-Mails und Apps mindestens lautlos, wenn nicht ganz ab. Das »Pling« auf Ihrem Handy, auf das Sie womöglich sofort reagieren, ist ein schlechtes Vorbild für Ihre Tochter und suggeriert, dass all das, was da hereinkommt, wichtiger ist als der gegenwärtige Moment. Manchmal empfindet man das so, zum Beispiel bei monotonen Aufgaben, die erledigt werden müssen, aber nicht sonderlich attraktiv sind. Beim Putzen oder Wäschewaschen lässt man sich manchmal gerne ablenken. Schauen Sie, ob Sie diese Aufgaben zuerst erledigen und sich dann intensive Zeit am Handy gönnen oder ob Sie nur für diese Zeiten, in denen Sie sich gerne stören lassen, die Mitteilungsfunktion wieder einstellen.
- Wählen Sie Ihre Inhalte bewusst aus: Auch wenn Ihre Tochter nicht im Einzelnen sieht, was Sie auf Ihrem Gerät machen, wird sie Details mitbekommen, zum Beispiel wenn Sie darüber reden. Und ja, reden Sie in der Familie über die Inhalte, die Sie anschauen, sei es ein gut gemachter Film, eine aufwendig gestaltete Serie oder eine kreative App. Erzählen Sie, was Ihnen daran gefällt. Das schärft nebenbei das Qualitätsbewusstsein Ihrer Tochter.
- Kontrollieren Sie Ihren persönlichen »Information Overload«, das Zuviel an Nachrichten und Neuigkeiten. Schauen Sie, wie viel Sie gut vertragen und wann es zu viel wird. Stoppen Sie dann bewusst den Medienkonsum.

Überlegen Sie, ob Sie sich ein abendliches Limit für Handy und Tablet setzen, zum Beispiel 21:00 Uhr. Ich weiß, das klingt früh, aber ein echter Abend im analogen Leben ohne Medien kann sehr wohltuend sein für Körper, Geist und Seele und ist zugleich ein tolles Vorbild.

- Achten Sie auf den »Sog der schlechten Nachrichten«: Immer, wenn irgendwo ein Unglück passiert oder das Schicksal unbarmherzig zuschlägt, überschlagen sich die Nachrichten. Oft wird stündlich oder gar im Minutentakt der Stand der Dinge in bestimmten Medien aktualisiert. Machen Sie in solchen Situationen bewusst eine Nachrichtenpause. Schlechte Nachrichten schlagen schnell aufs Gemüt, und durch Ihr bloßes Informiertsein helfen Sie niemandem. Suchen Sie sich andere Wege, um mit solchen schlechten Nachrichten umzugehen, zum Beispiel durch Geld- oder Sachspenden oder karitative Projekte in Ihrem direkten Umfeld.
- Versuchen Sie, Zeiten für sich selbst einzuhalten, in denen Sie für andere nicht erreichbar sind. Sie können das tageweise einführen und irgendwann auf Wochenenden oder Urlaube ausdehnen. Stellen Sie für Nachrichten Ihrer Kinder einen speziellen Benachrichtigungston ein, damit Sie für sie erreichbar bleiben.
- Halten Sie sich ab und zu nicht an diese Tipps. Über die Stränge schlagen und die eigenen Regeln missachten kann sehr wohltuend sein. Außerdem hilft es Ihnen, Ihre Tochter besser zu verstehen.

## MEDIEN NUTZEN – WAS NEHMEN SIE MIT?

Die angemessene Mediennutzung unserer Kinder stellt alle Eltern vor große Herausforderungen. Die Kontrolle des Ausmaßes der Nutzung und der konsumierten Inhalte ist wichtig. Aber auch Vertrauen darf nicht fehlen. Folgende Grundzüge helfen weiter:

- Die 3-6-9-12-Regel gibt Anhaltspunkte für Bildschirmzeiten von 0 bis 12 Jahren.
- Medienkompetenz vermitteln Sie durch sorgfältig begleitete, begrenzte Nutzung und Gespräche über Inhalte. Fangen Sie altersgerecht früh damit an.
- Schaffen Sie im Alltag Ihrer Tochter und im Rahmen Ihrer Möglichkeiten kreative oder gesellige Alternativen zur medial verbrachten Zeit.
- Versuchen Sie immer im Gespräch zu bleiben mit Ihrer Tochter, vor allem auch in »schwierigen Zeiten« und in der Pubertät. Auf diese Weise werden Sie schneller erkennen, wann Sie eingreifen müssen.
- Leben Sie angemessene Medienzeit vor.
- Seien Sie realistisch: Es ist schlichtweg nicht möglich, sein eigenes »korrektes« Verhalten zur Mediennutzung lückenlos durchzuhalten. Finden Sie Ihren individuellen Weg zwischen Kontrolle und Vertrauen.
- Sensibilisieren Sie Ihre Tochter ruhig und sachlich für Cybergrooming und Cybermobbing: in der Sache angemessen, aber ohne Panikmache.

## 9. MOBBING KONTERN

In der Arbeitswelt ist der Begriff des »Mobbings« zuerst verwendet worden: Es beschreibt feindseliges Verhalten unter Arbeitskolleginnen und -kollegen, das sich gegen eine einzelne Person richtet. Diese Person wird gezielt aus einer Gruppe ausgegrenzt, angegriffen, gedemütigt und erniedrigt. Das findet verbal oder nonverbal statt, im beruflichen Umfeld in der Regel ohne körperliche Gewalt und meistens über einen längeren Zeitraum.

Mobbing beginnt oft unerwartet, »aus heiterem Himmel«. Die betroffene Person ist unvermittelt Zielscheibe der Niedertracht und weiß nicht, wie ihr geschieht. Sie hat das Gefühl, sie könne sich nicht wehren und die Situation nicht lösen, jedenfalls nicht mit den bewährten Methoden der konstruktiven Kommunikation und sachlichen Erörterung. Sie fühlt sich hilflos und ohnmächtig.

Mobbing ist wie eine Tsunamiwelle: Hat es einmal begonnen, ist es nicht mehr zu stoppen, wird dann immer größer und reißt alles mit sich. Die Täterinnen und Täter haben oft psychische Störungen, zumindest ein stark angeknacktes Selbstwertgefühl und den nicht zu bändigenden Drang, durch Herabsetzung anderer Menschen Macht auszuüben.

### Aus der Praxis: das weibliche Thema

Mobbing kann Männer und Frauen treffen. Häufig sind es die besonders empfindsamen, feinfühligen, eher stillen Menschen. In der Arbeitswelt beginnt es oft mit Tuscheln und Tratschen begleitet von verstohlen feindseligen Blicken gegenüber der »Zielperson«. Das steigert sich durch aktive Ausgrenzung und Isolation verbunden mit schikanierendem, abwertendem Verhalten. Zuerst verschwindet der mitgebrachte Joghurt aus dem Kühlschrank, dann landet »zufällig« der Inhalt des Kaffeebechers auf den offenen Unterlagen auf dem Schreibtisch. Über das gemeinsame Feierabendbier wird nicht informiert, und auf einmal stehen Kolleginnen und Kollegen in der Nähe des eigenen Schreibtisches und lästern hörbar und somit öffentlich über die Betroffene.

Zum Mobbing gesellt sich auch das sogenannte Bossing: Vorgesetzte, die Mitarbeiterinnen und Mitarbeiter schikanieren und drangsalieren. Die Aufgaben verteilen, die zeitlich und inhaltlich nicht zu meistern sind, die Überstunden jenseits der Belastungsgrenze fordern, die Feierabend und Wochenende bewusst ignorieren. Die hinter verschlossenen Türen beleidigen und beschimpfen, haltlose Vorwürfe machen und Drohungen aussprechen.

*»Mein Chef hat mir das alles hinter verschlossenen Türen gesagt. Ich hatte nie Zeugen. Er hat mir immer mehr Aufgaben gegeben als ich schaffen konnte. Natürlich habe ich da auch Fehler gemacht, es war einfach nicht mehr machbar. Aber er hat mir für alles die Schuld gegeben und mir gesagt, bei ihm bekäme ich kein Bein mehr auf den Boden. Irgendwann konnte ich nicht mehr, ich habe gekündigt.« (Karen, 43 Jahre, kaufmännische Angestellte)*

Mobbing ist längst in den Schulen und Sportvereinen angekommen. Auch hier sind es vor allem die feinfühligen, sensiblen Mädchen, die Opfer solcher Angriffe werden. Es beginnt oft verbal, mit kleinen Sticheleien und Beleidigungen, Demütigungen und Herabsetzung, kann aber in körperliche Aktionen umschlagen. Neben Rempeleien und Schubsen werden Mütze und Jacke geklaut, der Inhalt des Schulranzens über der Pfütze ausgekippt oder das betroffene Mädchen in die Mülltonne gezwängt.

Hinzu kommt das Cybermobbing. Täterinnen und Täter verwenden Messengerdienste, E-Mails und Apps, um das betroffene Mädchen in Chats zu beleidigen und bloßzustellen, verletzende Gerüchte zu verbreiten, bösartige Kommentare zu posten oder entwürdigende Fotos zu verschicken. Je nach virtueller Plattform kann die Täterin oder der Täter dabei sogar anonym bleiben.

Allen Erscheinungsformen von Mobbing gegenüber Frauen und Mädchen ist gemeinsam, dass sie auf bewusste Ausgrenzung und Bloßstellung zielen. Damit verletzen sie das menschliche Urbedürfnis, zu einer Gruppe dazugehören zu wollen, in der Gruppe gesehen, respektiert und angenommen zu sein. Die Demütigung und soziale Isolation ist kaum zu ertragen und kann ernsthafte physische und psychische Folgen haben, wie Schlaflosigkeit, Magersucht, diffuse Kopf- und Bauchschmerzen, aber auch depressive Entwicklungen und Angststörungen bis hin zu Selbstmordgedanken.

Der Umgang mit existentem Mobbing und die Behandlung der physischen oder psychischen Folgen von Mobbing bei den Opfern gehören ausnahmslos in Expertenhände. Psychotherapeutinnen und Psychotherapeuten, Ärztinnen und Ärzte und speziell geschulte Mobbingexpertinnen und -experten helfen weiter.

### Was Sie tun können

Mädchen können überall da, wo sie sich in Gruppen befinden, von Mobbing gefährdet sein: in Schule, Sportverein, Sportmannschaft, Orchestern, Chören oder Arbeitsgemeinschaften. Meistens geht hier alles seinen gewohnten, teamorientierten, fröhlichen und unbelasteten Gang. Es reicht jedoch eine Täterin oder ein Täter, die oder der ein einziges Mädchen als Ziel herauspickt, um das harmonische Gesamtgefüge zu erschüttern.

## MOBBINGDYNAMIKEN VERSTEHEN

Wie kommt es zu Mobbing? Wenn es überhaupt einen »Anlass« gibt, dann ist er nichtig. Das falsche T-Shirt, die falschen Ballettschuhe, die Kekse nicht geteilt oder den Kuli nicht verliehen. Warum Täterinnen und Täter sind, wie sie sind, soll uns hier nicht weiter interessieren, weil sie auch mit diesem Wissen kaum zu stoppen sind. Oft auch nicht über die dazugehörigen Eltern, weil Eltern eine starke Tendenz haben, ihr Kind beschützen zu wollen, auch wenn alle Tatsachen gegen es sprechen.

Viel wichtiger ist es, auf die Mobbing-Opfer zu schauen: Oft handelt es sich um stille, introvertierte Mädchen mit einem reichen Innenleben, die empathisch und einfühlsam sind, leider aber auch mit einer Tendenz zu Selbstzweifeln und einem schwachen Selbstwertgefühl ausgestattet sind. Täterinnen und Täter haben hierfür einen sechsten Sinn und gehen automatisch auf das vermeintlich schwächste Glied einer Gruppe. Diejenigen, die Angriffe ernst und persönlich nehmen und sich voraussichtlich nicht nennenswert wehren werden. Genauso können Opfer aber auch Mädchen werden, die in der Gruppe eine Art Sonderstellung einnehmen, entweder durch herausragende Leistungen oder durch ihr klares Signal an die anderen, dass deren Meinung ihnen ziemlich egal ist. Mädchen also, die unbewusst innerlich schwache Täterinnen oder Täter provozieren und »triggern«.

Die Gruppe, in der das Mobbing stattfindet, spielt eine bedeutende Rolle. Oft bilden sich drei Untergruppen heraus: Ein Teil der Gruppe wird der Täterin oder dem Täter folgen, entweder aus falsch verstandener Loyalität oder aus Angst, selbst in die Schusslinie zu geraten. Ein anderer Teil wird dem Geschehen neutral gegenüberstehen und versuchen, es zu ignorieren. Ein dritter Teil schließlich wird die Entwicklung innerlich verurteilen, sich aber (noch) nicht trauen einzuschreiten. Gerade dieser dritte Teil einer Gruppe hat eine besondere Bedeutung im Umgang und in der Bekämpfung von Mobbing.

Wenn es um die Vorbeugung von Mobbing geht, ist man sich einig, dass Resilienz und ein gutes Selbstbewusstsein und Selbstwertgefühl helfen, gar nicht erst ins Radar einer Täterin oder eines Täters zu geraten. Jemand, der sich seiner selbst verlässlich sicher ist, wird sich von Mobbingversuchen nicht so leicht irritieren lassen. Die Machtausübung über Erniedrigung läuft so ins Leere. Das macht Mobbing »langweilig«; die Täterin oder der Täter wird eher ablassen und sich ein Ziel suchen, das schneller an sich selbst zweifelt und leichter zu verunsichern ist.

Alles, was Sie bislang in diesem Buch gelesen haben, zielt darauf, »Ihr« Mädchen in diesem Sinne nachhaltig zu stärken. Es (noch) resilienter zu machen. Ein gutes Bewusstsein für seine Stärken und seine Persönlichkeit zu vermitteln, die es selbstbewusst, selbstsicher und reaktionsfähig machen.

## DIE ERSTEN ANZEICHEN ERKENNEN

Das Schlimmste ist, dass Eltern Mobbing anfangs oft gar nicht bemerken. Es fängt mit kleinen Schikanen an, die Ihre Tochter vielleicht noch nicht einmal bewusst wahrnimmt. Wenn die persönlichen Angriffe häufiger und schwerer werden, entwickelt Mobbing seine eigene Dynamik und setzt eine regelrechte Spirale der Ausgrenzung in Gang. Schneller, als ihr bewusst wird, ist Ihre Tochter als Opfer verstrickt. Zu diesem Zeitpunkt ist es den Betroffenen oft peinlich, über das Geschehen zu sprechen. Sie leiden, aber sie schämen sich, als vermeintlich schwaches Mädchen dazustehen. Daher reden betroffene Mädchen oft nicht mit ihren Eltern über ihre Not.

Versuchen Sie, erste Anzeichen frühzeitig zu erkennen. Bedenken Sie, dass Mobbing auch schon junge Mädchen treffen kann, zum Beispiel im Alter von acht oder neun Jahren, wenn sich in Schulklassen erste Gruppen bilden. Es kann aber auch Mädchen in der sensiblen Reife- und Findungsphase erwischen, ab etwa 12 Jahren oder noch später, wenn es in Richtung Schulabschluss geht. Meistens beschleicht Eltern ein diffuses Gefühl, dass »etwas nicht in Ordnung« ist. Hören Sie auf dieses Gefühl und beobachten Sie genauer, ob Ihre Tochter sich anders verhält. Vom Mobbing betroffene Mädchen leiden und verändern sich altersübergreifend häufig folgendermaßen:

- Sie werden ruhiger, wortkarg, wirken »in sich gekehrt«. Sie ziehen sich auf ihr Zimmer zurück und wollen niemanden sehen. Das »Verstummen« des eigenen Kindes ist das wichtigste Warnzeichen für Probleme.

- Sie wollen sich nicht mehr mit ihren Freundinnen und Freunden verabreden.
- Sie schlafen schlechter, wachen oft auf. Jüngere Mädchen könnten wieder einnässen.
- Sie haben keinen Appetit mehr, essen wenig und lustlos.
- Sie wollen nicht mehr zur Schule oder zu ihrem Sport gehen.
- Sie haben morgens diffuse Kopf- und Bauchschmerzen, die man nicht überprüfen kann, die jedoch dazu führen, dass sie zuhause bleiben können.
- Sie wirken antriebslos, manchmal sehr garstig Ihnen gegenüber, aber auch – das genaue Gegenteil – sehr anlehnungsbedürftig.
- Ältere Mädchen könnten versuchen, mit Alkohol oder Drogen ihren inneren Schmerz zu bekämpfen.

Jede einzelne dieser frühen Verhaltensveränderungen ist ein Grund, aufmerksam weiter zu beobachten und mit Ihrer Tochter feinfühlig ins Gespräch zu kommen in der Hoffnung, dass sie Ihnen ihr bedrängtes Herz ausschüttet.

## LAUFEN LASSEN ODER EINSCHREITEN?

Vielleicht stellen Sie aber auch bei Ihrer Tochter noch keine großen Veränderungen fest, bemerken aber in ihrem Umfeld Verhalten und Entwicklungen, die Sie stutzig werden lassen. Das können sein:

- Aus heiterem Himmel ist ihre beste Freundin nicht mehr ihre beste Freundin. Entweder geht das von Ihrer Tochter aus oder von der besten Freundin. Das ist ein Phänomen, das im Heranwachsen immer mal wieder auftritt.

Freundinnen finden sich, Freundschaften gehen auseinander. Es kann genauso schnell vorüber sein, wie es kam, und beide finden wieder zueinander. Oder beide gehen friedlich ihrer eigenen Wege. Seien Sie in beiden Fällen als Gesprächspartnerin da.

- In ihrer Freundinnengruppe herrscht »Zickenalarm«. Ich mag dieses Wort nicht, aber leider beschreibt es oft die Situation ziemlich genau. Eine will »Bestimmerin« sein, andere ziehen mit. Ihrer Tochter gefällt das nicht, vielleicht erzählt sie zuhause davon. Das wäre schon mal ein gutes Zeichen. Beobachten Sie, wie sich die Situation entwickelt. Kann sich Ihre Tochter aus dieser Gruppe noch nicht lösen, seien Sie als Gesprächspartnerin da. Regen Sie vorsichtig an, den Kontakt zwar zu halten, sich aber auch neue Freundinnen zu suchen. Je älter Ihre Tochter wird, desto eher wird sie das von selbst tun.
- In der Freundinnengruppe wird gelästert. Ist eine nicht dabei, fangen die anderen sofort an, über die Abwesende zu tratschen. Um das zu verhindern, traut sich keine, die Gruppe zu verlassen und eigenen Aktivitäten nachzugehen. Ihre Tochter beschwert sich bei Ihnen darüber. »Tratschen« und »Lästern« werden oft verklärt; sie würden die soziale Verbundenheit der Tratschenden stärken. Dennoch kann dieses Verhalten für Betroffene ziemlich lästig werden. Ein jüngeres Mädchen möchte dazugehören und kann noch nicht denken: »Ihr könnt mich mal.« Unterstützen Sie Ihre Tochter weiter auf ihrem Weg zu Individualität und innerer Unabhängigkeit und beobachten Sie, wie sich die Situation nach und nach entwickelt. Meistens ist das »nur« eine Phase, die wieder vorübergeht.
- Es kommt zu »kleineren« Gemeinheiten. Eine Mitschülerin möchte den Heimweg nicht mehr mit Ihrer Tochter gehen. Ihre Tochter wird beim Sport immer als Letzte in Mannschaften gewählt. Die Schienbeinschoner verschwinden in der Umkleidekabine beim Hockey und

sind nicht mehr auffindbar. In der Schlange bei der Essensausgabe in der Schule darf Ihre Tochter nicht bei ihren Freundinnen stehen, sondern wird von diesen ans Ende der Schlange geschickt. Treten derartige Situationen und Verhaltensweisen vereinzelt auf und erzählt Ihre Tochter davon, ist das für sie zwar unangenehm, aber wahrscheinlich noch kein Vorbote von manifestem Mobbing. Bestärken Sie sie darin, in solchen Situationen immer klarer für sich selbst einzutreten und sich das nicht gefallen zu lassen. Sie könnte sich zum Beispiel vorbereiten wie im Kapitel »Kommunikation üben« vorgeschlagen und sofort »klare Kante« zeigen, wenn sie betroffen ist. Werden Sie unbedingt aufmerksam, wenn diese Situationen sich häufen.

- Es ist immer dieselbe Person, die Ihre Tochter ärgert. Das könnte ein Hinweis darauf sein, dass sie sich auf Ihre Tochter »einschießt«. Ein Merkmal von Mobbing ist, dass die Täterin oder der Täter nicht aufhört und sich allmählich festbeißt. Bleiben Sie wachsam und fragen Sie in kürzeren Abständen vorsichtig nach, ob ein neuer Vorfall hinzugekommen ist. Ist das der Fall, sollten Sie tätig werden.
- Ihre Tochter wird zum »Objekt« im virtuellen Raum: E-Mails, Chats, Posts auf Social Media. Cybermobbing verselbständigt sich schnell. Werden Sie sofort tätig.

Wie können Sie als Eltern nun unterscheiden, was bereits Mobbing ist, bei dem Sie einschreiten müssen, und was »nur« unangenehm und nervig ist (und was Ihre Tochter auch selbst meistern kann). Stellen Sie sich hierzu zwei Fragen:

Erzählt Ihre Tochter immer noch von der Situation?

Tritt die Situation so regelmäßig auf, dass sich ein Muster abzeichnet?

Beides müssen Sie natürlich zunächst eine Zeit lang beobachten. Hören Sie auch auf das, was Freundinnen und Miteltern sagen. Dann gilt: Achten Sie auch jetzt wieder auf Ihr Gespür. Es wird Ihnen den Weg weisen.

- Wenn Ihre Tochter noch von einer Begebenheit erzählt und (noch) kein Muster erkennbar ist, liegt wahrscheinlich (noch) kein Mobbing vor. Schauen Sie, ob Ihre Tochter mit der Einzelsituation allein klarkommt. Sie können ihr dabei den Rücken stärken. Bleiben Sie wachsam, wie sich die Situation weiterentwickelt.
- Verstummt Ihre Tochter allmählich und häufen sich die Situationen, in denen Sie das Gefühl haben, dass da »etwas im Busch ist«, ist es sehr gut möglich, dass sich gerade manifestes Mobbing entwickelt. Schreiten Sie sofort ein.

## Alle Hebel in Bewegung setzen!

Deutet alles auf Mobbing, ist es notwendig, sofort alle Hebel in Bewegung zu setzen, um dagegen vorzugehen. Oft wird Ihre Tochter einwenden, dass Sie das bitte nicht tun mögen, dass sie das allein regeln wird. Bei den soeben beschriebenen Einzelsituationen, die unangenehm sind, aber wahrscheinlich noch kein Mobbing, kann sie das auch und sollten Sie ihr die Lösung der Situationen überlassen, um hieran Selbstwirksamkeit zu erfahren und zu wachsen. Bei »echtem« Mobbing gilt das nicht. Das wird sie allein nicht lösen können, unabhängig von ihrem Alter. Im Berufsleben können das noch nicht einmal gestandene Erwachsene.

Der wichtigste und erste Hebel ist: Sprechen Sie mit der erwachsenen Person, die die »Autorität« in der jeweiligen Gruppe hat, in der Mobbing auftritt. In der Schule sind das Klassen- oder Vertrauenslehrerinnen und -lehrer, im Sport die Trainerschaft oder – bei minderjährigen Sporttrainerinnen und -trainern – die erwachsenen Verantwortlichen auf der nächsten Ebene. Gerade Lehrerinnen und Lehrer sind heutzutage oft für Mobbing sensibilisiert und teilweise auch zusätzlich ausgebildet. Erkundigen Sie sich vorsichtig nach der Expertise: Mit einem »Das sollt ihr aber nicht machen!« ist es nicht getan. Hinter Mobbing steht eine Einzeltäterin oder ein Einzeltäter, es ist jedoch ein Gruppengeschehen. Gespräche mit der Täterin oder dem Täter und deren oder dessen Eltern sollten stattfinden, reichen jedoch meistens nicht. Ziel der Intervention ist vielmehr, die schweigende Mehrheit in der Gruppe zu mobilisieren. Sie erinnern sich an das oben Gesagte: Der dritte Anteil in der Gruppe, diejenigen, die das Geschehen innerlich verurteilen, sich jedoch nicht trauen einzuschreiten. Diesen Gruppenteil gilt es zu motivieren, klar Stellung gegen das Mobbing zu beziehen. Und möglichst auch den zweiten Anteil in der Gruppe, diejenigen, die »auf Durchzug gestellt haben« und das Geschehen »nur« ignorieren, mit ins Boot zu holen. Hat die Täterin oder der Täter eine Mehrheit gegen sich, ist das das wirksamste Mittel, Mobbing zu stoppen.

Daneben kann das Thema in die Klassenpflegschaft oder in den Elternrat im Sportverein gebracht werden, um das aktuelle Problem zu lösen und Möglichkeiten der Prävention zu überlegen. Es gibt viele Arten von Sensibilisierung und Training gegen Mobbing, die von Experten für Gruppen von Kindern und Jugendlichen angeboten werden.

Suchen Sie für Ihre Tochter außerdem die individuelle Hilfe, die sie braucht, um Mobbing zu verarbeiten. Das können je nach Schwere und Dauer der Übergriffe Mobbingberatungen, Psychotherapie oder ärztliche Begleitung sein.

Im schlimmsten Fall, auch den gibt es leider, ist in der betroffenen Gruppe niemand mit Mobbing und geeigneten Maßnahmen vertraut. Es könnte sogar sein, dass Sie mit Ihrem Anliegen auf Unverständnis stoßen. Dann müssen Sie letztlich selbst entscheiden, ob und wann Sie die Reißleine ziehen. Als letztes Mittel kann das ein Schulwechsel oder Austritt aus der betroffenen Gruppe sein – auch wenn dann leider die Mobbing-Täterin das hässliche Ziel erreicht hat.

## WEITERGEDACHT:
### »HÄTTE ICH DOCH NUR FRÜHER REAGIERT.«

Manchmal machen sich Eltern Vorwürfe, wenn sich der Mobbingverdacht manifestiert: »Hätte ich doch nur früher reagiert.« Seien Sie bitte gnädig mit sich selbst. Sie bekommen nicht alles mit, was Ihre Tochter den ganzen Tag lang erlebt. Und das ist in der Regel gut so. Alles andere wäre ungesundes »Helikoptern«. Lassen Sie Ihrer Tochter Raum zum Atmen und Handeln. Alters- und entwicklungsgerechte Konflikte wird sie selbst lösen wollen – und können. Das trägt zu ihrem inneren Wachstum und ihrer Konfliktlösungskompetenz bei. Eigene Erfahrungen zu machen und die eigene Selbstwirksamkeit zu erleben, sind ungeheuer wertvoll, um stark und selbstständig durchs Leben zu gehen.

Mobbing ist ein Geschehen, das klein anfängt und dann immer größer und schwerwiegender wird. Im Anfangsstadium ist es oft schwierig zu unterscheiden, ob unangemessenes Verhalten sich zu handfestem Mobbing manifestiert oder eine flüchtige Erscheinung im Entwicklungsprozess ist. Im Nachhinein sind wir alle schlauer. Machen Sie sich also nicht das Leben schwer mit dem Vorwurf, Sie hätten früher eingreifen müssen. Meistens hätten Sie das eben nicht gekonnt.

Eine gute Strategie ist: Bleiben Sie wachsam und empathisch. Versuchen Sie, im Rahmen Ihrer Möglichkeiten und mit einem guten Gespür für Grenzen am Alltag Ihrer Tochter Anteil zu nehmen, sich grundsätzlich herauszuhalten und klar zu signalisieren, dass Sie zur Stelle sind, wenn sie Sie braucht. Das zeugt von Vertrauen und schenkt bestärkende Sicherheit. Es wird Ihrer Tochter erleichtern, sich Ihnen auch in einer Mobbingsituation früh(er) anzuvertrauen, statt in verzweifeltes Schweigen zu verfallen.

### Was Sie vorleben können

Beim »Mobbing Kontern« stößt das Vorleben an seine Grenzen. Sie selbst können »tough«, selbstbewusst und selbstsicher sein – Ihre Tochter kann dennoch Mobbingopfer werden. Es schadet aber sicher nicht, wenn Sie folgende, naheliegende Anregungen für sich überprüfen:

- Fühlen Sie sich wohl mit sich selbst.
- Haben Sie eine Meinung und wagen Sie, auch abweichende Meinungen auszusprechen.
- Wahren Sie Ihre Grenzen und die anderer Menschen.
- Erlauben Sie sich anzuecken, wenn es nicht anders geht.
- Seien Sie wehrhaft und reaktionssicher.
- Seien Sie innerlich möglichst unabhängig von der Meinung anderer.
- Haben Sie ein dickes Fell.

Das beschreibt einen selbstsicheren Optimalzustand, den kaum jemand durchgängig erfüllt. Oder schreckt er Sie sogar ab? Kommen Ihnen Assoziationen in den Sinn, wie »Mit der ist nicht gut Kirschen essen« oder »Die hat Haare auf den Zähnen«? »Wunderbare« Sprüche, die Frauen immer schon wehrlos halten sollten und dieses Ziel mit ihrer negativen Anmutung auch oft erreicht haben. Denn »so« will Frau nicht sein – oder?

Seien Sie mutig! Erlauben Sie sich selbst, wehrhaft zu sein, erlauben Sie sich, diejenige zu sein, mit der nicht gut Kirschen essen ist – in Umfeldern, in denen das erforderlich ist, zum Beispiel wenn es darum geht, das Mobbing an Ihrer Tochter wirksam zu kontern. Wenn Sie für sich bei diesen Anregungen an der ein oder anderen Stelle stärkeren Nachholbedarf entdecken, dann beschäftigen Sie sich damit eingehender. Sie helfen damit sich und Ihrer Tochter.

## MOBBING KONTERN – WAS NEHMEN SIE MIT?

Mobbing kann unvermittelt entstehen. Dann ist es gut, gewappnet zu sein. Ein gutes Selbstbewusstsein und Selbstwertgefühl kann Mobbing verhindern. Außerdem helfen folgende Anregungen:

- Mobbing zielt auf Ausgrenzung, Bloßstellung und soziale Isolation des Opfers.
- Verstehen Sie die Mobbingdynamik: Mobbing wird durch eine Einzeltäterin oder einen Einzeltäter ausgeübt, ist jedoch in der Regel ein Gruppengeschehen.
- Versuchen Sie, früh erste Anzeichen zu erkennen. Werden Sie vor allem aufmerksam, wenn Ihre Tochter still wird, sich innerlich zurückzieht und »in sich gekehrt« wirkt.
- Seien Sie wachsam, wenn Sie unangemessenes Verhalten rund um Ihre Tochter bemerken. Versuchen Sie zu unterscheiden, ob Sie eingreifen müssen oder ob Ihre Tochter das selbst bewältigen kann.
- Wenn es sich um Mobbing handelt, setzen Sie alle Hebel in Bewegung, um die Dynamik zu stoppen. Sprechen Sie zuerst die Person an, die die Autorität in der Gruppe hat, in der es geschieht. Die Intervention zielt darauf ab, die Täterin oder den Täter zu stoppen, aber vor allem, die (schweigende) Mehrheit der Gruppe zu motivieren, sich gegen das Mobbing zu stellen.
- Zögern Sie nicht, externe Hilfe in Anspruch zu nehmen: Mobbingbeauftragte, Psychotherapeutinnen und -therapeuten, Ärztinnen und Ärzte.
- Versuchen Sie, Selbstbewusstsein und Wehrhaftigkeit vorzuleben. Das ist kein Garant dafür, dass Ihre Tochter nicht gemobbt wird, kann aber ein Steinchen im Mosaik sein, Mobbing wirksam zu kontern.

## 10. LIEBESFALLEN ERKENNEN

Die Liebe – eins der schönsten und kraftvollsten Gefühle. Schmetterlinge im Bauch, warm ums Herz, rosarot der Blick auf »the One«. Wohlige Schwärmereien und kuscheliges Verliebtsein. Tiefe Zuneigung und Verbundenheit. Gegenseitiger Respekt und Wertschätzung. Wohlwollen und Vertrauen. Einander akzeptieren und füreinander da sein. Sich miteinander entwickeln und einander stärken. Wir alle wollen Liebe finden, und wenn sich Herz und Herz verbinden, kann es doch so schön sein!

Vieles entwickelt sich gut, wächst und gedeiht zu echtem Lebens- und Liebesglück. Aber es gibt auch die andere Seite: das Unglücklichsein in einer Beziehung, die (nicht) mehr richtig ist, das Untergehen in einer Beziehung, die nie richtig war, das duldende Hinnehmen von Missachtung, Geringschätzung und Abwertung, das stille Auseinanderleben, den offenen Streit, die Trennung auf Zeit oder endgültig. Wir können alle nicht vorhersehen, wie eine Liebe sich entwickeln wird. Aber es gibt »typisch weibliche«, tief verankerte Verhaltensmuster, die eine nährende romantische Liebe auf Augenhöhe von vornherein – und leider verlässlich – verhindern. Nur hiermit wollen wir uns im Rahmen des Mädchen Stärkens befassen. Lassen Sie uns schauen, wie Sie Ihre Tochter frühzeitig dagegen stärken können.

### Aus der Praxis: das weibliche Thema

Es gibt in der Praxis zwei große weibliche Themen rund um die Liebe: Das eine ist die wie automatisiert einsetzende Selbstaufgabe vieler Frauen in Beziehungen, das andere ist die Empfänglichkeit für schädliche toxische Muster. Beides hängt zusammen und beiden kann frühzeitig begegnet werden.

Da ist einmal die Selbstaufgabe, die viele Frauen auch nach Jahrzehnten der Emanzipation wie selbstverständlich leben, sobald sie in einer Beziehung sind. Lassen Sie es mich überspitzt formulieren: Im Schein des männlichen Begehrens verglüht das weibliche Ego. Egal wie schlau, attraktiv, selbständig oder gebildet Frauen sind, sie werfen wie automatisch ihre eigenen Interessen, Bedürfnisse und Wünsche über Bord, sobald es in eine Partnerschaft und deren Gestaltung geht. Darunter verborgen liegt bei vielen Frauen eine tiefe Sehnsucht nach dem männlichen Mann, der stark ist, innerlich und äußerlich unabhängig, attraktiv, erfolgreich, Typ »könnte jede haben«, der aber letztlich nur sie allein erwählt und nur ihr sein »eigentlich« zartes Herz öffnet, treu, ehrlich, loyal, liebend, ergeben. Der ewige Märchenprinz auf seinem Ross, in dessen schützenden Armen sie dahinschmilzt. Wie der vielbegehrte George Clooney, der sich jahrelang nicht bindet und dann Amal trifft ... Beileibe nicht alle Frauen haben dieses innere Sehnen, aber zwischendurch beschleicht mich immer wieder der Eindruck, dieses Wunschdenken sei ein weibliches Massenphänomen. Solche Wunschvorstellungen werden oft erst im Nachhinein klar, wenn die Partnerschaft in die Brüche gegangen ist. In meiner Arbeit als Coachin begegne ich dem Phänomen und helfe meinen Klientinnen, den inneren Ursachen auf den Grund zu gehen.

Daher salopp gesagt: Sorry, Mädels, aber das mit dem zart schmelzenden George Clooney existiert im realen Leben nicht. Leider ist irrationale Sehnsucht kein hilfreicher Wegweiser bei der Partnersuche. Eng damit verbunden ist die Empfänglichkeit für toxische Muster, vor allem bei empathischen Frauen. Auch hier gilt wieder: Erst hinterher erkennt man, was faul war. Toxische Menschen bedienen auf den ersten Blick diesen Wunsch nach der dominanten starken Schulter, die vermeintlich für die Partnerin das Beste im Sinn hat. Erst nach und nach stellt sich heraus, dass Wohlwollen und Empathie nicht existieren und durch Herabsetzung, Manipulation und Demütigung ersetzt werden. Der Partnerin wird vorgeworfen, sie sei »an allem schuld«, würde nicht »genügend lieben« und müsse sich »nur« ändern, dann würde es auch in der Beziehung besser laufen. Mitfühlend, wie die betroffenen Frauen meistens sind, nehmen sie alle diese Vorwürfe ausnahmslos ernst und versuchen verstärkt, es ihrem Partner recht zu machen. Dabei ist dieses Beziehungsmuster keineswegs auf heteronormative Beziehungen beschränkt. Auch Frauen, die Frauen lieben, können sich in solchen Partnerschaften wiederfinden.

Frauen, die auf derartige Anziehungsmuster reagieren, haben oft die folgenden Sätze verinnerlicht:

- Mit Liebe ist alles möglich.
- Ohne ihn/sie bin ich nichts.
- Hauptsache, ich bin versorgt.
- Er/Sie braucht nur noch etwas mehr Zeit.
- Ich muss ihn /sie retten.
- Nur meine Liebe kann ihn/sie retten.

Einige dieser Sätze laufen darauf hinaus, dass Frau das Gefühl hat, sie müsse »nur« durchhalten oder intensiver lieben, dann werde alles besser. Gerade das hält Menschen in unglücklichen Beziehungen fest. Einige dieser Sätze sind darauf gerichtet, den Partner zu ändern, frei nach dem Motto: »Was nicht passt, wird – mit ganz viel Liebe und Anstrengung – passend gemacht.« Diese Einstellung ist in der Liebe leider fatal. Hier gilt meistens: »Was nicht passt, passt nicht.« Schauen wir, wie wir das Gespür Ihrer Tochter für den passenden Partner schärfen können.

### Was Sie tun können

Liebe finden ... bei kaum einem anderen Thema sind wir Eltern so gefordert, uns unseren eigenen unausgesprochenen inneren Erwartungen und Vorstellungen für das Wohlergehen unserer Kinder zu stellen. Akzeptanz, Toleranz und Offenheit für die Art und Weise, wie unsere Kinder ihr (Liebes-)Leben gestalten, sollten selbstverständlich sein. Manche stoßen gerade hierbei an ihre Grenzen.

Das ist nachvollziehbar, denn wir haben unsere eigenen Erfahrungen gemacht – in der Liebe und im Umgang mit Menschen, sei es mit guten, schlechten, wohlwollenden oder übellaunigen. Auch wenn wir es nicht aussprechen, haben wir oft ein »Idealbild« des Partners unserer Kinder vor Augen, des Menschen, der richtig gut passen würde. Wenn wir diese Vorstellungen ehrlich und unvoreingenommen betrachten, erkennen wir häufig, dass sie stark von unserer eigenen Lebensgeschichte geprägt sind und nicht unbedingt mit den individuellen Vorstellungen und Persönlichkeiten unserer Kinder übereinstimmen.

Um es klar zu sagen: Unsere Kinder schulden uns – auch in Liebesdingen – nichts. Es ist ihre Sache, wen sie lieben und wie sie lieben. Sie schulden uns keine Partnerschaft, keinen Trauschein, keine Enkelkinder und vor allem nicht den oder die – in unseren Augen – »Richtige oder Richtigen«. Wir dürfen uns für sie und mit ihnen freuen, wenn sie ihren Herzensmenschen finden, mit dem sie glücklich werden (können), der aus ihrer Sicht gut zu ihnen passt, bei dem ihr Herz aufgeht – und das möglichst auf Gegenseitigkeit beruht. Wenn dieser Mensch dann auch noch unser Herz berührt, ist das natürlich ideal – aber keine zwingende Voraussetzung. Wir als Eltern sind also gefordert, uns zurückzuhalten!

Bei den Anregungen, was Sie tun können, geht es daher tatsächlich »nur« darum, Ihre Tochter um ihrer selbst willen für schädliches Verhalten zu sensibilisieren, das andere Menschen zeigen oder mit dem sie sich selbst ein Bein stellen könnte. Ziel ist es, dass sie verlässlich spürt, dass nicht jeder Mensch, von dem sie sich aus unerklärlichen Gründen angezogen fühlt, automatisch auch gut für sie ist.

## SELBSTAUFGABE VORBEUGEN

In dem Moment, in dem Menschen in ihren Partnern das suchen, was sie bei sich selbst vermeintlich nicht finden, beginnt das ganze Unglück. Einer der besten Wege, eine glückliche Liebe zu führen, ist daher, bei sich selbst anzufangen. Sich gut zu kennen, bei sich zu bleiben und ein eigenes, sinnerfülltes Leben zu gestalten. Erst wenn wir uns selbst Respekt und Wertschätzung entgegenbringen, werden das auch andere tun. Erst wenn wir uns selbst lieben und achten, werden das auch andere tun. Erst wenn wir angemessen »Ich« sagen können, sind wir erwachsen und reif für das »Du« und das »Wir«. Glück zu finden in der Partnerschaft mit einem anderen Menschen, setzt daher wohltuende Selbstliebe und Selbstakzeptanz, ein gutes Selbstwertgefühl und Selbstbewusstsein voraus. Damit kann der automatisierten Selbstaufgabe vieler Frauen in Beziehungen vorgebeugt werden.

Das sind die Ziele der 11 Quellen, um Mädchen zu stärken: Ein gutes Gespür für sich selbst zu entwickeln, die eigenen Stärken zu kennen und zu leben, ein stimmiges Selbstbild zu entwickeln, das eigene Feingefühl schützen zu lernen, Persönlichkeit zu zeigen, auch in der Kommunikation, und Perfektionismus wohltuend zu managen. Hat Frau sich auf solch einen Weg begeben, ist es nicht mehr so verführerisch, sich für einen anderen Menschen aufzugeben.

Der passende Partner im Leben ist nicht die ganze Sahnetorte. Sondern die Kirsche ganz oben auf der Sahne auf der Torte. Er ist die wunderbare Ergänzung im eigenen Leben, wenn sich der Rest bereits gut anfühlt. Wenn ich grundsätzlich mit mir selbst zufrieden bin, dann muss ich diese Bestätigung nicht mehr im Außen suchen. Ganz nebenbei ziehe ich mit dieser inneren Einstellung meistens auch den »Richtigen« an, der mir genau das entgegenbringt, was ich mir selbst bereits schenke. Selbstliebe, Selbstakzeptanz,

Selbstwertgefühl und Selbstbewusstsein zu stärken, ist auch das beste Mittel, um toxische Muster in Beziehungen frühzeitig zu erkennen.

## TOXISCHEN MUSTERN TROTZEN

Toxische Beziehungsmuster sind weit verbreitet, unabhängig von Alters- und Gesellschaftsgruppen. Sie beruhen auf Abwertung und Manipulation, beinhalten Beschimpfungen, Vorwürfe, emotionale Erpressung und eine unerklärliche innere Abhängigkeit der betroffenen Partnerinnen und Partner. Diese wissen oft lange nicht, was los ist, und leiden still. Immer sind sie »schuld«, nie können Sie es ihrem Partner »recht machen«. Auch wenn sie die Dynamiken in ihrer Beziehung erkennen, können sie sich dennoch nur schwer daraus lösen.

Die Empfänglichkeit für toxische Beziehungsmuster liegt oft in der hohen Empathie der betroffenen Frauen. Diese haben viel Mitgefühl und Verständnis für andere Menschen – oft mehr als für sich selbst – und können sich gut in andere hineinversetzen. Genau das ist das Einfallstor für übergriffige Menschen, die unbewusst beim empathischen Menschen genau dieses Mitgefühl aktivieren und für sich selbst im Übermaß absaugen. Für »Empathen« ist es daher eine Lebensaufgabe, ihr Feingefühl konsequent durch gesunde Grenzen zu schützen.

Zusätzlich wird die Empfänglichkeit für toxische Beziehungsmuster oft bereits in der Kindheit gelegt. Mädchen und Teenagerinnen können schon in ihrer Herkunftsfamilie toxische Muster erlebt haben, was dazu führt, dass herabsetzende Verhaltensweisen sich unbewusst »vertraut« anfühlen. Infolgedessen könnten einige Frauen das »Schlecht behandelt werden« durch ihren Partner mit Liebe verwechseln und gerade diese Verhaltensweise als unerklärlich anziehend und reizvoll empfinden. Und andersherum den potenziellen Partner, der einfach nur nett ist, als langweilig empfinden.

Wenn Sie Ihre Tochter wie in den vorhergehenden Kapiteln beschrieben begleiten und ihr Selbstliebe, Selbstakzeptanz und Selbstwertgefühl vermitteln, leisten Sie bereits einen wesentlichen Beitrag, um toxischen Mustern zu trotzen. Wenn Ihre Tochter schon eine Teenagerin oder junge Frau ist, können Sie ergänzend Gespräche mit ihr führen mit der Botschaft: Nicht immer können wir uns aussuchen, zu welchen Menschen wir uns unbewusst hingezogen fühlen. Wir dürfen aber immer unsere Intuition einschalten und überlegen, ob der Kontakt mit diesem konkreten Menschen wirklich gut für uns ist und sich gut für uns anfühlt. Wir können uns vorstellen, wie wir dieselbe Situation bei unserer besten Freundin bewerten würden. Außerdem sollten wir immer daran denken, dass wir die Chance haben, uns selbst ein wertschätzendes Umfeld mit einem wohlwollenden Freundes- und Bekanntenkreis aufzubauen. Am überzeugendsten ist diese Botschaft natürlich, wenn Sie sie für sich selbst umsetzen und auch in der Liebe leben und vorleben.

## WEITERGEDACHT:

### TROST SPENDEN

Wenn die erste Liebe endet, kann sich das wie der Weltuntergang anfühlen. Liebeskummer ist furchtbar unangenehm, eigentlich immer, vor allem aber in jungen Jahren, wenn er zum ersten Mal gefühlt wird. Viele Menschen haben einen Impuls, angesichts schlechter Gefühle anderer sofort aktiv zu trösten. Sie sagen, dass das alles nicht so schlimm ist, dass es wieder besser wird, »wenn sich eine Tür schließt, geht eine andere Tür auf« und dass sie vielleicht selbst Ähnliches erlebt haben, nämlich »damals, als die Beziehung mit Christian zu Ende ging und das war so (...)«. Vielleicht schleichen sich sogar Kommentare ein wie »Ich hab's ja gleich gewusst« oder ein »Das habe ich dir immer schon gesagt«.

Das aktive Trösten oder das Aussprechen vermeintlich vorhersehbarer Ratschläge helfen dem leidenden Menschen leider meistens nicht weiter. Wenn Ihre Tochter traurig ist, spenden Sie am besten Trost, indem sie dieses Gefühl still mit ihr aushalten. Versuchen Sie, Ihre Anmerkungen und spontanen Gedanken herunterzuschlucken, und seien sie einfach nur mitfühlend für Ihre Tochter da. Ohne viele Worte, aber mit tief empfundener Zuneigung. Das kann sich zunächst etwas komisch anfühlen, weil wir gewohnt sind, bei Problemen und unangenehmen Situationen sofort in den Handlungsmodus umzuschalten und etwas zu tun. Trost durch liebevolle Anwesenheit, in den Arm nehmen und drücken, wird Ihrer Tochter jedoch helfen, das schlechte Gefühl auszuhalten und selbst zu bewältigen. Gleichzeitig stärkt es die Verbundenheit zwischen Ihnen beiden.

### Was Sie vorleben können

Ideal wäre es, wenn Sie eine liebevolle Partnerschaft vorleben würden. Die häufigsten Wünsche meiner Klientinnen und Klienten bezüglich einer erfüllten Beziehung sind:

- Eine Beziehung auf Augenhöhe, in der beide respektvoll und wertschätzend miteinander umgehen.
- In der jeder den anderen »so sein« lässt, wie er oder sie ist. In der jeder auch seine Vorstellungen und seinen Weg gehen kann, ohne den anderen damit vor den Kopf zu stoßen.
- Eine Beziehung, die Sinnlichkeit und Intimität ebenso umfasst wie Freundschaft und Teamwork.
- Eine Beziehung, in der wohltuende Grenzen gesetzt werden (dürfen), die angemessen kommuniziert werden.
- Eine Beziehung, in der sich der Einzelne nicht verliert und man sich gemeinsam weiterentwickelt.

- Die Zuverlässigkeit und damit Sicherheit schenkt und in der sich beide vom anderen in ihrer Persönlichkeit gesehen fühlen.
- Ohne (übersteigerte) Eifersucht.
- Eine Beziehung, in der beide Partner die Neugierde aufeinander und die Offenheit füreinander behalten und sich gegenseitig nicht als selbstverständlich sehen.
- Mit einer Kommunikation, die freundlich und wertschätzend ist. Das bedeutet nicht, dass es keinen Streit gibt, sondern nur, dass beide auch mit einem Streit leben können und gemeinsam versuchen, das zugrunde liegende Thema konstruktiv zu lösen.
- Für viele Menschen gehören Humor, Freundlichkeit und romantische Momente zu einer erfüllten Beziehung dazu.

Vielleicht können Sie sich in diesen Wünschen selbst wiederfinden? Sie beschreiben sicherlich den Idealzustand einer Partnerschaft. Es könnte sich wie abgehobenes Wunschdenken anfühlen, eine Beziehung mit all den genannten Facetten dauerhaft zu erleben. Realistischerweise wird nicht alles zu jedem Zeitpunkt zu 100 Prozent da sein. Aber das ist auch gar nicht das Wichtigste. Die Hauptsache ist, dass beide Partner diesen Idealen nachstreben, spüren, dass eine Basis dafür besteht, und beide kontinuierlich daran arbeiten, sie zu verwirklichen.

Wenn Sie zeitweilig oder gar dauerhaft in Ihrer Partnerschaft unzufrieden sind, überlegen Sie, wie Sie das ändern können. Sie könnten zum Beispiel versuchen, kooperativ mit Ihrem Partner über Ihre beiderseitigen Wünsche und Bedürfnisse zu reden. Erläutern Sie respektvoll, was Ihnen nicht gefällt und wie Sie das gerne ändern würden. Wenn es für Sie allein schwierig wird, Ihre Themen zu lösen, überlegen Sie gemeinsam, welche Hilfe Sie in Anspruch nehmen können. Die Themen in Ihrer Partnerschaft sind allein Ihre Themen und gehören nicht vor Ihre Tochter. Sie wird allerdings die Signalwirkung mitbekommen: Dass sie Unzufriedenheit in einer Beziehung nicht hinnehmen muss.

## Liebesfallen erkennen – Was nehmen Sie mit?

Es gibt zwei große weibliche Themen in Bezug auf Partnerschaft und Liebe: die wie automatisiert einsetzende Selbstaufgabe vieler Frauen in Beziehungen und die Empfänglichkeit für schädliche toxische Muster. Um beidem zu begegnen, regen Sie an, dass Ihre Tochter ein eigenständiges Leben führt, das ihr Freude bereitet. Die Quellen der inneren Stärke tragen genau hierzu bei:

- Die eigenen Stärken entdecken und leben, ein stimmiges Selbstbild entwickeln, das eigene Feingefühl schützen lernen, Persönlichkeit zeigen, auch in der Kommunikation und Perfektionismus wohltuend managen.
- Es hilft, sich selbst Respekt und Achtung entgegenzubringen und Selbstliebe, Selbstakzeptanz und Selbstbewusstsein zu pflegen.
- Empathische Frauen können sich mit einem feinen Gefühl für gesunde Grenzen schützen.
- Nicht immer können wir uns aussuchen, von wem wir uns auf unerklärliche Weise angezogen fühlen. Nicht alle Menschen, die diese Wirkung haben, sind automatisch gut für uns. Wir haben es jedoch immer in der Hand, einen wertschätzenden und wohlwollenden Freundeskreis bewusst aufzubauen.
- Wenn nötig: Trost spenden Sie am besten, indem Sie still an der Seite Ihrer Tochter sind.
- Versuchen Sie, mit Ihrem Partner oder Ihrer Partnerin eine für Sie beide erfüllende Partnerschaft zu leben.

## 11. PLÄNE SCHMIEDEN

*»Als ich jung war, hatte ich so viele Träume.« (Melanie, 43 Jahre, stellvertretend für zahlreiche Frauen ab 40)*

Viele Menschen haben in jungen Jahren Träume und Wünsche, klare Vorstellungen für ihr Leben. Einige verwirklichen das, wovon sie träumen. Andere unterziehen ihre Wünsche einem Realitätscheck, passen sie an und setzen diese dann um. Und wieder andere verlieren ihre Träume und Wünsche über die Jahre aus den Augen.

Es ist nicht das Privileg der Jugend und jungen Erwachsenen, zu träumen und zu wünschen. In jedem Lebensalter ist es möglich, sich neu zu erfinden, sich selbst neu zu definieren, neue Träume zu entdecken und umzusetzen. Aber nie liegt es so nahe, ist es so greifbar wie in der Aufbruchsstimmung der Jugend.

Das ist eng verbunden mit Mut. Mut zu haben, vielleicht auch ungewöhnliche Wege zu gehen, die Angst vor dem Ungewissen und allem, was schiefgehen könnte, zu überwinden und die eigene Zuversicht zu bewahren und, wenn nötig, zu stärken. Wenn Träume sich mit Mut zusammentun und mit einer Prise Realitätscheck gewürzt werden, können Pläne entstehen.

### Aus der Praxis: das weibliche Thema

Überwältigende (Selbst-)Zweifel, ein tradiertes, festgefahrenes Rollenbild und das permanente Gefühl, dass die Bedürfnisse aller anderen wichtiger seien als die eigenen Träume, hindern viele Frauen, für sich selbst aktiv zu werden. Träume und Wünsche ersticken oft schon im Keim. Viele Frauen erlauben sich diese erst gar nicht. Bei manchen hapert es »nur« an der Umsetzung. Die bremsenden inneren Gedanken sind vielfältig:

- Ich traue mich nicht.
- Schuster, bleib bei deinen Leisten.

- Das ist nichts für Mädchen.
- Ich muss mich zuerst um die anderen kümmern.
- Das Leben ist kein Wunschkonzert.

»Eigentlich« steht uns Frauen heute alles offen: zahlreiche Berufsmöglichkeiten, Familie oder beides zusammen. Hobbys, karitative Tätigkeiten, Sport und Kreativität, allein leben oder in einer Beziehung. Aber irgendwann erwischen viele von uns die kleinen inneren Spielverderber: »Das geht nicht« oder »Das kann ich nicht machen« oder auch »Was sollen denn die anderen denken?«. Dann erscheint es so leicht, die eigenen Träume und Wünsche zu begraben, so viel einfacher, den Weg des geringsten Widerstandes zu gehen. Alles zu lassen, wie es ist, sich von den eigenen Vorstellungen zu verabschieden und sich anzupassen. Dass dies auch ein Abschied von Authentizität und dem eigenen Potenzial in diesem Leben ist, erkennen viele erst später. Manchmal zu spät.

Lassen Sie Ihre Tochter – und lassen Sie uns mit Ihrer Tochter – daher früh Pläne schmieden. Und wenn Sie es bis jetzt noch nicht getan haben: Vielleicht wollen Sie einfach mitmachen und die Anregungen schon einmal für sich selbst verwenden? Ich bin überzeugt, es wird Ihnen Freude machen.

### Was Sie tun können

Beim »Pläneschmieden« ist es mit Ihrem Handeln wieder so eine Sache: Ihre Tochter soll ja idealerweise ihre eigenen Träume entdecken, konkretisieren und umsetzen. Sobald Sie hier (zu) aktiv werden, könnte es sein, dass sie Ihre Vorstellungen übernimmt und doch nicht ihren Weg geht. Also ist Vorsicht angebracht beim Handeln. Sie können punktuell anregen, zart nachfühlen, umsichtig kommentieren, aber vor allem immer wieder konsequent innerlich einen Schritt zurücktreten und Ihre Tochter machen lassen. Das könnte eine der schwierigsten Übungen in diesem Buch sein.

## DEN TRÄUMEN AUF DER SPUR

Junge Menschen probieren aus. Sich, etwas, andere. Ständig. Dafür brauchen sie Freiraum, und dabei könnte sich irgendwann so eine Art Traum herauskristallisieren. Es gibt Mädchen, die früh sehr klar wissen, was sie mögen, was sie gerne machen, was sie später einmal werden wollen. Viele Mädchen (und Jungen) wissen das jedoch nicht und beschäftigen sich oft erst nach einem Schulabschluss mit dem Thema.

Wenn Sie Ihre Tochter befähigen wollen, ihren Träumen auf die Spur zu kommen, können Sie die folgenden Anregungen anwenden. Dabei gilt: Träume dürfen und sollten groß sein, weit, mutig, verspielt. Der Realitätscheck, der unweigerlich später kommen wird, wird sie auf ihre umsetzbaren Varianten bringen. Das brauchen Sie jetzt noch nicht vorwegzunehmen.

Wenn Ihre Tochter noch *jünger* ist:

- Seien Sie vor allem intuitive Beobachterin Ihrer Tochter, dezent und unauffällig. Bleiben Sie neugierig, was sich zeigt. Versuchen Sie das immer wieder einmal für sich zu erfassen, ohne groß mit Ihrer Tochter darüber zu sprechen. Auch müssen Sie nichts aufschreiben, es geht nicht verloren.
- Lassen Sie das, was Sie beobachten, sacken, wörtlich. Das Erkennen ist ein kognitiver Vorgang im Kopf, Sie nehmen etwas zur Kenntnis. Lassen Sie es dann in Ihr Herz und Ihren Bauch durchsickern. Spüren Sie in Ihre Intuition hinein: Was tut sich da auf? Was spüren Sie bei Ihrer Tochter? Justieren Sie sich innerlich, wichtig ist der Blickwinkel: »bei Ihrer Tochter«, nicht »für Ihre Tochter«.
- Versuchen Sie, dabei auch die Bedürfnisse Ihrer Tochter miteinzubeziehen. Je nach Individualität können Bedürfnisse zum Beispiel sein: Anerkennung, Zuneigung, Ruhe, Gemeinschaft, kreative Betätigung, Entspannung,

Unterhaltung, Aufregung, Zweisamkeit, Gruppendynamik, Zeit allein, Stille, Helfen, Berieselung, Harmonie, friedlicher Umgang.

- Abhängig von der Persönlichkeit und dem Alter Ihrer Tochter und der geeigneten Situation können Sie sich ab und zu auch mit der klassischen Frage nach den Bedürfnissen erkundigen: »Sag mal, Tara, was brauchst du?« Beziehen Sie die genannten Bedürfnisse intuitiv mit ein.
- Ihre Stunde ist gekommen, wenn Ihre Tochter erkennbar sucht, nach sich, ihren Träumen, Sie vielleicht anspricht, weil sie nicht weiß, was sie will. Dann kommen Sie vorsichtig ins Gespräch, indem Sie ihr sehr achtsam schildern, was Sie bei ihr wahrgenommen haben. Zum Beispiel: *»Ich sehe bei dir die und die Eigenschaften, dieses und jenes Verhalten, folgende Vorlieben: (...). Für mich könnte das hindeuten auf (...) Ich möchte bewusst sehr vorsichtig formulieren, um dich nicht zu sehr durch meine Worte zu beeinflussen. Was meinst du dazu? Willst du das mal für dich selbst weiterüberlegen? Schau, wie du dich mit diesen Anregungen fühlst.«*
- Gar keinen Rat mehr? Das, was ich hier beschreibe, ist ein Coachingansatz, der nicht zwingend Ratschläge vorsieht. Bezogen auf unser Elterndasein ist es allerdings unrealistisch, überhaupt keine Ratschläge mehr zu geben. Dafür sind wir schließlich (auch) da. Also ja, Sie werden und dürfen natürlich Ratschläge geben. Vielleicht erwägen Sie jedoch, diese auch als solche zu kennzeichnen: »Ich möchte dir gerne einen Rat geben ...« oder »Darf ich dir einen Rat für deine Situation oder Entscheidung geben?«. Dadurch können Sie von Ihren eigenen Erwartungen und Vorstellungen unterscheiden. Beim späteren »Realitätscheck« werden Ihre Erfahrungen als Rat miteinfließen.

Wenn Ihre Tochter bereits *älter* ist, eine Teenagerin oder rund um ihren Schulabschluss, dann könnten Sie anregen, dass sie sich selbst mit dem folgenden Übungsbogen beschäftigt:

## Übungsbogen: Den Träumen auf der Spur

**Was, wenn alles möglich wäre?**

*Träume frei drauflos, als ob Zeit, Geld und die Naturgesetze keine Rolle spielen würden.*

**Welche Gedanken und Gefühle hast du hierzu?**

*Notiere dir, welche Gedanken im Zusammenhang mit deinem Traum auftauchen, und spüre, welche Gefühle du damit verbindest.*

**Was ist daran wesentlich für dich?**

*Was ist das Wesentliche an deinem Traum? Was ist besonders wichtig für dich? Das kannst du erspüren, wenn du dir vorstellst, dein Traum wäre Wirklichkeit geworden.*

**Was brauchst du, um deinen Traum umzusetzen?**

*Überlege dir, was du brauchst: Kenntnisse, Fertigkeiten, Zeit, Unterstützung?*

**Was ist schon da?**

*Schau, welche Elemente und Aspekte deines Traumes bereits in deinem Leben vorhanden sind.*

**Was hindert dich?**

*Jetzt überlege, was dich an der Umsetzung deines Traumes noch hindert. Gedanken, Gefühle oder tatsächliche Hindernisse?*

**Können Hindernisse verändert werden?**

*Schau dir diese Hindernisse an und überprüfe, ob sie grundsätzlich veränderbar sind durch Übung, neue Fähigkeiten und Fertigkeiten, Zeit oder Geld?*

**Hast du es selbst in der Hand?**

*Kannst du das Hindernis, das der Verwirklichung deines Traumes entgegensteht, selbst oder mit der Hilfe anderer beheben?*

Wenn Ihre Tochter – allein oder mit Ihrer Unterstützung – Ihre Träume erforscht hat, könnten innere und äußere Hindernisse auftauchen. Schauen wir uns an, wie Sie begleiten können, damit gut umzugehen.

## WEITERGEDACHT:
### WAS, WENN IHNEN DIE TRÄUME PARTOUT NICHT GEFALLEN?

Bei diesem offenen und neugierigen Ansatz kann es natürlich sein, dass Sie an den Punkt kommen, dass Ihnen persönlich die Träume und Wünsche Ihrer Tochter überhaupt nicht gefallen. Aufgrund Ihrer Lebenserfahrung, Ihrer eigenen Werte und rationaler Erwägungen erscheint das, wovon sie träumt, komplett aussichtslos und zum Scheitern verurteilt. Oder es tauchen rund um Berufswünsche die klassischen Alpträume fast aller Eltern auf:

Sie möchte YouTuberin werden.
Sie möchte Influencerin werden.
Sie möchte Topmodel werden.
Sie möchte an einem TV-Castingformat teilnehmen.
Sie möchte E-Gamerin werden.

Oder Ihre Tochter hat ein hervorragendes Abschlusszeugnis gemacht, will danach aber »eigentlich« gar nichts machen, weder Studium noch Ausbildung. Oder Sie möchte ihren ersten Beruf direkt als digitale Nomadin verwirklichen, zum Beispiel mit Laptop in Lissabon.

Für all das haben die meisten Eltern nur wenig Verständnis; vielen von uns dürften im ersten Moment die Haare zu Berge stehen. Träume unserer Kinder, die uns partout nicht gefallen, sind eine große Herausforderung. Versuchen Sie zum einen, Ihre Erfahrungen und Ihre Vorbehalte feinfühlig und vorsichtig beim Realitätscheck einzubringen. Zum anderen empfiehlt es sich, mit diesen Träumen konstruktiv umzugehen, um den Kontakt zu Ihrer Tochter zu halten, ihr weiter Raum für Möglichkeiten zu geben, aber auch Ihre Erwägungen für alle gewinnbringend einfließen zu lassen. Folgende Anregungen können weiterhelfen:

Es ist Ihr gutes Recht, sich die Träume Ihrer Tochter nicht – zumindest nicht »für das eigene Kind« – vorstellen zu können. Es gibt Zeiten, in denen wir Eltern uns (innerlich) alle naselang fragen: »Kann das gut gehen?«, oder: »Oh nein, warum das denn jetzt?« Nehmen Sie an dieser Stelle für sich nur die Überlegung mit: Für alle Träume und Wünsche gibt es erfolgreiche reale Vorbilder – und eine unüberschaubare Menge von Menschen, die genau das nicht verwirklichen konnten. Beides sollten Sie nicht aus dem Blick verlieren und zum richtigen Zeitpunkt konstruktiv einfließen lassen.

Reagieren Sie nicht zu stark auf solche Äußerungen. Oft werden sie in der Pubertät geäußert. Manchmal dienen sie vielleicht »nur« der Provokation und Rebellion gegen Ihren Lebensstil. Versuchen Sie daher, sich nicht zu sehr provozieren zu lassen, den Ball flach zu halten und Ihre Ablehnung dieser Wünsche nicht zu emotional oder abwertend zu kommunizieren. Bleiben Sie in gutem Kontakt mit Ihrer Tochter, bleiben Sie ruhig und schauen Sie, ob sich der Wunsch verfestigt oder ob er verfliegt.

Echte tiefe Träume und Wünsche bleiben, oft ein Leben lang. Bleibt dieser Wunsch bestehen, könnte ein Weg sein, dass Sie mit Ihrer Tochter eine zeitlich begrenzte Phase vereinbaren, in der sie sich ausprobiert. Das hängt vom vorhandenen finanziellen Budget ab und kann mehrere Monate, ein halbes oder ein Jahr sein, in dem Ihre Tochter versucht, ihre Vorstellungen zu realisieren. Verabreden Sie mit ihr von Anfang an, dass am Ende dieser Phase ein offenes, ehrliches und faires Gespräch steht, um diese Testphase zu bewerten.

Gerade wenn das finanzielle Budget es nicht hergibt, könnten Sie – im konstruktiven und wertschätzenden Kontakt mit Ihrer Tochter – versuchen, den klassischen Weg einzuschlagen: Ihre Tochter macht oder lernt zunächst »etwas Ordentliches«, also Konventionelles, um Geld zu verdienen. Danach kann sie »auf eigenen Füßen stehend« sich weiter der Verwirklichung ihres Traumes widmen.

Mit viel Feingefühl, Offenheit und zugewandter Neugier könnten Sie auch versuchen herauszufinden, welche tieferen Bedürfnisse hinter dem Traum Ihrer Tochter stehen.

Ist es das Bedürfnis nach Anerkennung und Wertschätzung? Ist es das Bedürfnis, etwas öffentlich zu bewirken? Ist es das Bedürfnis, sichtbar zu sein? Ist es das Bedürfnis, eine Fähigkeit, die sie gut beherrscht, zu ihrem Beruf zu machen?

Im nächsten Schritt könnten Sie zusammen mit Ihrer Tochter überlegen, ob es Wege gibt, diese Bedürfnisse zu befriedigen, die andere, vielleicht zunächst konventionellere Möglichkeiten umfassen. Gibt es Berufe mit freien Ausbildungsplätzen, die diese Bedürfnisse erfüllen? Gibt es Studiengänge, die kein festes Berufsbild vorgeben, auf deren Basis bedürfnisorientierte Entwicklungen vorstellbar sind? Ist es eine Möglichkeit, einen »klassischen« Beruf zu ergreifen und den weiter existierenden Traum als Hobby zu verfolgen? Und reicht das Ihrer Tochter?

Bleiben Sie bei all dem möglichst in einem offenen und vertrauensvollen Dialog mit Ihrer Tochter. Und vielleicht möchten Sie einmal selbstreflektiert für sich selbst der Frage nachgehen, was eigentlich dahintersteckt, dass Ihnen der Traum missfällt? Was er in Ihnen auslöst? Manchmal kann dies sehr aufschlussreich für Ihre eigene Entwicklung und innere Positionierung sein.

## MUT HABEN, ANGST BESIEGEN, ZUVERSICHT BEWAHREN

»Einfach mal machen, einfach mal ausprobieren« – das ist oft nicht die weibliche Herangehensweise, die viele Frauen bei der Verfolgung ihrer eigenen Träume und Vorstellungen wählen. Wir denken oft in »Folgen« und »Konsequenzen«. So stellen sich schnell innere Hindernisse ein, die an den Träumen oder deren Umsetzung zweifeln: Angst, Sorge, mangelnder Mut und fehlende Zuversicht. Diese Hemmnisse haben manchmal mit inneren Sätzen zu tun: »Das kann ich ja doch nicht« oder »Die coole Hanna hat das schon nicht hinbekommen, dann schaffe ich das erst recht nicht« oder »Die anderen werden es nicht verstehen«. Lassen Sie uns hier ansetzen und schauen, wie Sie Ihre Tochter von außen begleiten können, damit diese Sätze nicht hinderlich wirken. Einige Anregungen sind:

- *Den Traum überprüfen*: Prüfen Sie mit Ihrer Intuition und Ihrem Wissen über Ihre Tochter und gemeinsam mit Ihrer Tochter, ob ihr Traum wirklich ihr eigener ist im Einklang mit ihren Stärken, Werten und Bedürfnissen. Falls Sie bemerken, dass dem nicht so ist, äußern Sie vorsichtig: *»Du willst also (…) machen? Hm. Das überrascht mich, weil ich bei dir eher (…) sehe. Wie siehst du das? Ist das wirklich deins? Oder willst du das, weil alle anderen es machen? Möchtest du das noch mal sacken lassen?«* Auch bei dieser Übung werden Sie übrigens wieder die Erfahrung machen, dass solche Gespräche um so aufgeschlossener und kooperativer verlaufen, je ernster Sie Ihre Tochter in Ihrer Individualität nehmen.
- *Erwartungen herunterschrauben*: Versuchen Sie, Ihre eigenen Erwartungen und Vorstellungen an die Träume Ihrer Tochter kontinuierlich anzupassen. Zielen Sie nicht auf eine bestimmte Umsetzung oder vorgegebene Ergebnisse. Das erleichtert Ihrer Tochter sowohl das Herangehen und Umsetzen, aber auch, ihre Pläne umzustellen, falls sich später unüberbrückbare Hindernisse ergeben.
- *Vergleiche vermeiden:* Vergleichen Sie nicht mit anderen Jugendlichen, Freundinnen oder »der Tochter Ihrer

Freundin Barbara«. Das alles können Anregungen sein für die eigenen Vorstellungen Ihrer Tochter, mehr jedoch nicht. Ständige Vergleiche mit anderen sind ein sicherer Weg ins Unglücklichsein.

- *Angst vor dem Scheitern bewältigen:* Vermitteln Sie Ihrer Tochter, dass sie auf einem Weg ist. Einem Weg, den Sie idealerweise unterstützen und begleiten. Es ist in Ordnung auszuprobieren, Erfahrungen zu sammeln, Versuche zu starten, aber auch, Ansätze zu verwerfen. Richten auch Sie Ihren Fokus auf den Weg, nicht auf mögliche Ergebnisse oder Erfolge. Diese Einstellung nimmt die Angst zu scheitern.
- *Zweifel aushalten:* Halten Sie Ihre zweifelnde Tochter und Zweifel mit Ihrer Tochter aus. Zweifel gehören dazu, vor allem bei selbstreflektierten, empathischen Menschen. Die Kunst besteht darin, sie nicht übermächtig werden zu lassen. Das kann gelingen, wenn man sie zwar ernst nimmt, sich jedoch mit der folgenden Erkenntnis grundsätzlich nicht davon beirren lässt: Zweifel sind Gedanken. Sie sind nicht die Realität und sie sind auch keine Vorhersage der Realität. Versuchen Sie, Zweifel geduldig auszuhalten, bis sie sich gelegt haben. Und wenn sie dann doch einmal eintreten, können Sie immer noch handeln.
- *Leichtigkeit einladen:* Versuchen Sie bei der Umsetzung der Träume, Leichtigkeit aufkommen zu lassen. Es sind Versuche, sie dürfen spielerisch, kreativ geschehen. Begegnen Sie Verbissenheit mit »Serendipität«. Das meint die zufällige Entdeckung von etwas Bedeutendem. Ihre Aufgabe ist es (auch), Raum und Weite zu schaffen für den glücklichen Zufall.
- *Die Stimmen der anderen ausblenden:* Ermuntern Sie Ihre Tochter, die Stimmen und Meinungen der anderen auszublenden. Praktisch jeder hat eine Meinung zu allem und hält oft nicht damit hinter dem Berg. Wenn sie

darauf hört, führt sie das Leben der Anderen. Wer lebt dann ihres?

- *Lampenfieber genießen:* Lampenfieber kann sich ungewohnt anfühlen. Regen Sie an, dass Ihre Tochter lernt, es auszuhalten, indem sie zum Beispiel ab und zu Situationen sucht, in denen es verlässlich auftaucht: beim Vortrag in der Schulklasse, bei der Rede beim Sportfest, bei der Fürbitte in der Kirche. Konzentration, ruhige, tiefe Atmung und sicherer Stand helfen, damit klarzukommen. Und üben, üben, üben … bis sie es vielleicht sogar genießen kann.
- *Tunnelblick einsetzen*: Bei der Verwirklichung der eigenen Pläne ist es unerlässlich, eine Zeit lang einen Tunnelblick zu halten. Alles rechts und links auszublenden und den Fokus auf dem eigenen Weg zu halten. Dazu gehört auch, das »weibliche« Helfen und Kümmern für andere bewusst eine Weile herunterzufahren. In dem inneren Wissen, dass alles seine Zeit hat und die Zeit dafür auch wieder kommen wird. Nur gerade jetzt, im Tunnel der Umsetzung, leider nicht.

## WEITERGEDACHT:
### SORGEN MACHEN

Auch für uns Eltern gibt es innere Hindernisse: Wir machen uns fast immer Sorgen, denn unsere Kinder fordern uns heraus, indem sie neue, unbekannte Wege gehen. Ihre Persönlichkeit und Individualität stellen unsere eigenen Erfahrungen und Vorstellungen permanent infrage. Zumindest eine Zeit lang appellieren sie an unseren Beschützerinstinkt, auch wenn sie »eigentlich« nicht mehr hilfsbedürftig sind. Sich Sorgen zu machen, ist eine feste Größe des Elterndaseins.

Mädchen sind zudem verletzlich(er) gegenüber körperlicher oder sexueller Gewalt, daher kommt meistens noch eine Extraportion mädchenspezifischer Sorgen obendrauf. Ist sie sicher und geschützt auf ihren Wegen? Wie kommt sie abends und nachts nach Hause? Gibt es jemanden, dem sie vertraut und der sie begleitet? Braucht sie Pfefferspray oder einen Notruf-Piepser? Mit wem hat sie Kontakt, nutzt jemand sie emotional oder körperlich aus? Wie verhindert sie, dass ihr jemand K.o.-Tropfen ins Glas mischt? Ist der Rock zu kurz, der Ausschnitt zu tief, die Schuhe zu hoch, die Hose zu eng, sind die Lippen zu rot, kommt jemand anderes auf dumme Gedanken? Wie ist sie auf Reisen geschützt, ist sie oft allein oder in Begleitung, findet sie eine Unterkunft, kann sie wohlwollende Menschen von potenziell gefährlichen Menschen unterschieden? Das alles sind – leider oft – berechtigte Sorgen, für die Mädcheneltern im Laufe des Heranwachsens Lösungen finden (müssen). Manchmal können diese Sorgen die Töchter gewaltig nerven, weil sie zwangsläufig den eigenen Bewegungs- und Gestaltungsradius einschränken zu einem Zeitpunkt im Leben, an dem es »eigentlich« immer nur hinaus, immer nur vorwärts gehen sollte.

Die Intensität unserer Sorgen hängt auch von unserer eigenen individuellen Persönlichkeit ab, davon, in welchem Ausmaß wir selbst Angst und Zweifel haben und wie wir damit umgehen. Es gibt sehr ängstliche Eltern, die nicht »über ihren Schatten springen« können, bei denen die Kontrolle der Kinder sehr lange das Vertrauen in ihre Kinder überwiegt. Und es gibt Eltern, die vom ersten Tag an laufen lassen, weil sie darauf vertrauen, dass alles gut gehen wird. Wo wir Eltern uns in dieser Bandbreite einordnen, hängt von unserer Veranlagung und unseren eigenen Lebenserfahrungen, vor allem in unserer eigenen Kindheit, ab. Haben wir Vertrauen erlebt oder Misstrauen? Haben wir Ängstlichkeit erlebt oder Sorglosigkeit? Haben wir Kontrolle erlebt oder Freiraum? Haben wir »da draußen« gute Erfahrungen gemacht oder schlechte? An dieser Stelle geht es nur darum, sich dessen bewusst zu werden: Das Ausmaß an Sorgen ist individuell unterschiedlich, es gibt kein »richtig« oder »falsch«. Unsere Sorgen spiegeln »nur« unser eigenes Sicherheitsbedürfnis oder unsere eigene Risikobereitschaft wider.

Und im Prozess des Heranwachsens unserer Kinder gibt es zahlreiche Risiken. Vieles kann schiefgehen, manches ist gefährlich, und einige Risiken werden sich realisieren. Das Leben bringt es mit sich, dass wir nichts bis in den letzten Winkel kontrollieren können. Das wissen wir, sonst würden wir uns keine Sorgen um unsere Kinder machen.

Wenn Sie sich also Sorgen machen, ist es hilfreich, sich vor Augen zu führen, dass Sorgen individuell sind; nicht immer steckt eine reale Gefahr dahinter. Sie sind ein persönlicher Mix aus Angst und Beschützerinstinkt. Sie werden immer da sein. Es ist an uns, sie auszuhalten und jeden Tag aufs Neue zu lernen, das richtige Gleichgewicht zu finden: Einerseits, um Schlimmeres zu verhindern, andererseits, um unsere Kinder nicht übermäßig auf ihrem Weg einzuschränken.

## DER REALITÄTSCHECK

Neben den inneren Hindernissen gibt es auch äußere Hindernisse: objektive Umstände, die gegen den Traum sprechen oder an die er angepasst werden sollte. Und jetzt kommen Sie ins Spiel mit all Ihrem Überblick, Ihrer Lebenserfahrung, Ihrer Intuition und Ihrem Wissen. Versuchen Sie mit all Ihrem persönlichen Hintergrund den Traum Ihrer Tochter mitfühlend zu durchleuchten:

- Wie hoch ist allgemein nach Ihrer Erfahrung und Einschätzung die Realisierbarkeit des konkreten Traumes?
- Gibt es objektive äußere Hindernisse wie zum Beispiel

individuelle oder finanzielle Einschränkungen?

- Sind diese objektiven Hindernisse veränderbar? Kann Ihre Tochter oder können Sie gemeinsam diese verändern oder überwinden?
- Sollte Ihre Tochter aus Ihrer Sicht noch bestimmte Fähigkeiten oder Fertigkeiten zur Umsetzung ihres Traumes erwerben? Können Sie dabei unterstützen?
- Sind mit dem Traum besondere Risiken verbunden?
- Welche Vorbereitungen und Vorkehrungen müssen getroffen werden?

Wenn sich herausstellt, dass ein Traum aus Ihrer Sicht nicht realisierbar ist, könnten Sie eine zweite oder dritte Meinung hierzu einholen. Außerdem könnten Sie machbare Alternativen zum konkreten Traum überlegen. Ein simples Beispiel: Wenn Balletttänzerin ausscheidet, wie ist es mit Jazzdance?

So vorbereitet können Sie in ein Gespräch mit Ihrer Tochter gehen und versuchen, feinfühlig und sensibel über die Realisierbarkeit ihres Traumes zu reden, und gegebenenfalls Alternativen vorschlagen und besprechen. Das ist ein sehr schwieriges Gespräch. Einige Richtlinien zu konstruktiver Kommunikation finden Sie bereits im Kapitel »Kommunikation üben«. Die wichtigsten Aspekte eines sensiblen Gesprächs über die Träume Ihrer Tochter sollten sein:

- Haben Sie Verständnis für das Anliegen Ihrer Tochter und zeigen Sie das auch.
- Bleiben Sie durchgängig feinfühlig und sensibel. Die eigenen Träume zu diskutieren, macht extrem verletzlich.
- Wahren Sie Respekt und Wertschätzung.
- Seien Sie offen und ehrlich interessiert an anderen Wegen, um dasselbe Ziel zu erreichen. Lassen Sie am besten Ihre Tochter die anderen möglichen Wege formulieren.

## UND LOS GEHT'S – PLÄNE VERWIRKLICHEN

Wenn das alles geschehen ist – Träume entdecken, innere und äußere Hindernisse erkennen und ausräumen –, geht es an die Umsetzung: Unterstützen Sie Ihre Tochter mit all Ihren Fähigkeiten und Ihrem Wissen bei der Verwirklichung Ihres Traumes. Verwandeln Sie einen Traum in ein Ziel und entwickeln Sie mit Ihrer Tochter einen Plan, der die Schritte zur Verwirklichung ihres Traumes konkretisiert. Die folgenden Anregungen können dabei helfen:

- Helfen Sie Ihrer Tochter dabei, den Traum in konkrete Ziele umzuwandeln: Diese Ziele sollten greifbar, realistisch und erreichbar sein. Zum Beispiel kann aus der allgemeinen Aussage »Ich möchte Menschen helfen« im Einklang mit den individuellen Stärken und Bedürfnissen Ihrer Tochter vielleicht »Ich will Seenotretterin werden« oder »Ich will eine 24-Stunden-Hotline für einsame Menschen aufbauen« werden.
- Unterstützen Sie Ihre Tochter dabei, die Fakten zu sammeln: Welche Ausbildung gibt es wo? Wie lange dauert sie? Laufen Fristen? Wo wird sie wohnen, leben, essen, und welches Budget ist dafür nötig?
- Darauf folgt der eigentliche Plan: Was kann wie und wann erreicht werden? Kann der Plan in Abschnitte eingeteilt werden, in umsetzbare zeitliche oder inhaltliche Teileinheiten? Kurz-, mittel- und langfristig? Je nach Traum und Plan können das jährliche Abschnitte sein, aber auch Einheiten von drei, sechs oder 12 Monaten. Als Faustregel gilt: Bei Projekten, die viel Zeit beanspruchen, kleinere Zeiteinheiten setzen, das erleichtert das Dranbleiben. Außerdem sollte jeder gute Plan Pufferzeiten für Unvorhergesehenes enthalten. Auch das hilft beim Durchhalten.

- Ermutigen Sie Ihre Tochter dazu, ein Vision Board zu erstellen und ihren Plan bildlich darzustellen. Dafür benötigt sie Tonpapier in der Größe DIN A3 oder ein Whiteboard mit Magneten. Dann kann sie Fotos sammeln aus Magazinen oder aus dem Internet, Postkarten oder sie malt selbst Bilder, die ihren Traum symbolisieren und ihren Plan verdeutlichen. Dazu können aufmunternde Sprüche kommen wie »Ich setze um, was ich mir vorstelle«. Das alles ordnet sie auf dem Tonpapier oder dem Whiteboard an, sodass sie es immer inspirierend vor Augen hat. Und dann:
- Anfangen: Die Planung ist abgeschlossen, jetzt es geht los. Umsetzen. Einfach machen. Jetzt!
- Durchhalten und weitermachen: Innere und äußere Hindernisse können erstmalig oder erneut auftreten. Es hilft, diese sofort wahrzunehmen, zu durchdenken und zu bearbeiten und dann weiterzumachen. Schwinden kurzzeitig Kraft und Energie, ist das Mittel der Wahl die bewusste Pause. Der Zeitplan mit Pufferzeit unterstützt dabei.
- Neustart: Auch das kann passieren, Ihre Tochter wird durch irgendetwas aus der Bahn geworfen. Unterstützen Sie sie, danach erneut Anlauf zu nehmen und einen Neustart zu versuchen. Egal ob nach drei Wochen, drei Monaten oder gar drei Jahren.
- Die Extrameile gehen: Kurz vor dem Ziel ist der Moment, ein letztes Mal Wasserflasche und Handtuch zu reichen und anzufeuern. Tun Sie genau das, es wird Ihrer Tochter erleichtern, die letzten Meter zu bewältigen.

Und dann: Feiern Sie die Zielerreichung, gemeinsam, mit viel Freude und Zuneigung, vor allem: ausgiebig!

## Was Sie vorleben können

Sie sind auch ein Vorbild beim Schmieden von Plänen. Ich glaube, das ist sehr naheliegend: Wenn Sie eigene Träume haben und umsetzen, wenn Sie immer wieder neue Träume entdecken, immer wieder neu entwickeln, immer wieder neu umsetzen, geben Sie Ihrer Tochter gleichzeitig unbewusst die Erlaubnis, das auch zu tun. Ihre Träume tun gut, Ihnen und Ihrer Tochter. Bleiben Sie also selbst am Ball, im guten Kontakt mit sich selbst. Entwickeln Sie diese Träume weiter, verwandeln Sie sie in Ziele und schmieden Sie Pläne zur Umsetzung.

Ich weiß, das Erwachsenen- und Elternleben kann das manchmal, zumindest eine Zeit lang, verhindern. So beglückend und freudvoll und erfüllend das Elterndasein ist, so sehr wird der Alltag mit unzähligen Kleinigkeiten gefüllt. In der Phase mit kleineren Kindern oder Geschwisterkindern haben wir keinen Kopf für unsere Träume. Und wenn wir zwischen Kindergarten, Schule, Sportverein und eigenem Job jonglieren, auch nicht. Aber irgendwann, wenn sich der erste Lichtschimmer zeigt, wenn sich die Wolkendecke aus Aufgaben, Verantwortung, Versorgung, unzähligen To-do-Listen, zahllosen Entscheidungen, Elternabenden, Sportturnieren, Kindergeburtstagen, Schultütenbasteln, Klassenfahrten langsam lichtet, wenn unsere Kinder ihr Spiegelei selbst in die Pfanne hauen, die fünf dreckigen Kaffeetassen aus ihrem Zimmer selbst in die Küche bringen, rausgehen und Freunde treffen, aufbrechen in Ausbildung oder Studium, spätestens dann ist der Zeitpunkt gekommen, dass auch wir uns unseren eigenen Träumen wieder widmen dürfen.

Vielleicht ist dies eine der wichtigsten Erkenntnisse aus meinem Coaching: Was ich hier gerade aufgezählt habe, sind »Wenn ... dann ...«- Träume. Wir erwachsenen Eltern trauen uns nicht mehr, »einfach so« zu träumen, wir verknüpfen unsere Träume mit Bedingungen. Klar, wir spüren die Last der Verantwortung, wir wissen um die Realisierbarkeit mancher Träume, wir kennen die Voraussetzungen: Zeit, Geld, Energie, Gesundheit, Durchhaltevermögen. Und dass man »realistisch sein muss« – da ist sie wieder, die innere Stimme, die stoppt und sabotiert.

Unsere Kinder hingegen träumen bedingungslos, ohne Wenn und Aber. Alles erscheint machbar, jederzeit, es gibt keine Blockaden im Kopf. Ahnen Sie, was möglich ist, wenn wir uns über diese Art des Träumens austauschen? Vielleicht kennen Sie den berührenden Spruch von Astrid Lindgren[20]: *»Es gibt kein Verbot für alte Weiber, auf Bäume zu klettern.«*

Wenn unsere Kinder größer sind, sind wir nach heutigen Maßstäben noch nicht »alt« und »Weiber« schon mal gar nicht. Aber wir sind meistens gereift. Wir haben Erfahrungen gesammelt und Weisheit, wir wissen, was wir können und was nicht. Wir wissen, was uns guttut und was nicht, wir wissen, mit wem wir unsere Zeit verbringen wollen und mit wem nicht. (Meistens jedenfalls.) Spätestens dann ist der Zeitpunkt gekommen, sich seinen ganz persönlichen Baum zu suchen, den Sie erklimmen wollen: Ihren Traum, Ihre Träume, die zu Ihnen gehören und die nur Sie ganz persönlich so verwirklichen können, wie Sie es sich vorstellen. Auch ich bin irgendwann wieder auf Bäume geklettert. Das Ergebnis halten Sie gerade in Ihren Händen.

## PLÄNE SCHMIEDEN – WAS NEHMEN SIE MIT?

Ihre Tochter wird sich auf den Weg machen und Ihre eigenen privaten oder beruflichen Pläne entwickeln. Stehen Sie Ihr begleitend zu Seite und unterstützen Sie sie in folgenden Schritten:

- Versuchen Sie gemeinsam mit Ihrer Tochter, ihre Träume herauszufinden. Wenn Ihre Tochter noch jünger ist, halten Sie sich zurück, beobachten Sie und seien Sie bereit, wenn sie Sie anspricht. Ist Ihre Tochter älter, kann sie selbst herausfinden, welche Träume sie hat.
- Widmen Sie sich den inneren Hindernissen, die dem Traum im Weg stehen können. Versuchen Sie gemeinsam mit Ihrer Tochter, Mut zu entwickeln, Ängste zu überwinden und Zuversicht zu bewahren.
- Identifizieren Sie äußere Hindernisse: Tragen Sie mit Ihrer Erfahrung, Ihrem Überblick, Ihrer Intuition und Ihrem Wissen dazu bei, den Traum auf Realisierbarkeit zu überprüfen. Der Realitätscheck ist notwendig, sollte aber offen und zugeneigt erfolgen.
- Wenn innere und äußere Hindernisse geklärt sind, gehen Sie in die Umsetzung über und unterstützen Sie Ihre Tochter, falls das gewünscht ist. Andernfalls lassen Sie Ihre Tochter selbst machen: Der Traum wird in ein konkretes Ziel umgewandelt, gefolgt von einem Plan zur Umsetzung. Und dann kann es losgehen.
- Feiern Sie gemeinsam, wenn der Traum Wirklichkeit wird!
- Leben Sie vor, dass Träume und ihre Umsetzung zeitlos und altersunabhängig sind.

# DANKE

Ich danke allen Mädchen, Teenagerinnen und Frauen, die ich kennenlernen und im Coaching begleiten durfte. Sie sind der Funke, mein Antrieb zu schreiben, um unser Frauenleben besser und leichter, gelassener und selbstverständlicher zu machen.

Meinem Verlag Goldegg mit Elmar Weixlbaumer, Verena Minoggio-Weixlbaumer, und meiner federführenden Lektorin Sarah Bohatschek danke ich für euren Instinkt und Esprit und eure inspirierende Unterstützung im gesamten Verlagsprozess: Ihr habt dieses Buch genauso sehr gewollt wie ich. Meiner Lektorin Anna Sulik danke ich für ihre fachkundigen und feinfühligen Anregungen, die dieses Buch rund gemacht haben.

Meinen lieben Freundinnen danke ich für ihre Zuneigung und Verbundenheit, für Gespräche, Inspiration, Unterstützung, miteinander Wachsen, einfach dafür, dass ihr da seid: liebe Silke, Petra, Susanne, Marion, Nicoletta, Elke, Freia, Uschi, Sylvia, Anja, Ingrid, Saba, Britta, Petra, Inken, Adriana. Von ihnen gilt Petra Schwaighofer mein herzlicher Dank für ihr geschätztes Feedback zum Manuskript.

Ich danke meinem Literaturkreis mit Heidrun, Annette, Noémi, Sigrid, Andrea und Thuy, in dem wir über Bücher und das Leben sprechen, oft in umgekehrter Reihenfolge, meinem Frauentreff mit Andrea, Barbara, Inge und Petra und meinen Mitstreiterinnen im Essener Club ZONTA II, in dem wir uns beruflich und persönlich immer wieder einschwingen, um Frauen- und Lebensthemen weiterzudenken und Frauen konkret zu helfen.

Besonders danke ich meiner Familie: Meinen Söhnen Richard, Luis und Eric, die mir jeden Tag zeigen, wie es auch und anders geht. Und meinem lieben Mann Friedrich, meinem Fels in der Brandung, der jeden meiner Texte genau liest und feinfühlig nachfragt. Auch bei diesem Buch wieder: Danke für alles!

# AUSWAHLBIBLIOGRAFIE

Neben meiner Fortbildung zur Mediatorin (DAI) 2012 und meiner Fortbildung zur Coachin für Conscious Uncoupling® 2017/2018 haben mich in den vergangenen Jahren folgende Bücher begleitet:


**Allgemein**

Bode, Sabine (2004). Die vergessene Generation – Die Kriegskinder brechen ihr Schweigen. Klett-Cotta.

Bode, Sabine (2009). Kriegsenkel – Die Erben der vergessenen Generation. Klett-Cotta.

Bonelli, Raphael M. (2014). Perfektionismus – Wenn das Soll zum Muss wird. Pattloch.

Brown, Brené (2017). Verletzlichkeit macht stark: Wie wir unsere Schutzmechanismen aufgeben und innerlich reich werden. Goldmann.

Cain, Susan (2013). Still – Die Kraft der Introvertierten. Goldmann.

Frankl, Viktor E. (2015). … trotzdem Ja zum Leben sagen – Ein Psychologe erlebt das Konzentrationslager. Kösel.

Katie, Byron (2002). Lieben was ist – Wie vier Fragen Ihr Leben verändern können. Arkana. Goldmann.

Matyssek, Anne Katrin (2016). Mehr als nur Gesundheit: Was wir brauchen – Damit wir der Arbeit auch morgen noch gewachsen sind. Books on Demand.

Pöppel, Ernst und Wagner, Beatrice (2012). Von Natur aus kreativ – Die Potenziale des Gehirns entfalten. Hanser.

Stahl, Stefanie (2015). Das Kind in dir muss Heimat finden. Kailash.

Taylor, Madisyn (2018). Unmedicated: The Four Pillars of Natural Wellness. Atria Books/Beyond Words.

Watzlawick, Paul (2022). Anleitung zum Unglücklichsein. Piper.

### Achtsamkeit und Meditation

De Smedt, Marc (2017). Das kleine Übungsheft Meditationen für jeden Tag. Trinity.

Fischer, Theo (2009). Wu wei – Die Lebenskunst des Tao. Rowohlt Taschenbuch Verlag.

Fischer, Theo (2008). Lass dich vom Tao leben – Wu wei in der Praxis. Rowohlt Taschenbuch Verlag.

Hanh, Thich Nhat (1992). Ich pflanze ein Lächeln. Arkana.

Hoff, Benjamin (1984). Tao Te Puh – Das Buch vom Tao und von Puh dem Bären. Synthesis.

Johnstone, Matthew (2012). Den Geist beruhigen – Eine illustrierte Einführung in die Meditation. Kunstmann.

Kabat-Zinn, Jon (2013). Gesund durch Meditation – Das große Buch der Selbstheilung mit MBSR. Knaur.

Kabat-Zinn, Jon (2010). Im Alltag Ruhe finden – Meditationen für ein gelassenes Leben. MensSana.

Kotsov, Ilios (2019). Das kleine Übungsheft Achtsamkeit. Trinity.

Lao-tse (1999). Tao-Tê-King. Reclam.

Mannschatz, Marie (2007). Buddhas Anleitung zum Glücklichsein – Fünf Weisheiten, die Ihren Alltag verändern. Gräfe und Unzer.

Miller, Richard (2010). Yoga Nidra – A Meditative Practice for Deep Relaxation and Healing. Sounds True.

Ott, Ulrich (2010). Meditation für Skeptiker – Ein Neurowissenschaftler erklärt den Weg zum Selbst. O.W. Barth.

Samuels, Arthur und Lukan, Elisabeth (1996). Im Einklang mit dem inneren Kind – Ein meditativer Weg zu sich selbst. Herder.

Tolle, Eckhart (2014). Leben im Jetzt – Das Praxisbuch. Goldmann.

### Coaching und «Acceptance and Commitment Therapy (ACT)«

Harris, Russ (2013). Wer dem Glück hinterherrennt, läuft daran vorbei. Goldmann.

Harris, Russ (2013). Wer vor dem Schmerz flieht, wird von

ihm eingeholt – Unterstützung in schwierigen Zeiten. Kösel.

Kimsey-House, Henry, et al. (2011). Co-Active Coaching – Changing Business, Transforming Lives. Nicholas Brealey Publishing.

### Entschleunigen, Entschlacken und Entspannen

Becker, Irene und Meyer-Kles, Jutta (2004). Lieber schlampig glücklich als ordentlich gestresst. Campus.

Brenner, Helmut (1989). Autogenes Training. Humboldt.

Lightman, Alan (2018). In Praise of Wasting Time. TED-Books

Lindemann, Hannes (1996). Überleben im Stress – Der erfolgreiche Weg zu Entspannung, Gesundheit und Leistungssteigerung (Autogenes Training). Heyne.

Long, Aljoscha und Schweppe, Ronald (2010). Die 7 Geheimnisse der Schildkröte – Den Alltag entschleunigen, das Leben entdecken. Heyne.

Pigani, Erik (2014). Das kleine Übungsheft Entschleunigen. Trinity.

Ressel, Hildegard (2006). Was ich wirklich brauche – Inneren und äußeren Ballast abwerfen und wieder unbeschwert leben. Fischer.

Scheuermann, Ulrike (2011). Das Leben wartet nicht – 7 Schritte zum Wesentlichen. MensSana.

Seiwert, Lothar J. (1995). Das neue 1x1 des Zeitmanagement. Gabal Verlag.

Seiwert, Lothar J. (2007). Die Bären Strategie – In der Ruhe liegt die Kraft. Heyne.

Seiwert, Lothar J. und Kammerer, Doro (2000). Endlich Zeit für mich! – Wie Frauen mit Zeitmanagement Arbeit und Privatleben unter einen Hut bringen. mvgverlag.

### Erziehung

Biddulph, Steve (2001). Das Geheimnis glücklicher Kinder. Heyne.

Chapman, Gary und Campbell, Ross (2008). Die fünf Sprachen der Liebe für Kinder. Francke.

Favilli, Elena und Cavallo, Francesca (2018). Good Night Stories For Rebel Girls. Hanser.

Gianturco, Paola und Sangster, Alex (2019). Wonder Girls. Unsere Reise zu den mutigsten Mädchen der Welt. Elisabeth Sandmann Verlag.

Juul, Jesper (2010). Pubertät – Wenn Erziehen nicht mehr geht. Gelassen durch stürmische Zeiten. Kösel.

Largo, Remo H. (2009). Babyjahre: Die frühkindliche Entwicklung aus biologischer Sicht. Piper.

Nolde, Marianne (2020). Eltern bleiben nach der Trennung. Was Ex-Partner für sich und ihre Kinder wissen sollten. Knaur.

Parker, Kate T. (2018). Wilde Mädchen. Am schönsten sind wir, wenn wir niemandem gefallen wollen. mvgverlag.

### Grenzen setzen

Matyssek, Anne Katrin (2010). Mensch, sag doch mal nein! Books on Demand.

Pörner, Gabi (2013). Nein sagen will gelernt sein – Erfolgreich Grenzen setzen. Allegra.

Sellin, Rolf (2015). Bis hierher und nicht weiter – Wie Sie sich zentrieren, Grenzen setzen und gut für sich sorgen. Kösel.

Van Stappen, Anne (2015). Das kleine Übungsheft Grenzen setzen – Nein sagen. Trinity.

Wehrle, Martin (2015). Sei einzig, nicht artig – So sagen Sie nie mehr JA, wenn Sie NEIN sagen wollen. Mosaik.

### Hochsensibilität

Orloff, Judith (2017). The Empath's Survival Guide – Life Strategies for Sensitive People. Sounds True.

Sellin, Rolf (2015). Mein Kind ist hochsensibel – was tun? Kösel.

Schorr, Brigitte (2015). Hochsensible Mütter. SCM-Verlag.

### Kommunikation und Mediation

Fisher, Roger, Ury, Wiliam und Patton, Bruce (2009). Das Harvard-Konzept – Der Klassiker der Verhandlungstechnik. Campus Verlag.

Hösl, Gerhard G. (2011). Mediation – die erfolgreiche Konfliktlösung. Kösel.

Rosenberg, Marshall B. (2016). Gewaltfreie Kommunikation – Eine Sprache des Lebens. Junfermann.

Scharlau, Christine und Rossié, Michael (2016). Gesprächstechniken. Haufe.

Schulz von Thun, Friedemann (2022). Miteinander reden: 1 – Störungen und Klärungen – Allgemeine Psychologie der Kommunikation. Rowohlt Taschenbuch Verlag.

Thomann, Christoph und Schulz von Thun, Friedemann (2011). Klärungshilfe 1 – Handbuch für Therapeuten, Gesprächshelfer und Moderatoren in schwierigen Gesprächen. Rowohlt Taschenbuch Verlag.

Voss, Chris mit Raz, Tahl (2017). Kompromisslos verhandeln: Die Strategien und Methoden des Verhandlungsführers des FBI. Redline Verlag.

Weckert, Al et al. (2011). Praxis der Gruppen- und Teammediation – Die besten Methoden und Visualisierungsvorschläge aus langjähriger erfolgreicher Mediationstätigkeit. Junfermann.

### Loslassen und Schuldgefühle

Poletti, Rosette und Dobbs, Barbara (2014). Das kleine Übungsbuch Loslassen. Trinity.

Rudolph, Ina (2015). Auf ins fette, pralle Leben – 12 Experimente, wie man sich das Leben leichter machen kann. Kösel.

Rudolph, Ina (2013). Ich will ja loslassen, doch woran halte ich mich dann fest? Arkana.

Tarr, Irmtraud (2012). Loslassen – die Kunst, die vieles leichter macht. Herder.

Thalmann, Yves-Alexandre (2014). Das kleine Übungsheft Endlich frei von Schuldgefühlen. Trinity.

**Narzissmus, toxische Beziehungen und narzisstische Eltern**

Baker, Amy J.L. und Fine, Paul R. (2014). Co-parenting With a Toxic Ex – What to Do When your Ex-Spouse Tries to Turn the Kids Against You. New Harbinger Publications.

Brown, Nina W. (2010). Kinder egozentrischer Eltern – Eine Kindheit mit narzisstischen Eltern bewältigen. Junfermann.

Forward, Susan und Glynn, Donna Frazier (2015). Wenn Mütter nicht lieben. Goldmann.

Forward, Susan und Frazier, Donna (2000). Emotionale Erpressung – Wenn andere mit Gefühlen drohen. Goldmann.

Haller, Reinhard (2017). Die Narzissmusfalle – Anleitung zur Menschen- und Selbstkenntnis. ecowin.

Mason, Paul T. und Kreger, Randi (2017). Schluss mit dem Eiertanz – Für Angehörige von Menschen mit Borderline. BALANCE buch + medien.

McBride, Karyl (2017). Werde ich jemals gut genug sein? Heilung für Töchter narzisstischer Mütter. G.P. Probst.

McBride, Karyl (2016). Will I Ever Be Free of You? How to Navigate a High-Conflict Divorce From a Narcissist and Heal Your Family. Atria.

Mechler, Bärbel (2017). Mein (Ex-)Partner ist ein Psychopath – Wege aus der Opferfalle. Mankau.

Merzeder, Christine (2017). Wie schleichendes Gift – Narzisstischen Missbrauch in Beziehungen überleben und heilen. Scorpio.

Miller, Alice (2014). Das Drama des begabten Kindes und die Suche nach dem wahren Selbst. Suhrkamp.

Rösel, Manuela (2016). Weil du mir gehörst! Boderline-Partner im Kampf um ihr Kind. Starks-Sture.

**Partnerschaft, Familie, Liebe und Trennung**

Ahrons, Constance C. (1997). Die Familie erhalten, wenn die Ehe zerbricht – Die gute Scheidung. Knaur.

Chapman, Gary (2008). Die fünf Sprachen der Liebe – Wie

Kommunikation in der Ehe gelingt. Francke.
Johnson, Susan M. (2011). Halt mich fest – Sieben Gespräche zu einem von Liebe erfüllten Leben. Junfermann.
Leman, Kevin (2009). Geschwisterkonstellationen – Die Familie bestimmt Ihr Leben. mvgverlag.
Lewis, Thomas, Amini, Fari und Lannon, Richard (2000). A General Theory of Love. Vintage Books.
Woodward Thomas, Katherine (2015). Conscious Uncoupling – 5 Steps to Living Happily Even After. Harmony Books.
Woodward Thomas, Katherine (2004). Calling in «The One« – 7 Weeks to Attract the Love of your Life. Harmony Books.
Zurhorst, Eva-Maria und Zurhorst, Wolfram (2016). Liebe dich selbst und es ist egal, wen du heiratest – Der große Praxiskurs: Das Liebesgeheimnis. Arkana.

### Positive Psychologie, Selbstliebe und Lebensfreude

Branden, Nathaniel (1995). Die 6 Säulen des Selbstwertgefühls: Erfolgreich und zufrieden durch ein starkes Selbst. Piper.
Cabane, Olivia Fox (2014). Das Charisma-Geheimnis. mvgverlag.
Johnstone, Matthew (2015). Resilienz – Wie man Krisen übersteht und daran wächst. Kunstmann.
Matyssek, Anne Katrin (2010). Mensch, sei mal stolz auf dich! Books on Demand.
Neff, Kristin und Germer, Christopher (2020). Selbstmitgefühl – Das Übungsbuch. Arbor.
Prieß, Miriam (2014). Finde zu dir selbst zurück! Wirksame Wege aus dem Burnout. Südwest.
Rubin, Gretchen (2012). Das Happiness Projekt oder: Wie ich ein Jahr damit verbrachte, mich um meine Freunde zu kümmern, den Kleiderschrank auszumisten, Philosophen zu lesen und überhaupt mehr Freude am Leben zu haben. Fischer.
Seligman, Martin E.P. (2014). Der Glücks-Faktor – Warum Optimisten länger leben. Bastei Lübbe.
Sher, Barbara (2015). Wishcraft – Lebensträume und Be-

rufsziele entdecken und verwirklichen. Edition Schwarzer.

Shimoff, Marci und Kline, Carol (2008). Glücklich ohne Grund! Mosaik.

Van Stappen, Anne (2016). Das kleine Übungsheft Selbstliebe. Trinity.

Van Stappen, Anne (2016). Das kleine Übungsheft Sei gut zu dir selbst. Trinity.

Werner, Kerstin (2018). Hab Mut zur Lebensfreude – 5 Schritte in ein selbstbestimmtes Leben. Integral.

Wlodarek, Eva (2012). Mich übersieht keiner mehr – Größere Ausstrahlung gewinnen. Fischer.

**Trauma und Traumabewältigung**

Herman, Judith (2014). Die Narben der Gewalt – Traumatische Erfahrungen verstehen und überwinden. Junfermann.

Levine, Peter A. (2007). Vom Trauma befreien – Wie Sie seelische und körperliche Blockaden lösen. Kösel.

Van der Kolk, Bessel (2014). The Body Keeps the Score – Mind, Brain and Body In the Transformation of Trauma. Penguin Group. (Englisch)

Van der Kolk, Bessel (2017). Verkörperter Schrecken – Traumaspuren in Gehirn, Geist und Körper und wie man sie heilen kann. G.P. Probst. (Deutsch)

Walker, Pete (2019). Posttraumatische Belastungsstörung – Vom Überleben zu neuem Leben. Unimedica.

**Umgang mit Ängsten**

Carnegie, Dale (2008). Sorge dich nicht – lebe! Die Kunst, zu einem von Ängsten und Aufregungen befreiten Leben zu finden. Fischer.

Franke, Rainer und Regina (2009). Sorgenfrei in Minuten – Klopfen Sie sich gesund und glücklich mit Meridian-Energie-Techniken. Integral.

Riemann, Fritz (2013). Grundformen der Angst. Ernst Reinhardt Verlag.

Wolf, Doris (2009). Ängste verstehen und überwinden. PAL.

# ANMERKUNGEN

1 Ein Wort zur geschlechtergerechten Sprache: Sie begleiten Töchter, Bonustöchter, Enkelinnen, Patentöchter und Nichten als Mütter, Bonusmütter, Omas, Tanten und Patinnen, als Väter, Bonusväter, Opas, Onkel und Paten. Sie alle können dieses Buch gewinnbringend nutzen und werden sich in diesem Buch wiederfinden. Wegen dieser Vielfalt behalte ich das sprachliche Gendern im Blick. Ich habe mich aber dazu entschieden, immer dann nur von »Mutter« und »Tochter« zu sprechen, wenn es der einfacheren Lesbarkeit dient.

2 Sinngemäß nach Maria Montessori (1870–1952), italienische Ärztin und Reformpädagogin.

3 Der »sweet spot« ist im Tennis der optimale Treffpunkt des Balls mit dem Schläger, um ohne verkrampften Krafteinsatz die größte Wirkung zu erzielen.

4 Aristoteles (384–322 v.Chr.), Nikomachische Ethik, zum Beispiel (2016) FISCHER Taschenbuch.

5 Hildegard von Bingen (1098–1179).

6 Thomas von Aquin (1225–1274).

7 https://www.islamische-akademie.de/die-quellen-der-maessigung-im-heiligen-koran/, abgerufen am 24. Juli 2023.

8 Zugeschrieben Johann Wolfgang von Goethe (1749–1832).

9 Unter: www.annette-oschmann.de/bonusmaterial/

10 Zum Beispiel: Martin E. P. Seligman, Der Glücks-Faktor – Warum Optimisten länger leben. 10. Auflage, Bastei Lübbe 2014, S. 225 ff.

11 Russ Harris, Wer dem Glück hinterherrennt, läuft daran vorbei. Ein Umdenkbuch. 7. Auflage, Goldmann 2013, S. 276 ff.

12 Søren Kierkegaard (1813–1855), dänischer Philosoph, Theologe und Schriftsteller.

13 Wenn Sie feststellen, dass Ihre Tochter schwermütige,

sehr belastende, »herunterziehende« oder depressive Gedanken hat, sind Coachingmethoden nicht mehr das Richtige. Wenden Sie sich in diesem Fall zum Beispiel an einen Arzt, Psychologen oder Psychotherapeuten, um Ihrer Tochter die für sie bessere Hilfe zukommen zu lassen.

14 Carl Gustav Jung (1875–1961), Schweizer Psychiater.

15 Auch hier gilt: Wenn Sie feststellen, dass Ihre Tochter schwierige oder schlechte Gefühle hat, die sie »herunterziehen« und aus denen sie selbst nicht mehr herausfindet, sind Coachingmethoden nicht das Richtige. Wenden Sie sich in diesem Fall zum Beispiel an einen Arzt, Psychologen oder Psychotherapeuten, um Ihrer Tochter die für sie bessere Hilfe zukommen zu lassen.

16 Erasmus von Rotterdam (1466–1536), Niederländischer Gelehrter, Theologe, Philosoph, Philologe, Priester.

17 Zugeschrieben Paula Modersohn-Becker (1876–1907).

18 »Hoovering« bedeutet übersetzt »staubsaugen«. Es beschreibt das Verhalten narzisstischer Menschen, nach Beendigung einer Beziehung den nicht narzisstischen Partner einzulullen und durch übersteigerte Aufmerksamkeit zurückzugewinnen: unter anderem durch SMS, Briefe, E-Mails, Postings, Gespräche.

19 Diese Regel geht auf den französischen Psychiater und Psychoanalytiker Serge Tisseron (geb. 8. März 1948) zurück.

20 Astrid Lindgren (1907–2002), schwedische Schriftstellerin.

# Bonusmaterial zum Download

In diesem Buch gibt es Übungen, in denen Sie oder Ihre Tochter zur Vertiefung etwas aufschreiben oder ausfüllen können.
Vorlagen für einige dieser Übungen können Sie auch kostenlos herunterladen unter:
**www.annette-oschmann.de/bonusmaterial/**